知识领航财富人生

舵手汇 www.duoshou108.com

投资交易学习社交平台

郑州商品交易所
Zhengzhou Commodity Exchange

利奥·梅拉梅德论市场

金融期货之父

利奥·梅拉梅德

投资智慧

（美）利奥·梅拉梅德 著

王学勤 译

山西出版传媒集团
山西人民出版社

图书在版编目(CIP)数据

交易之魂：金融期货之父利奥·梅拉梅德的投资智慧/（美）利奥·梅拉梅德著；王学勤译.—太原：山西人民出版社，2018.9
　　ISBN 978-7-203-10050-8

Ⅰ.①交… Ⅱ.①利… ②王… Ⅲ.①金融期货—文集 Ⅳ.①F830.9-53

中国版本图书馆 CIP 数据核字(2017)第 196870 号
著作权合同登记号　图字:04-2013-050

交易之魂：金融期货之父利奥·梅拉梅德的投资智慧

著　　者：	（美）利奥·梅拉梅德
译　　者：	王学勤
责任编辑：	隋兆芸
复　　审：	贺　权
终　　审：	员荣亮
出 版 者：	山西出版传媒集团·山西人民出版社
地　　址：	太原市建设南路21号
邮　　编：	030012
发行营销：	0351-4922220　4955996　4956039　4922127(传真)
天猫官网：	http://sxrmcbs.tmall.com　电话:0351-4922159
E-mail　：	sxskcb@163.com　发行部
	sxskcb@126.com　总编室
网　　址：	www.sxskcb.com
经 销 者：	山西出版传媒集团·山西人民出版社
承 印 者：	三河市京兰印务有限公司
用纸规格：	710mm×1000mm
印　　张：	17.5
字　　数：	265千字
印　　数：	1-5100册
版　　次：	2018年9月　第1版
印　　次：	2018年9月　第1次印刷
书　　号：	978-7-203-10050-8
定　　价：	58.00元

如有印装质量问题请与本社联系调换

编纂委员会

顾　　问（按姓氏笔画为序）
　　　　　李　强　李经谋　刘李胜
　　　　　陈瑞华　张学仁　戴园晨
　　　　　安妮·派克杰　弗利·威廉斯

主　　任　陈华平

副 主 任　熊　军

委　　员（按姓氏笔画为序）
　　　　　王　鲁　王晓明　陈华平
　　　　　秦全晋　喻选锋　熊　伟
　　　　　熊　军

执行主编　汪琛德

出版说明

郑州商品交易所（**CZE**）是我国最早开展期货交易的综合性交易所，几年来，以其规范的运作、优良的服务蜚声海内外。郑州商品交易所根据中国国情在注重总结期货运行实践经验的同时，更愿与国内外有志于期货研究的志士仁人共同探索中国期货市场发展、创新之路。由郑州商品交易所资助出版的《期货市场研究丛书》。旨在鼓励有志于期货市场研究的专家、学者多出书，出好书，以推动我国期货市场稳步健康发展，发挥期货市场在国民经济中的积极作用。

期货市场研究丛书编纂委员会

"舵手证券图书" 开篇序

20世纪末，随着中国证券投资市场的兴起，我们怀揣梦想与激情，开创了"舵手证券图书"品牌，为中国投资者分享最有价值的投资思想与技术。

世界经济风云变幻，资本市场牛熊交替，我们始终秉承"一流作者创一流作品"的方针，与约翰威立、培生教育、麦格劳-希尔、哈里曼、哈珀·柯林斯等世界著名出版机构合作，引进了一批畅销全球的金融投资著作，涵盖了股票、期货、外汇、基金等主要投资领域。

时光荏苒，初心不改，我们将一如既往地与您分享专业而丰富的投资类作品。我们以书会友，与天南海北的读者成为朋友，收获了信任、支持。许许多多投资者成为我们的老师、知己，给予我们真诚的赞许、批评、建议。更有一些资深人士由此成为我们的编辑、翻译、评审，这一切我们感念于心。

我们希望与每位投资者走得更近，希望在"知识领航财富人生"理念指引下，打造综合型投资交易学习社交平台——"舵手汇"（www.duoshou108.com），通过即时动态、视频直播、有声读书、电子图书、在线聊天、知识问答、活动报名、读书会、打赏提现等多项功能，服务会员的读书分享、实战交流以及知识变现。"舵手汇"不定期邀请作者、嘉宾与会员对话，为读者答疑解惑，分享最新交易技术与理念。在这里，您可以与华尔街投资大师亲密接触；在这里，您可以与全国最聪明的投资者交流切磋；在这里，您可以体验全球最新最全的投资技术课程。这里，必将因为有您而精彩！

序 言

董辅礽

中国期货市场的建立为时不过几年，但发展迅速。全国一些大中城市相继成立了几十家期货交易所、几百家期货经纪公司（以后经过调整数量减少），参与期货市场的套期保值或投机以及二者兼而为之的企业更为数众多，还有许多从事期货交易的个人。期货市场的固有功能已有所发挥。

但是，我国期货市场发展的历史（不计新中国成立前的历史）毕竟太短，同国际期货市场的距离仍很大。我国目前的期货交易还限于为数不多的实物商品期货交易（曾经有过一点金融商品期货交易，如国债期货），而国外20世纪70年代以来，新的金融商品期货合约不断推出，其交易额和作用远远超过实物商品期货交易。在此过程中，期货交易的理论在发展，期货管理的规则也在变化和进一步完善。这些都表明，国际期货市场正处于迅速创新之中。

目前，我国期货市场的发展还受到各种限制，还无法跟上国际期货市场的发展，但它作为现代市场经济不可缺少的部分，必定会随着中国市场经济体制的建立和完善而发展。在我国经济与国际经济相融合的过程中，我国的期货市场也一定会与国际期货市场相融合，跟上国际期货市场的发展步伐。虽然我国仍是一个发展中国家，经济还不发达，但我国毕竟是一个大国，经济总量巨大，不少产品的生产量和消费量都相当大，在不远的将来，其经济总量将居于世界前列，我国期货市场的价格和交易迟早会对国际期货市场的价格和交易产生较大的影响。我们必须看到我国期货市场发展的这种前景，并为把这种前景逐渐变为现实做好准备。在各种准备中，理论和人才方面做好充足的准备是重中之重。一些有识之士和机构已经认识到这一点。

中国郑州商品交易所是我国最早开展期货交易的综合性交易所，其理事长李经谋先生则是我国最早从事期货交易的高层管理者之一。中国郑州商品交易所和李经谋先生为我国期货市场的创立和发展做出了许多贡献。他们认识到，为了促进我国期货市场在未来大发展和与国际期货市场相融合，必须加强对期货市场的研究，既要研究我国期货市场的实践经验，也要研究国际期货市场的实践经验，还要介绍和研究国际期货市场的理论。这些研究会提高我国从事期货交易的各方面人士对期货市场的功能、运行、操作和管理及其发展趋势的理论认识水平，将会对我国期货市场的未来发展起到难以估量的作用。有鉴于此，中国郑州商品交易所决定资助《出版期货市场研究丛书》，由李经谋先生任丛书编纂委员会主任。该丛书既包括我国研究者自己的研究成果，也有译自国外的著作；丛书的作者可以是享誉海内外的专家。这是一件非常有益于我国期货市场发展的盛举，一定会受到我国广大期货从业人士以及关注期货市场发展的各方面人士的欢迎和支持。我们期望会有许多优秀著作列入这个丛书出版，以飨广大读者。

1997 年 6 月

序 言

全国人大常委会副委员长 成思危

1978年以来，中国的开放改革取得了举世瞩目的辉煌成果，特别是近年来中国积极应对经济全球化，对外贸易及引进外资迅速增长，在世界经济中所起的作用日益重要。2004年，中国的经济总量达1.65万亿美元，居世界第六位；进出口总量达到1.15万亿美元，居世界第三位；引进外资606亿美元，居世界第一位。中国与全球经济体系之间，在生产成本、商品价格、汇率、利率等方面的联系都愈来愈紧密。

面对中国的和平发展，有些西方人士认为，中国廉价的劳动力与人民币的低汇率造成了较大的贸易逆差，影响了他们国内的就业机会，甚至对其经济发展造成威胁。我认为这类观点片面且短视，世界经济体系的联系是多方面和多层次的，中国作为一个开放的经济体，其质优价廉的庞大劳动力市场在帮助中国企业取得增长之外，还维持了较低的生产成本，对外国投资者产生了较大的吸引力，形成了所谓的"中国现象"。这不仅有利于中国的发展，也有利于世界经济的增长。中国经济既享受到全球化带来的利益，也为全球经济增长做出了贡献。中国的GDP虽仅占世界的4%，但中国的经济增长对世界的贡献率却达到了20%左右。

中国要充分体现自己的新角色并逐步与国际体系接轨，还需要把握好经济全球化的特征，即以知识为基础、以金融为核心、以信息技术为先导、以跨国公司为载体。目前，中国作为一个发展中国家，人均国民生产总值居世界100位以后，工业化和城市化程度较低，金融体系比较脆弱。

如何改善国内的金融体制，打造稳健的金融基础，逐步让各类资本在国内和海外市场顺畅流动，从而提高综合国力与人民生活水平，这是我国继续改革开放的重要内容，而发展和完善金融衍生品市场则是其中重要的一环。

中国的期货市场有15年历史，大致可分为三个发展阶段。第一阶段从1990年至1995年，遍布全国各地的交易所数目一度超过50家，年交易量达6.4亿手，交易额逾10万亿元人民币，期货品种近百种，可谓相当活跃。但是由于当时的法规监管较为滞后，发生了不少问题。故当时国务院决定全面清理整顿期货市场，建立适用于期货市场的监管法规，将交易所数目减少至15家，期货经纪公司数目大幅缩减，并限制了境外期货交易。

第二阶段是1996年至2000年，国家继续对期货市场进行清理整顿，加上中国证券市场迅速发展，期货市场步入低潮。1998年，国家把14家交易所进一步削减至3家，即上海期货交易所、大连商品交易所和郑州商品交易所。2000年期货交易量萎缩至5400万手，交易额为1.6万亿人民币。

从2001年至今是第三阶段。期货市场逐渐复苏，期货法规与风险监控逐步规范和完善。2004年期货交易量恢复增长到3.2亿手，交易额达14.7万亿人民币。铜、大豆、天然橡胶和小麦几个品种发展较为成熟，价格发现和套期保值功能逐步发挥；2004年，国内新增棉花、黄大豆2号、燃料油与玉米4个品种。但是，当时中国所有期货品种均为商品期货，尚未推出金融期货品种。

期货与期权等衍生品市场发展在国际上已有100多年历史，特别是在1972-1982年间发生了一场重要的变革。当时美国芝加哥商品交易所开创先河，先后推出外汇期货、利率与股指期货等金融期货品种，为期货行业注入了新的活力，拓宽了巨大的发展空间。2003年，全球金融期货与期权的交易量已占全球期货、期权交易总量的92%，成为衍生品市场的主流产品。本书作者利奥·梅拉梅德被誉为"世界金融期货之父"，亦是这场变革中最具代表性的人物。他在1972年担任芝加哥商品交易所主席时，克服来自政府、舆论与业界的种种阻力，努力创建了国际货币市场（IMM），推出全球首个外汇期货合约。其后，他带领芝加哥商品交易所开创了欧洲美元期货、股指期货等一系列新的金融期货品种。1987年，他建立了第一个全球24小时电子交易系统，推动了美国金融期货业的重要变革。

我和梅拉梅德先生相识已有数年之久，曾多次切磋有关期货的问题。他那丰富的经验、机敏的思想和风趣的谈吐，给我留下了深刻的印象。本书收入了利奥·梅拉梅德20多年间的精彩文章与演讲稿，39篇文章穿梭于投资者、交易所与监管机构的视点之间，涉及赚钱之道、市场危机、应变大崩盘等等方面，其中并有多篇专为全球不同市场撰写的文稿，为读者提供了全球金融期货发展史的缩影。在中国期货市场即将踏上发展金融期货道路之际，我们更应吸收和借鉴国际上的成功经验。王学勤同志翻译此书可谓是恰逢其时，也是对中国期货业发展的一点贡献。我深切希望，通过我国有志之士的共同努力，推动中国期货市场健康发展，努力增强我国的金融竞争力。

2005年8月

市场的使命

第八届全国政协经济委员会副主任、中国证监会首任主席　刘鸿儒

在过去几百年的期货市场发展历程中,期货交易的商品历来都是农产品一枝独秀。但是,自从20世纪70年代以来,外汇市场固定汇率制崩溃,汇率、利率频繁波动,金融风险空前增大,直接诱发了金融期货的诞生。从那时起,面对影响广泛的金融自由化浪潮,广大投资者规避利率、汇率和股价波动等一系列金融风险的需求与日俱增,金融期货市场顺应时代潮流而发展起来。

金融期货问世至今不过30年历史,远不如商品期货历史悠久,但其发展速度却比商品期货快得多。目前,金融期货交易已成为金融市场的主要业务之一。在许多重要的金融市场上,金融期货交易量超过了相关基础产品的交易量。正如米尔顿·弗里德曼所言:"如果不说金融期货控制了期货市场,也可以说它已成为主流。"

国际惯例和美国经验告诉我们,金融期货市场是现代金融市场体系的重要组成部分,其发展和繁荣对优化资源配置、增强现代金融功能以及提高国民经济运行质量均具有积极作用。金融期货市场具有多种经济功能,首当其冲的是避险功能。此外,它还是市场经济发展的"稳定器",全球经济的"晴雨表"。金融期货交易的发展不仅有利于稳定企业的生产经营,为其提供避险工具,而且可以有效地改善政府宏观调控能力,提高社会经济效益,促进社会资源的有效利用。

中国金融改革旨在发展资本市场。金融期货市场应当成为资本市场的

组成部分。金融期货市场的发展对于保障经济健康、平稳、安全运行具有重要作用。当前,我国期货市场处在新兴、转轨的初级发展阶段,并迎来了规范发展新时期。商品期货市场在资本市场中的地位与日俱增,交易规模稳步扩大。2004 年全国期货市场成交金额达 14.7 万亿元人民币,比 2003 年增长 36%。商品期货市场的价格发现、套期保值以及调节资源的优化配置功能得到不同程度的发挥。尽管我国商品期货市场与国际上成熟期货市场相比还有一定差距,但是,它的成功运行为金融期货的研究开发奠定了坚实基础,尤其是在当前全球金融市场竞争日趋激烈、国内金融改革不断深入发展的形势下,加强对金融期货市场的研究开发具有十分重要的现实意义。

利奥·梅拉梅德先生是世界公认的"金融期货之父",世界金融期货理念的创始人。《交易之魂——金融期货之父利奥·梅拉梅德的投资智慧》是梅拉梅德成为世界金融之父坎坷历程的见证,汇集了梅拉梅德 30 年来投身金融期货革命写下的颇具代表性的演讲文稿和精粹论文,展现了梅拉梅德的演讲风采和大家风范。通读《交易之魂——金融期货之父利奥·梅拉梅德的投资智慧》,我们不仅可以感受到梅拉梅德的个人魅力和机敏睿智,还可以感悟金融期货诞生的艰辛、期货市场遭遇的不公、美国联邦机构对期货和期权市场的权威评价以及美国金融期货市场发展过程中的历史经验和值得汲取的教训。

王学勤同志翻译的《交易之魂——金融期货之父利奥·梅拉梅德的投资智慧》是一部研究美国金融期货市场发展历史必读的著作,是设计我国金融期货市场整体框架和运行机制的重要参考文献,也是他为中国金融市场发展做出的重要贡献。中国已加入世界贸易组织,成为全球经济不可分割的重要组成部分。因此,中国必须研究和发展金融期货市场。

从整体来讲,《交易之魂——金融期货之父利奥·梅拉梅德的投资智慧》这部书有益于中国市场经济的发展,有益于中国期货市场健康运行;具体来讲,它将有利于尽早推出我国的金融期货交易,有利于提高期货市场运行质量，有利于指导商业企业规避风险，有利于保护投资者权益。

感佩得知梅拉梅德先生将在《交易之魂——金融期货之父利奥·梅拉梅德的投资智慧》（中文版）出版之际专程赶赴郑州商品交易所参加《交易之魂——金融期货之父利奥·梅拉梅德的投资智慧》（中文版）首发式，他对该书中文版的重视程度可见一斑。我相信，《交易之魂——金融期货之父利奥·梅拉梅德的投资智慧》（中文版）将为中国金融期货市场健康发展提供有益帮助。

2005 年 9 月

创新的楷模

郑州商品交易所总经理　王献立

　　利奥·梅拉梅德先生是世界期货业的一位传奇人物。年幼时的他为躲避纳粹屠杀离开波兰辗转来到美国，凭借其聪明才智、过人的胆识和坚韧执着，从一名交易厅的跑单员成长为世界金融期货之父。在他执掌芝加哥商品交易所的23年间，该交易所推出了外汇期货，开启了全球金融期货交易之门；上市了现金交割的欧洲美元期货，开辟了现金结算方式的新途径；开发了全球24小时电子交易系统，并将其交易设想变为现实。通过这具有里程碑意义的三大创新之举，芝加哥商品交易所从农产品交易所一跃成为世界一流的金融期货交易所。正如诺贝尔经济学奖获得者米尔顿·弗里德曼所言："他的影响在过去和将来都是世界性的。"

　　呈现在我们面前的这部著作收录了梅拉梅德先生从20世纪60年代末到90年代初20多年间发表的39篇各类演讲及文稿。内容反映了布雷顿森林体系解体、外汇期货诞生、1987年股灾、全球化、推出全球24小时交易系统、苏联解体等一系列重大历史背景下期货市场的发展和变迁。这些文稿充分展示了梅拉梅德先生深厚的经济学素养、对期货市场的无比忠诚、对科技进步的敏锐洞察力以及在各种场合、面向各类人群，引经据典、滔滔不绝的演讲风格和大家风范。

　　读后掩卷长思，正如布雷顿森林体系解体直接导致外汇期货推出一样，社会主义市场经济体制的建立直接催生了中国期货市场。但是，如同中国期货市场并不平坦的发展历程一样，美国期货市场也走过了一条坎坷之路，对期货的不信任、嘲讽、诘难和攻击如影相随，期货市场往往是一只理想的"替罪羊"。但是，多年之后，人们对期货市场的态度却发生了巨大转变。美国前财政部长劳伦斯·H. 萨默斯认为"期货业对美国经济的发展做出了重大贡献"；美联储主席艾伦·格林斯潘表示："金融衍生品市场大大降低了成本，并前所未有地提高了规避风险的能力。与30年前相比，我们的金融体系变得更灵活、更有效，同时增强了经济本身对抗冲击的能力。"历史告诉我们，在期货市场发展过程中，对期货市场的误解是在所难免的。我们要通过大量开拓创新和艰苦细致的工作，充分发挥期货市场功能，为国民经济提供实实在在的服务，实现我国期货市场持续、稳定和健康发展，肩负起时代赋予我们的历史使命。

　　作为一位成功的期货交易者，梅拉梅德先生有关期货交易的论述也非常精彩。他对交易者"成为仁人，而非斗士"的告诫，对成功交易者三条基本原则及心理素质的阐释，对技术分析必须与基本面分析相互印证的论述以及对市场传闻的态度及其辨识的方法，充满哲理，耐人寻味，相信广大读者都能从中汲取营养。

　　郑州商品交易所是中国首家试点期货市场，始终坚持走创新之路的理念与芝加哥商品交易所不谋而合。郑州商品交易所率先开辟了电子交易方式，开展期权研究，实现仓单无纸化和仓单通用，实施跨期套利管理办法，采用资金管理电子化系统，开发了容纳多种订单类型、支持期权交易和做市商双向报价等功能的先进交易系统。郑州商品交易所的发展目标是：由粮、棉、油、糖为主的农产品期货交易所发展成为集农产品、能源、原材料和金融产品为一体的现代化期货交易所。梅拉梅德先生卓越的管理思想和芝加哥商品交易所的实践经验是值得我们认真汲取的宝贵财富。

　　王学勤先生以其极高的翻译水平向国内读者介绍了多部优秀期货著作。继《汤姆期货文集》、《期货交易经济学》之后，《交易之魂——金融期货之父利奥·梅拉梅德的投资智慧》是他为中国期货市场和《期货市场研究丛书》做出的又一次重要贡献。在此以个人名义向王学勤先生表示感谢。

2005年8月

致中国读者

利奥·梅拉梅德

当本书在 1993 年出版的时候，它承担着极其重要的目的。它记载了那些很快就成为现代商业技术不可或缺的组成部分的新型金融工具在最初 20 年的发展轨迹。然而，本书不仅是对事实和统计的历史陈述，而且是通过矗立于新型金融工具诞生和发展前沿的作者的见解和措辞，为金融界透视历史提供了一个窗口。回顾过去，如果说金融衍生品已经成为商业风险管理和资本有效配置的全球化重要工具的话，那么，本书的重要性就更为突出了。

几乎在同一时期，当金融期货在芝加哥商品交易所的国际货币市场诞生之时，邓小平在北京宣布了一些极富远见的决定。这两个事件引起了一场革命性的经济变革。邓小平主张中国应该把精力集中于经济发展和现代化建设上，以客观事实推动经济发展，而不是以意识形态引导前进方向。自从提出这一主张之后，中国逐渐步入了注重实效、非意识形态的市场经济轨道，其成就令人震惊。当代的中国是世界上经济发展最快的国家，GDP 年增长率在 9% 左右的年份超过 25 年，这是有史以来主要经济国家中最快的增长率。同期，中国 3 亿人口脱贫，人均收入增长 4 倍。毫无疑问，中国资本市场的增长与发展应该受到全球一致的赞誉，中国政府的领导能力也应该得到高度评价。

当前，中国正处在必须启动金融期货市场的关键时刻。期货交易所的金融衍生品的有效发展应该作为中国进程的下一步发展目标。这一发展步骤不仅对中国资本市场的持续发展具有必要性，而且中国的期货交易所（上海期货交易所、郑州商品交易所、大连商品交易所）已经积累了经验，能够使这一发展步骤切实可行。

　　我已获悉，这些交易所正在努力采用运作和监管制度的国际化标准。此外，中国必要的政府监管结构已经准备就绪。尽管不能保证我们不会遭遇逆境和困难，但是，这些逆境和困难都是发展过程中正常发生的事情，不应该成为中国市场下一步停滞不前的理由。

　　正如邓小平1978年评述的那样："不管黑猫、白猫，抓住老鼠就是好猫。"我可否这样说，金融衍生品这一有效配置资本的力量就相当于能够抓到老鼠的好猫那样的市场。就是这样一项发明，在1972年启动金融期货20年后，诺贝尔经济学奖获得者、经济学家默顿·米勒将其称誉为"最近20年来最重要的金融创新"。最近，美国联邦储备委员会主席艾伦·格林斯潘声称，金融衍生品市场"大大降低了成本，增加了以前难以规避风险的机会。因此，金融体系更加灵活、有效，致使经济自身应对真正的金融震荡更具弹性。"

　　鉴于以上各种原因，《交易之魂——金融期货之父利奥·梅拉梅德的投资智慧》的翻译是对中国金融市场发展的一个重大贡献。郑州商品交易所副总经济师王学勤先生花费大量时间，利用其聪明才智，翻译了这部著作，并促成了此书的出版。他的非凡成就应该受到中国金融界全体成员的赞誉。无疑，王先生应该接受我的衷心谢意以及高度评价。《交易之魂——金融期货之父利奥·梅拉梅德的投资智慧》（中文版）的出版时间是再合适不过的了。

2005年7月

创新者光环

芝加哥商品交易所执行总裁　克雷格·S. 多诺霍

利奥·梅拉梅德先生常常被誉为"金融期货之父"。尽管获得这一盛誉与其在1972年发明全球第一个金融期货工具——外汇期货相称,然而,它并未充分反映梅拉梅德先生的非凡造诣。除了构思外汇金融期货外,梅拉梅德先生还在开发全球第一个成功的股票指数期货市场、上市第一个现金结算的欧洲美元期货合约以及引进全球第一个交易期货和期权合约的电子交易系统——芝加哥商品交易所的全球24小时电子交易系统等重大发展项目中起到了领导作用。30多年来,梅拉梅德先生的创新能力和理想志向一直都是芝加哥商品交易所的无价之宝。梅拉梅德先生和芝加哥商品交易所共同努力,几乎改变了全球市场的运作方式。例如:我们的外汇期货创新,降低了外汇波动风险,有助于全球贸易的发展;我们在股票指数期货市场的创新,使我们的资本市场进一步强化,同时,抑制了证券市场的波动性;最后,我们的欧洲美元期货合约(全球最为活跃的期货工具)有助于信贷市场的发展,有助于拆借市场的发展,有助于降低利率波动的风险。

在《交易之魂——金融期货之父利奥·梅拉梅德的投资智慧》一书中,梅拉梅德先生不仅再次展现了他对全球金融市场所掌握的广泛知识和正确理解,并且展示了其为芝加哥商品交易所奉献的特征——"创新者光环"。

谨以此书奉献给

我的太太贝蒂，

我的孩子艾德尔、乔丹和大卫，

他们被迫与我共享这本书。

——利奥·梅拉梅德

中文版再版译序

——不忘初心 方得始终

我国期货市场（交易场所）起步于郑州粮食批发市场的建立，郑州也因此被认为是新中国期货市场发祥地。

我国期货市场的诞生恰逢其时。20世纪70年代，期货交易大部分集中在北美以及欧洲的一些国家，其中，美国期货交易量占全球的70%左右。1971年，在金融期货诞生前夕，美国期货交易所成交合约1460万张，而美国以外的交易所几乎无足轻重。20年后的1991年，在我国期货市场起步阶段，美国以外新兴的金融交易所交易量只有2.3亿张合约，仅为美国的70%。40年后的2011年，交易规模大反转，美国以外的期货交易所的交易量是美国的两倍多。数据表明，在全球期货市场即将进入迅猛扩张的年代，我国国务院不失时机地宣告成立郑州粮食批发市场，使我国期货市场恰逢其时地加入到全球期货市场大发展的浪潮中。

我国自1978年实行改革开放政策后，农业生产力有了很大的发展。农副产品不断增多，流通范围不断扩大，但是产量起伏不稳，非多即少。为了寻求解决这一难题的有效途径，在与国外交流经验基础上，中央和国务院领导同志做出重要批示，决定研究国外的期货制度。1988年2月10日，李鹏总理亲自给国务院发展研究中心主任、著名经济学家马洪同志写信"请考虑是否组织几位同志研究下国外的期货制度，运用给城市的副食品购销，特别是大路蔬菜和猪肉，保护生产者和消费者的双方利益，保护市场价格的基本稳定。"国务院发展研究中心、国家体改委根据李鹏总理指示，开始研究期货市场。

实际上，国务院于1987年就决定组建粮食批发市场。其最初的设想是，"一方面要按照市场调节、价值规律办事；另一方面要加强国家的干预和指导，平抑物价。"由于当时的情况是"粮食一缺就不卖了，抬高价格；粮食一多原来的调入省不买，这都会影响生产者的积极性和消费者的利益。（所以）建立期货市场的根本目的，是保持粮食的稳定增长。""当时的商业部同国家物价局共同规定一个指导价格的最高限价和最低保护价。开市价格超过或低于市场价幅和政府最高限价或最低保护价，市场自动闭市。此时，政府通过中国粮食贸易公司，以最低保护价在郑州市场吞进，促使价格回升至合理程度，以最高限价在郑州市场抛售，促使价格下跌至合理程度。""政府吞吐小麦只通过郑州市场进行，不进郑州市场的主产省或主销省（市）的客户，即不是郑州市场会员的主产区，如果小麦价格跌到政府最低保护价之下，也不能在市场外要政府吞进；不是郑州市场会员的主销区，如果小麦价格超过政府最高限价，政府只在郑州市场抛售小麦，不能从郑州市场以外购进政府抛售的小麦。"

期货课题项目从期货市场研究开始，进而扩展到批发市场研究上，最终确定"立足现货市场，大力发展有保障的远期合同，引进期货机制，改造远期合同，改造现货批发市场，创造条件，积累经验，逐步向期货市场过渡"的发展目标。当时没有直接开办粮食期货交易所，而是在现货批发市场基础上发展并过渡到期货交易，原因是"中国当时农业商品经济还不很发达，主要谷物实行合同定购和议购的'双轨制'价格，统一的国内粮食市场未形成，粮食商业企业多半仍承担政府行为，更不用说分解出从事期货交易的投机者，因而不完全具备开办期货交易所的条件。"

国务院批准在郑州建立粮食批发市场，除了郑州地处中原，交通方便外，主要是因为议价小麦调出省主要是河南、江苏、湖北以及安徽四个省。正常年景，议价小麦省际间交易总量约为30亿公斤，占议价小麦总量的 70%，占全部商品小麦的 10%左右。河南是小麦的主产省，每年出省小麦约占全国省际间小麦交易量的一半左右，这是批发市场选择在郑州的一个主要原因。另外，还与河南省政府及相关部门，尤其是粮食部门的努力密不可分。1988 年 6 月，国家期货研究小组在北京召开第二次期货市场研究工作会议。河南省期货研究领导小组和郑州粮油期货批发市场课题组汇报了《关于郑州建立小麦期货市场的初步构思》和《棉花期货的研究方案》。鉴于棉花恢复统购，会议决定不再研究。最终确定小麦为主要研究品种，还确定吉林研究大豆、四川研究生猪、湖北研究稻米、石家庄研究钢材、广东研究生产资料。然而，直到 1989 年初，只有河南省课题组的其中一个方案得到上级领导肯定，全国其他几个课题组的工作都已基本停顿。至此，国家选择了在河南进行期货试点，建立郑州粮食批发市场（即郑州商品交易所前身），河南抓住了"中国第一市"落户郑州的历史机遇。

回顾近 30 年建立和发展我国期货市场的历史，令人刻骨铭心的是，建立我国期货市场的初衷是为"搞好社会主义商品流通服务"，是"为建设有中国特色的社会主义服务"的，是要寻求解决粮食生产时多时少、价格暴涨暴跌、恶性循环的途径，使粮食生产、流通步入良性循环的轨道。总体来讲，期货市场出自实体经济和企业发展需要。

实际上，我国期货市场是由政府推动兴办、从国外移植过来的，不全是市场自发形成的。所以，它从一开始就是公共机构，这与芝加哥期货交易所是私营机构的境况迥然不同。由于郑州粮食批发市场是计划经济与市场调节相结合的产物，所以，它也不同于一些地方已有的批发市场。其计划性体现在，一是由国家批准开办；二是经批准才能进场交易；三是买方进场交易必须持有国家下达的配额指标；四是市场价格的上、下限以及价幅由国家指定。更为重要的是，惟有郑州粮食批发市场肩负着向我国第一个期货市场过渡的特殊使命。

郑州粮食批发市场的建立在国际上产生极大反响，尤其是社会主义国家发展期货市场是破天荒。市场成立之前，美国人评价说："中国期货市场将是共产主义世界的第一个期货市场。"市场成立之后，英国《独立报》刊登了盖尔·康塞尔的文章，题目是《资本主义的种子在中国萌芽》。他们片面地把计划经济与社会主义划等号，把市场经济与资本主义划等号。

美国期货研究机构高度关注市场发展。著名期货专家、《期货交易经济学》作者汤姆教授（T. A. 海尔奈莫斯）在我们紧锣密鼓制定期货交易规则期间考察了郑州粮食批发市场。美国期货研究学者斯坦福大学的杰佛瑞·威廉姆斯（JeffreyWilliams）、安妮·派克（Anne Parker）和斯科特·罗斯高（Scott Douglas Rozelle）与郑州商品交易所建立了三年期的合作研究项目。1998年，三人在著名学术期刊《期货市场杂志》上发表论文，题目是《期货市场的崛起：郑州商品交易所的绿豆期货》。

当初，社会主义国家在计划商品经济中引入新型的粮食批发市场和期货交易制度并没有先例。我们感到最为棘手的，一是政治问题。诸如社会主义国家能搞期货市场吗？我国改革开放是否继续朝着市场经济方向发展？否则的话，市场有可能被关停。二是投机性质问题。投机倒把是犯罪，期货投机咋定罪。国家政策是否允许企业（尤其是国企）以及社会公众参与期货投机？怎样划分投机的"润滑剂"作用与投机倒把的犯罪行为？谁愿意当投机商？三是运作机制问题。例如，怎样预防和控制人为操纵市场，期、现价格是否同升同降，在交割月趋于汇聚？谁愿意到交易所交易，谁愿意做交易所的结算银行，谁愿意被指定为交易所的期货交割仓库？等等。

在郑州搞期货市场，从一开始就受到质疑，冷嘲热讽不绝于耳。现如今，那些不愿与交易所合作的行业、企业、银行、仓库以及那些取笑的人，也加入了期货行列。实际上，期货交易套期保值和价格发现功能的发挥改变了多数人对期货市场持有的消极看法。

30年前，大型银行和股票交易所的存在是金融中心城市的标志。而现在，更多的人意识到，真正的金融中心必须有期货交易所的存在。如果一个城市没有期货交易所的话，那么，当日资本金就可能会自由地流向其它城市。

期货市场作为现代风险管理工具已被人们接受。那些曾经的棘手问题逐步得以化解。我国期货市场发展实践表明,期货市场的价格发现和套期保值功能,有利于企业科学合理地安排生产计划,在现货市场中规避生产经营风险,必将为各个行业提供各种发展机遇。1988年以来,政府工作报告多次提到建立健全和稳步发展期货市场。中央一号文件从国家政策上连续对期货市场提出要求,把期货衍生品逐步从粮食等产品的流通渠道扩展为更为广泛的产品产业链的市场风险管理工具。2018年,政府工作报告中又一次提出"推动期货市场发展"。这表明,近30年来,市场参与者、社会公众,尤其是政府管理机构和行业组织等,已经变得了解期货市场了。他们知道市场如何运作,谁使用这些市场,这些市场能提供什么服务。

如今,我国期货市场已不同于20世纪以农产品作为主要交易工具,而是开始开展包括原油期货在内的多种商品的期货交易以及期权交易了。2017年3月31日豆粕期权上市和4月19日的白糖期权上市,标志着商品期权正式进入我国期货市场。2018年3月26日原油期货正式推出,不仅丰富了商品期货市场,在国际石油市场定价上将发挥重要影响力,而且从另一个方面推动期货市场和人民币的国际化,使我国期货市场体系更加成熟稳健。相信在未来,我国期货市场将越来越繁荣。

现如今,我国期货市场流动性空前活跃。1993年至2000年的8年里,我国年均期货交易量不足1亿手。2010年超过15亿手;2013年超过20亿手;2014年超过25亿手;2015年超过35亿手;2016年超过40亿手;2017年为30.8亿手。2009年我国商品期货成交总量跃居全球第一(占全球43%),成为全球最大商品期货市场,并连续多年位居前列。美国期货业联合会(FIA)在等待来自中国的年度交易量统计数据。如果不包含这些数据,全球期货及期权成交量统计将是不全面的,不仅缺乏代表性,而且意义大打折扣。

毋庸置疑,我国期货市场是自上世纪90年代以来最具活力的创新行业之一。1974年,梅拉梅德认为,在莫斯科没有商品交易所,在中国没有北京烤鸭交易所,也没有哈瓦那雪茄交易所。那是因为,我们的计划经济中稳定的价格体制减缓或消除了价格风险,所以不需要期货市场避险功能的存在。一旦实行市场经济,价格风险将无处不在,期货市场必将破土而出。早在20世纪90年代初,我们就意识到这一趋势。在市场经济的浪潮中,我们成为一群憧憬把郑州期货市场建设成为"东方芝加哥"的人,我们成为一群追寻新中国期货梦的人,我们成为一群满腔热情、具有探索精神的人。

忆往昔,作为同一时代闻名全国的"野太阳"亚细亚、"改革新星"郑百文、"挑战麦当劳"的红高粱先后衰竭败落,"东方芝加哥""国际商贸城"那些光鲜词语逐渐隐退,惟有郑州期货市场一路走来,不仅为我国期货市场的建设和发展发挥了带动和示范效应,成为服务实体经济不可或缺的工具,而且也成为郑州这座城市发展的重要力量。

如今,我们可以自豪地说,郑州期货市场是新中国期货市场的发祥地,它已经作为我国市场经济改革的急"先锋"载入史册。回顾过去,展望未来,面对我国未来的开放型、国际化的期货市场,我们依然信心坚定。我们将携起手来,走向新的未来。

欣闻 *Leo Melamed on The Markets* 中文版自2005年首次出版后再版发行。根据出版社建议,我们对照英文原版再次翻译、校核并修订了原中文版书稿,以求精益求精,并冒昧写下"不忘初心,方得始终"与读者共勉。

是为序。

译者

目 录

前　言 / 1
作者的话 / 6
致　谢 / 10

第一部分　交易者之魂

成为仁人，而非斗士 / 12
期货交易之道 / 16
期货交易的技术分析途径 / 22
成功交易者的心理 / 28
传闻及其辨识 / 32
市场流动性和套利技术 / 36
美国的自由市场 / 45

第二部分　市场的诞生——金融期货

货币期货市场 / 51
芝加哥期货的未来 / 56
"廉价"的投机商 / 63
伦敦国际金融期货交易所的诞生 / 71
期货的未来 / 76
金融期货与银行 / 82
回家 / 87

第三部分　期货——功能和潜力

芝加哥的期货市场 / 95

食品价格危机 / 99

商品期货交易委员会的诞生 / 104

开拓者无需经济理由 / 109

美国联邦机构对期货和期权的研究 / 115

一只理想的替罪羊 / 122

愚蠢的固定汇率 / 127

对指数参与合约的争论 / 132

第四部分　1987年的大崩盘

武装起来的号角 / 139

与现实融合 / 143

谁杀害了知更鸟？ / 147

往事再访 / 153

1987年股市大崩盘相关证言摘录 / 157

深刻的教训 / 164

胜利的鬼门关 / 171

第五部分　全球化与世界新秩序

应对全球化：芝加哥商品交易所的前途 / 181

第三个里程碑 / 187

全球24小时电子交易系统与世界市场 / 193

不可能的梦：莫斯科的自由市场 / 199

未来10年的金融市场 / 209

世界新秩序 / 219

太平洋地区的市场 / 223

未来的技术浪潮 / 228

保护主义——市场之灾 / 234

后　记 / 241

前　言

诺贝尔经济学奖获得者　米尔顿·弗里德曼

该书是一位出色的人20多年来演讲和发表文章的精选。利奥·梅拉梅德是一位成功的投机者和公认的学者，是远见卓识、求真务实的现实主义者，也是一位讲依地语（犹太语）的能手，为保存这一行将消亡的语言他做出了贡献。他是科幻小说的作者，更是推动者和震撼者，不仅对私营机构，而且对公共政策，产生了重要影响。尽管这本书的覆盖面很广，但是，它只是反映了人类众多领域的一个方面。

他具有独立思维的能力，具有正视公众市场对外汇期货需要的远见，具有使这种市场成为可运行的机制的想象力和创造力，以及具有说服芝加哥商品交易所的同事们建立国际货币市场的精神勇气和领导能力。忆往昔，这些事情看起来似乎是很容易的任务。但是，就在1972年5月16日国际货币市场开业时，一位纽约银行外汇交易商在《华尔街日报》上提出了很多人都普遍持有的观点：一帮在猪腩市场上赌双骰的人（指芝加哥商品交易所的农产品市场）鲁莽地认为，他们能够在博弈中打败一些世界上最成熟的交易者。该篇文章还说，他们怀疑国际货币市场的未来。经济学家萨缪尔森质疑，国际货币市场是否真的能为用户提供比当前银行和货币经营商网络更好的服务尚无定论。同时，萨缪尔森推理：如果国际货币市场成功了，那就可能激怒美国和外国政府，他们将鞭策货币投机，进而控制汇率。所以，利奥·梅拉梅德及其同事肯定不能仅有一些智慧就足够了。

商品期货市场是古老的。然而，就我所知，直到国际货币市场成立之时，还没有成功的大众金融工具期货市场。在利奥·梅拉梅德的领导下，"就是这些掷骰子的猪腩赌徒"已经证明是期货市场革命化变革的先锋。

随后，在1981年，他们用现金结算取代了实物交割，国际货币市场使交易欧洲美元期货成为可能，这是设计最成功的合约之一。一旦冰雪融化，其他金融期货交易就会接踵而来，利率、股票价格指数等等，只是局限于市场运作者的独创性和市场参与者的利益。《华尔街日报》每日刊载的行情达30个不同的金融工具之多，每种金融工具都有不同的未来交割日期。如果不说金融期货控制了期货市场，也可以说它已成为主流，而这些开创了金融期货合约交易的"掷骰子的猪腩赌徒"依然是这个市场上的生力军，从那时起，金融市场都是在利奥·梅拉梅德的指导下发展演变的。

该书的第一部分反映了利奥作为投资者所积累的智慧。这对个人投资者和专业交易者来说，都是感兴趣的和有价值的。而章节的最后部分，每个市民都应该看一下。它是对自由和解放市场案例的意味深长的陈述。

第二部分告诉我们国际货币市场建立和成长的脍炙人口的故事。

第三部分是英勇、精明地保卫期货市场对自由私营企业体系所做的贡献。这些贡献的一个重要的副产品就是有效地攻击了合法实施价格控制的政策，不论是涉及各个产品的价格控制，还是利率价格控制。

对于利率来说，保尔·萨缪尔森关于"国际货币市场可能激怒美国和外国政府"的早期预测绝没有变成现实，但是，股票市场上的期货和期权交易却招来了盛怒。1987年，当股票市场崩盘的时候，政府官员和私营个体把很多谴责都归于"程序交易"——"程序交易"使得一个活跃的、具有广泛基础的股票期货和期权市场的出现成为可能。为此还建立了政府委员会，即布雷迪委员会，专门调查这次大崩盘事件。

在随后的大讨论中，作为一种声音，利奥·梅拉梅德起到了重要作用，并帮助形成最终被采纳的稳步改革的建议。

第四部分讲述的故事是股票市场崩盘的最初阶段，为了预防那些将会对美国整体金融机构产生严重破坏的不妥当行动，利奥及其同事是如何做出各种应急对策的。当尘埃落定的时候，政府调查大大地开释了期货市场。正如利奥指出的那样，荒谬的结果可以增加金融工具期货市场的结构作用价值。

第四部分的前几篇文章解释了全球24小时电子交易系统如何发展以及它在世界金融期货一体化市场中预期发挥的作用。针对国际贸易，其后的文章提供了对整体自由市场案例具有深远意义的陈述。

近几十年来，技术变革，即所谓的信息革命，大大扩展了世界发达国家和发展中国家之间合作的可能性，它可以为10多亿中国人、3亿—4亿俄国人和东欧人提供服务。此外，通信和运输状况的改善，特别是传真的引进，使得任何地方的公司都有可能配置不同地方的资源，生产出可以在任何地方销售的产品。这样，形成的一个结果就是拉丁美洲将以一种过去从未有过的方式提供劳动力资源。

这些发展为世界贸易的大规模扩张提供了机会。如果准许自由开发的话，那么，就会产生一种新的世界范围的经济奇迹，这一奇迹将提升全世界资本富裕国家和劳动力富裕国家的生活水准。不幸的是，资本富裕国家的保护主义论的情感对这种发展来说是主要障碍。发展中国家的许多人：不是欢迎新的机会，而是害怕新的世界秩序所需要的改变，他们试图逃到有庇护所的地方，或者是美国堡垒或者是欧洲堡垒中去。

当利奥·梅拉梅德卓有成效地向保护主义趋向大声疾呼的时候，他赢得了巨大信任。在该书的最后一章，他把这种保护主义趋向标定为"市场之灾"。

我认识利奥是在1971年。那时，我从芝加哥大学来到我的第二故乡佛蒙特州的伊利度假，我在那里度过了整个金秋时节。他给我打电话，探讨我们如何见面，讨论他关于货币期货市场的暂行计划。我的名字引起他的关注，这要感谢《华尔街日报》上的一篇新闻故事。该新闻提到，长期以来我一直倡导浮动汇率。我预测，固定汇率的布雷顿森林体系将要崩溃。我的信念是企求建立外汇期货交易所，而这一企求的部分原因是基于个人的经验。1967年11月，我和其他观察员都很清楚，英国将被迫使英镑贬值。我给所有的芝加哥大银行打招呼，试图卖空英镑，但没有任何银行接纳我的指令，他们坚持认为，他们的期货交易只涉及他们的老主顾，而且，仅仅与商业活动有关联。尽管当时我逼他们，但是，我得到的回答却是："联邦储备银行（或许是英格兰银行）不希望这样做。"在后来的《新闻周刊》栏目里，我展示了消除政府对外汇交易限制的案例，并提出采用浮动汇率体制的观点。

只要国际货币基金组织主导的、以固定汇率为主的布雷顿森林体系处于有效的运作状态，那么，广泛的、具有活力的货币期货市场就是不可行的。在布雷顿森林体系运作期间，确实发生过许多汇率变化。然而，像1967年发生的英镑贬值变化是非常大的变化，而且经历的时间跨度很长。在这些变化之间，汇率由中央银行在很小的波动限度内操控。在这种环境中，期货市场在大部分时间内无用武之地，因此，期货市场是不能吸引交易者的。

布雷顿森林体系于1971年8月15日寿终正寝。当时，尼克松总统宣布，美国不再承诺按每盎司35美元的价格向中央银行销售黄金。这一宣告促使利奥及其同事们立即采取行动，执行他们已经开发的货币期货交易暂行计划。他给我打电话就是一种成效。

1971年11月13日①是个周六的早上，我与利奥和埃弗里特·B. 哈里斯在纽约见面。利奥和埃弗里特来了。在二十多年后的今天，我尽最大努力回忆着。他们带着充实的计划，那就是，要建成一个国际货币市场。他们已经做了他们应做的工作。我在这方面几乎没有什么贡献。可是，要建立这样的市场，很清楚的一点就是，它是一件投入大、风险高的事情。我的作用就是使他们确信布雷顿森林体系永久地消失了。取代偶尔改变的固定汇率的布雷顿森林体系的任何安排，都将促进货币期货公开市场的建立，从而使得汇率更广泛、更持续地波动。

做好了这些事情，他们与我商定，要我按照他们的预期写一个备忘录，主要内容是解释对货币市场的需求，当他们向华盛顿当局提出其建议时要用该备忘录。备忘录的完成是在12月下旬，1972年初以标题"货币期货市场的需求"印刷发行。

利奥是慷慨大方的，在建立国际货币市场方面，他给予我的信任比我应得到的信任更多（见第二部分第三段）。然而，长期以来，我反复地了解到，在给出建议与接收建议之间存在着多么大的差距，而这种差距几乎没有弥合过。我与其他经济学家一起因预测布雷顿森林体系的削弱以及推荐采用浮动汇率作为一种替代而受到的好评超越了我的意愿。1950年，我首次撰写了这篇文章，1953年发表；第二次是1968年12月在给候选总统

---

① 利奥当时是芝加哥商品交易所董事会主席；埃弗里特任全日制总裁。

理查德·尼克松的备忘录中给出这些预测的①。利奥·梅拉梅德抓住了尼克松关闭黄金之窗的机会，认知了立即利用这一机会的重要性。尽管有很大风险，但是，他有勇气这样做。要从政府官员那里获得迅速的推进需要何等的持之以恒和外交周旋才能啊，而结果却倾向于推迟，而不是行动。通过这些回忆，我们看到，国际货币市场在尼克松总统关闭黄金之窗不到10个月就开张了，这是一个伟大的壮举。只有在总统行动之前很久就预先策划，这一壮举才有可能实现。

其余的事情都成为了历史：芝加哥是当今世界最重要的期货交易中心，这要感谢利奥的积极努力，即他在引导芝加哥商品交易所走上正确发展轨道的重要作用，以及他在对广泛范围内的重要问题所具有的见多识广的公开讨论中所做出的许多贡献。

---

① 米尔顿·弗里德曼："灵活利率案例"，《实际经济学评论》，芝加哥，芝加哥新闻大学，1953年版，第157-203页；米尔顿·弗里德曼："解决美国支付平衡的建议：向候选总理查德·尼克松提交的未公开《……备忘录》"，摘自利奥·梅拉梅德编辑：《灵活汇率的价值：文集》，维吉尼亚，费尔法克斯，乔治·梅森大学出版社1988年版，第429-438页。

作者的话

有必要公开感谢我的朋友、尊敬的顾问、卓越的导师、经济学思想的非凡灯塔——米尔顿·弗里德曼,他对我在期货领域取得的成就给予了极为慷慨大方的热情赞赏。我是微不足道的,我亏欠他的时间,因为他花了很多时间阅读我的材料,为我提供了他的历史展望。我不得不重复我在私下或在许多公开场合所说的那些话,即如果没有米尔顿·弗里德曼的支持,没有他那聪明、智慧的祝福,没有他那开明的帮助以及没有他那在我们完成使命过程中始终如一的坚定信念,我绝不可能有勇气或韧性去做我想做的一切。

从20多年的文章和讲话中为这部书筛选资料是困难的。然而,所选的材料完全代表了我在1972年所承担的任务,它们提供了世界市场上最令人兴奋的革命时期的历史背景。正如我在1983年的"期货的未来"中提到的:

我们的市场经历了如此令人注目的变化,以致人们难以理解它。我们的市场似乎一夜之间成为金融机制的综合部分,而从远古至今这些市场仅涉及农业领域。一百多年来,我们的市场严格地局限于有形市场和可以储存的产品,而最近突然摆脱了那些基本要求,一揽子鲜活动物、外汇和政府债券在内。过去,我们的市场,它们具有特定的界限,不允许进入为证券预定的领域,而现在,它们硬着头皮跨越分界线,发明了新产品工具,把那些古老的产品分类搞得一塌糊涂;过去,我们的市场,其与生俱来的权利就是必然要有一个实物交割系统,而现在,它们破解了基因密码,形成了没有交割的产品;过去,我们的市场,饱受世人鄙视,几乎不受尊重,而现在,它们已经成为金融家庭中不可缺少的成员。

作者的话

我向读者抱歉，我要预先告诉大家，我的一些文字、引用语、参考书和主题可能是重复的，因为我是坦率的。就像每一位传教士一样，我的任务就是解释和传教。大多数教学的完成靠的是反反复复地教授课程。这对于主题是简单的算术或相对论来说，确是如此。在各个例子中，我给出的常常是不同国家和文化的信息，把它传达给不同的观众和不同的论坛。对于他们，我的语言总是新鲜的，常常是奇特的。而且，本书挑选的每一篇文章，除了个别的是相似的主题外，也都包含着新概念、新主题或新阐述。如果把文章放在一起整体看，选文为我们市场的历史进程提供了记录，展现了市场从一个远离金融领域的同类发展到纳入正规的金融领域圣地的过程。

实际上，在过去的20年间，金融期货取得的显著成功在商业领域很少有能与之媲美的，这些成功例证了正当其时的理念的强大实力。统计数据更能说明问题。1971年，就在金融期货诞生的前夕，美国期货交易所成交合约1460万张，其他国家交易所几乎不占重要地位。20年后，在1991年，美国期货交易所的期货和期权总交易量为2.25亿张，令人惊骇地增加了1440%，农产品合约仅占总交易量的19%。同年，新兴国家金融交易所的交易量同样达到令人满意的2.3亿张合约。

这些市场的成功不是一个人的努力，它包括数不尽的有才干、讲奉献的团队的合作。而且，除了米尔顿·弗里德曼外，如果不提到几位在最开始就投入在这一运动前沿的其他人士的话，那么，评价这个独特的历史是不可能的。

芝加哥商品交易所第一位最重要的人是我深深爱戴的埃弗里特·B.哈里斯，他勇敢地承担起身边的日常工作，领会许多概念，并坚定地认为，只要努力，就能成功（他喜欢说：没有做不到的事情），他知道许多我们必须说服的人。马克·鲍尔斯博士——高级经济师，他能够迅速地接受新观念，具有丰富、敏捷的思想，知道如何成功地设计外汇和美国短期国债券的合约条款。罗纳德·弗罗斯特是芝加哥商品交易所的评论家，他所提出的理念都是在全国范围产生影响的。李·A.弗里曼，还有杰罗尔德·E.萨尔兹曼，他们代表交易所卓有成效地进行法律斗争。最后，还有一些非常亲密的朋友，他们是：巴里·J.林德，多年来通过无数次的接触，我了解了他的杰出才干以及在奠定芝加哥商品交易所坚实的金融基础方面的奇才；布赖恩·P.莫尼森，提供了无法用价值衡量的市场使用和金融工具应用的专业技术；以及哈里·G.贾里克，他从国际货币市场诞生的那一时刻开始就提供了一个关于国际发展趋势的预测，提出了具有实用价值的建议以及促进思想进步的措施。

在芝加哥期货交易所方面，有必要提到前主席莱斯利·罗森塔尔，他是1975年芝加哥交易所金融工具委员会主席，也是交易所决策发起金融工具交易的推动力量。同样，还有必要强调理查德·L.桑德尔博士的卓越工作，他的主要贡献是设计了美国国债券期货合约，这是历史上从未出现的最成功的期货工具之一。

尽管国际货币市场是芝加哥商品交易所的产物，但是，它的运作却是作为一个独立的公司机构而存在的。从国际货币市场的建立开始，到1976年国际货币市场与芝加哥商品交易所合并之前，我作为国际货币市场董事会的主席①有明显的特权。董事会面临严峻的挑战，要证实国际货币市场创新思想的价值以及承担营销其未经试验的交易合约的责任。董事会的董事具有盛名和荣誉，为我们的市场提供了无价的商品，即可信性。

芝加哥商品交易所董事会和专业委员会以及国际货币市场董事会多年来一直在变化，把在那里工作过的所有人员的名字都提到是件困难的事情。但是，必须强调，他们每个人都为市场发展承担了压力，贡献了力量。然而，我有义务挑选芝加哥商品交易所的主席们作为代表，因为在建设现代化期货市场的20多年中，他们与我站在一起，共同承担责任。他们是：小迈克尔·温伯格、布赖恩·P.莫尼森、劳伦斯·M.罗森堡、约翰·T.盖勒曼。特别需要提到的是现任主席约翰·F.桑德纳，在以后的

---

① 国际货币市场董事会的创始人包括：第一副主席约翰·J.盖勒曼，第二副主席卡尔·E.安迪生，秘书罗伯特·J.奥布赖恩，财务主任劳伦斯·M.罗森堡，A.罗伯特·阿布德、劳埃德·F.阿诺德、理查德·E.博尔克、威廉姆·E.戈德斯坦特、亨利·G.贾里克，丹尼尔·R.杰塞尔，马洛·金，巴里·J.林德，唐纳德·L.米纽西尼、威廉姆·C.芒诺，弗雷德里克·W.尚茨，贝里克·W.斯普林克尔博士以及小迈克尔·温伯格。

岁月里，他始终是一位坚定的弟子、同伴和战友。

我还要专门提到与我一起工作的交易所的总裁们：在芝加哥商品交易所，除了埃弗里特·B. 哈里斯，还有我的好朋友克莱顿·尤特，他代表交易所付出的不懈努力是无与伦比的，他的杰出才华最终把他推到了华盛顿特区，作为美国的贸易代表，在里根总统领导下，作为农业秘书和国内政策顾问，在布什总统领导下，为我们的国家服务。我的同事威廉·J. 布罗德斯基，他是从美国股票交易所来的新成员，他给芝加哥商品交易所带来了证券市场的组织技能和专业技术。在芝加哥期货交易所，沃伦·E. 利贝克和罗伯特·K. 威尔莫斯，他们目前是美国全国期货协会的总裁。最后，芝加哥期货交易所现任首席执行官，我的同事和亲密朋友托马斯·R. 多诺万，他是芝加哥期货交易所最坚定的战士，他已经成为期货战线上最强大的倡导者。这些专业人士积累的财富都有助于使我们的计划走向成功。

在金融期货受到尊重之前，我们所有应做的努力都需要适应商业机构的需要。换句话说，风险管理必须成为商业领域的常规。这是一个相当新的观念。它出现在过去 20 年金融期货和期权、大批其他创新金融工具、技术以及信息技术的发展过程中。这一过程发生得如此迅速和成功，主要是由于美国学术领域的杰出努力和影响。

在这些智慧的贡献中，特别要提到的是芝加哥大学商学院罗伯特·R. 麦考密克著名在职教授，我尊敬和热爱的朋友默顿 H. 米勒的奉献。默顿·H. 米勒关于风险管理流派的突出的学术研究和著作使他成为 1990 年诺贝尔经济学奖的获得者。

致 谢

我对芝加哥商品交易所的执行官员和专家永怀感激之情。在漫长的岁月里，他们为筹备该书内容提供了很大帮助，包括提出许多建议与想法。尤其要感谢法律顾问杰罗德·萨尔兹曼、杰拉尔德·拜尔和查尔斯·西格以及交易所的资深官员埃里克·基尔科林、戴勒·赫宁顿、巴巴拉·理查兹和约瑟夫·惠伦。最后，也是最为重要的，多亏了阿里珊·波斯纳尽心尽力的帮助，并提出宝贵建议，该书才能顺利出版。

第一部分 交易者之魂

从我进入期货业的那一时刻起,即是打开世界门窗之时,我就被这种喧闹、多彩和活跃的狂乱所困惑了。人们熙熙攘攘,用他们最高的嗓门呼喊着,用他们神秘的语言燃烧着我年轻而又激动的心灵,激发了我内心深处某种潜在的、不安分的激情,使我义无反顾地得出结论,不论这个环境如何,这里就是我的归宿。尽管我完成了法律专业的学习,甚至成功地从事法律行业已经长达6-7年,但是,我的心,我的神以及我的魂从未离开过期货业,从未离开过芝加哥商品交易所的交易大厅。

不论是否对供求法则有着天才的理解,还是接收市场学和经济学所描述的内容的那种新生激情所产生的结果,我在快速理解期货本质和欣赏自由市场魅力方面几乎没有任何问题。我有许多老师,他们都是坚韧不拔的专家,活跃在交易所的交易大厅。他们中间有许多都是我的老前辈,他们看上去更像19世纪50年代狄更斯小说里的人物,而不像是一个世纪后金融交易所里的交易员,他们也喜欢上了我这个年轻的学法律的学生,有些人甚至还保护我。

芝加哥商品交易所的会员都是我的顾问、老师和朋友。他们来自五湖四海,来自美国的各个地方,来自不同的阶层。我学会了理解他们,捕捉着驱动他们的动因。我发现了他们的希望所在,发现了他们的担心和害怕,接触到了他们的灵魂。后来,他们成为我所依赖的、为完成我们的使命、使市场辉煌的战士。

从一开始我就记录了一点我所学到的东西。它是如此令人神往,是前所未有的。本章中只有最后两篇文章是在引进金融期货之前完成的。文章所提出的思想是基于农产品市场的交易经验而产生的。但是,这些市场规则和深层次的哲理与我从那些交易者那里所学到的知识一样重要,也适用于金融工具的交易及其交易者。

成为仁人，而非斗士

一般情况下掌握古老信条的道路是很艰难的。在与市场战斗数年之后，我获得了这一新发现。不幸的是，这是一条我们的交易者常常忘记的规则。坚持这一信条。市场将使我们做个仁爱者，而不是斗士。

> 在芝加哥商品交易所交易者研讨会上的演讲，伊利诺伊州，芝加哥，1969年3月。

成为仁人，而非斗士。这句格言显眼地挂在我办公室的墙上。这句话背后的思想与交易本身一样历史悠久。它象征着所有成功交易者都知道和遵循的一个信条：即忘记它就会遭受致命失败。这一格言的说法有很多。当你在股票交易中违反这一格言的时候，就叫作"与市场战斗"。

与市场战斗是专业交易者的大敌。它有损于交易者的推理过程[①]，歪曲其逻辑，给其思想投下阴影，干扰其对市场的"感知"，使其丧失捕捉其他市场的机会。他会变得无能，最终输掉全部资金。一切专业交易者都不时地遭遇这一噩梦。而成功者一经察觉，就能改善这种状况。

如果你问股票交易者或其他期货交易者"与市场战斗"意味着什么，他会确切地知道你的意思。也可能他总是找不到恰当的言辞满意地表述其定义，也可能他总是不能解释当这种情况发生时他怎样做出决定或是行动的原因，但是，他确切地知道这是怎么回事，他确切地知道，这是一条通往毁灭的道路。

当你与市场战斗时，你把你的行为合理化了，即使在市场明显表明你的交易部位不合适的时候，即使在所有的事实与你的观点相背离的时候，

[①] 本书所用的传统名词"他"完全是为了便于阅读；除了特殊说明外，本书使用的"他"没有性别偏见。

即使在直觉让你平仓出局的时候,你都会认为你的交易部位是正确的。这些固执的交易几乎不可能扭转局势向着有利于你的方向发展。如果这种情况发生了,那就是类似于世界末日的事件。你将把相同经历用于下一次交易,而这一次你将难逃厄运。显然,这个规律也有特例,正如每个规则都有特例一样。有的交易者与市场战斗得非常成功。但是,对于每一起例外,成千上万的交易者要失败。

那么,你怎么知道什么时候你是在与市场战斗呢?这没有特定的规则,每个交易者都有他自己的原则和指导方针作为早期预警系统。有些人直觉上知道在他成为市场斗士之前出局的时间;其他一些人则会在亏损部位使得他们昼夜无眠时平仓出局;当然,也有人绝不把亏损部位带回家。无论预警系统和出局规则如何,你必须要有期货交易武器库中的武器。

交易规则并不要求期货交易者放弃他们的观点,也不要求交易者一损失就平仓,或是在一系列的损失后平仓。恰恰相反。专家们并不能预期每次交易都能获利。当时的亏损部位并不意味着该部位就是错误的部位。实际上,在市场上对自己所持有的交易部位充满自信常常是成功的重要因素。在你当时不能证明你的部位是正确的时候,充满自信尤为重要。然而,每一位专业交易者都知道自信与盲目自大之间的区别。所有的市场交易结果里,都会有一个区分成功者与失败者的临界点。失败者与市场战斗,而成功者则不是。在当时的亏损部位与最终是错误部位之间存在着一条虚构的直线,当你越过直线时,当时亏损的部位就转变成为与市场战斗了。获得的经验有助于帮助自己建立必要的指导方针。但是,在交易者积累经验形成这种早期的预警感觉之前,无论何时持有亏损部位的话,他应该问问自己下面的这些问题:

如果我在市场上没有持仓部位的话,那么,今天我是否还会以这一新的价格水平持有相同的部位呢?如果答案是否定的,那么,你就不应该持有当前的部位。

持有亏损部位是否由于担心或是由于亏不起呢?如果答案是肯定的话,那么,你的入市理由就是错误的,即你入市的原因不是因为你是正确的,而是因为从情感平衡或者财务承受能力上来说,该损失对你来说太大，难以承受。

我一直持有这些部位，是否因为我希望赚回已经亏损的资金？希望和愿望都不是持有亏损部位的理由。

该部位是否与我的推理和估计纠缠在一起了呢？

数字图表是否从逻辑上支持我最初的预期或是我现在的推断呢？

我是否对持有部位过于偏见，以致拒绝讨论或听取相反观点呢？

如果我听到不同观点的话，是否能够合理地拒绝呢？

我是否设有止损点，只要一达到预定止损点，我就会平仓退出呢？

持有部位的进一步亏损与潜在盈利相比，是否更有价值呢？

对这些问题如实地回答，有助于交易者决定他是否已经跃过那条重要的界线。一旦他跨过这条界线，该交易者将会在期望和绝望的泥沼中迷失方向。这时，他将不再理性地尊重持有部位；这时，他绝不会如实地把握持有部位的原则，无论其是真实地相信持有部位或只是简单地拥有它。交易者平仓的那一天才是最终测试交易者的时刻。可以肯定，这时已经临近或已经处于特定市场波动的终点。

有时，形成的结果是灾难性的。这不仅因为损失了资金，最终没有能力在市场上博弈，而且因为与市场战斗者常常在两个极端，即市场顶部或市场底部平仓，改变其市场观点，与其绝望的情感相适应。他们在另一个市场变动方向上寻找救命稻草。这就是与市场战斗者的不幸命运。

市场仁爱者是多么好呀，他们快乐得多。有仁爱之心的交易者是趋势博弈者，趋势是他的好朋友。他努力发现市场趋势，并与其恋爱。无论牛市还是熊市，他都热爱。无论市场走向哪里，他都是追随者。如果市场处于上升通道，他就看涨或不去理会它；如果市场是下降通道，他就看跌或保持稳定。他并不追求反转点或要战胜世界，他唯一的需要就是跟随市场方向。当市场仁爱者增加其持仓的时候，其原有部位是盈利的，市场预示着持续的希望。很明显，仁爱者也有亏损部位，但是，他们绝不允许这些亏损部位发展成与市场作对的敌人。不像与市场对抗的战斗者那样，市场仁爱者绝不会怀着正义的愤慨闭上眼睛说，我是正义的。不像与市场对抗的战斗者那样，市场仁爱者几乎不责备产生的交易亏损。他可能是错误的，但是，市场绝不会错。

　　市场仁爱者很少追寻市场的底部，也不经常在顶部出局。在底部，极有可能还在做空；在顶部，他还在做多。只要他怀疑市场将要改变方向，他就会出局，即使这样做意味着他将在不利的条件下重新建立相同的部位，或是失去市场进一步变动机会的条件，他都会义无反顾地这样做。市场仁爱者常常在市场达到最终水下之前就平仓了。市场仁爱者非常愿意在有利的行情中只取其一段。尽管市场仁爱者的盈利不像他们所面临的潜在利润那样多，但是，他们年年都是获利而归。市场仁爱者与市场战斗者之间的区别可能是：市场仁爱者绝不想去战斗，他们只想着赚钱。从长远来看，只有市场仁爱者能赚钱。

期货交易之道

20世纪60年代，在金融期货出现很久之前，甚至更早，当这些市场还没形成稳定的金融环境、也没有得到学术界关注的时候，几乎没有关于期货交易之道的记述。一般认为，期货交易是神秘的、深奥的，是一个充斥着疯狂投机者和赌徒的野生世界。

直接发现期货究竟是干什么的，确实是一种揭示：我们要知道，很好的交易技术规律与传统的认识是截然不同的；成功的期货交易需要具有商业定向、行为自律管理以及资金管理的能力；运气只具有很小的价值。机会法则并不适用，一个交易者的心理结构是最为重要的成功因素。

> 在金融总编研讨会上的演讲，伊利诺伊州，芝加哥，1969年11月10日。

对许多人而言，期货交易是幸福的；
对许多人而言，期货交易就是祸根；
对多数人而言，期货交易真是个谜。

为什么会有不同的观点？为什么存在这种爱恨交织的情感？也许因为今天的期货交易处于商业领域的最前沿。这个前沿阵地要求智慧的交易者依靠个人的聪明才智和一般常识，具有勇敢的大无畏精神，勇于面对艰难的挑战。然而，挑战需要天分、毅力、个性以及冒险精神。那是一个用回报证明风险的地方。

个人参与的期货交易是最后保留下来的一片领地。在那里，个人参与者仍然可以把适当的投资增长到相当的规模。难怪那么多人跃跃欲试，尽管那么多人遭受失败；难怪许多人并不抱怨挑战，而是抱怨自己无能；难怪那些成功者被冒险迷住心窍；难怪这么少的人了解期货交易，因为对于任何超前的人来说，未知因素是可怕的、复杂的和令人恐惧的。而对于多数事物所产生的结果而言，挑战是艰难的，并充满了风险。

因此，产生了许多关于期货交易的神话。你必须有内部消息；你必须有运气；只有钱币的正面让你走运；你必须变成一个赌徒；期货交易没有规律和理由。这些神话都是错误的。这些神话常常用做那些在期货市场上由于种种原因遭受失败的人的托词和辩解，这些说法都是很个人化的东西。也许，他们缺乏集中的能力；或是不具有足够的分析技术；也许，他们缺乏很好的个性，缺少成熟的气质，或是缺少交易自律能力。还有一些人的失败是因为他们缺乏适当的资金。尽管资金是重要的，但是，资金并不是个人交易失败的关键原因。

下面我们看一看运气的作用。期货是在几个很少的领域里运气重要性偏小的一个领域。尽管运气起点儿作用（就像其他许多事情一样，在某种情况下，运气可以起到重要作用），但是，一般来说：运气不能作为一种因素而存在。运气可以朝两个方向发展，通常可以扯平；而好运也可能有副作用。例如，一个交易者在其早期的交易过程中有很好的运气，但是，他可能什么都没有学到，或者学到了一些他应该学到的反面的东西。从长远来看，早期的好运并没有什么好处。

在最后一点分析中，期货交易成功的决定因素是解释和分析事实与数据的个人能力，以获得关于给定产品的中间价格和最终价格的逻辑观点。简言之，期货交易的成功依赖于正确确定供求的能力。

这样讲听起来有点简单，但事实如此！这是一个最为困难的任务。挑战的内涵就是一些具体的要求：要掌握影响给定产品价格的重要经济因素；保持实时的论据和数据；综合这些事实及其对供求的影响；当各种影响因素应用于给定的价格结构的时候，要正确分析各种影响因素的重要性，这种重要性年年都在变化，有时每周都会发生变化，而且不同的商品也影响其变化；还要理解不同商品的不同价格特性；适应一切未知变量；最后，还要有勇气把你的结论应用到市场上。

还有一个最后的要求，那就是，要有勇气把你的结论应用到市场上。多数期货交易者不能很好地做到这一点，证明这是他们的"滑铁卢"。在这个地方，你的性格遇到了最为严峻的挑战，你知道了你真正是哪一类交易者。实际上，交易者的心理结构是期货交易成功的最关键的因素。

尽管接受专门教育和职业训练将有助于获得成功，但也不尽然。内部消息具有一些价值。但是，最为重要的是有序的思想过程、实事求是的方法、意识健全的性格、愿意研究重要的因素以及掌握历史资料的知识。当然，还要有耐心。交易者从交易经历中学习要有耐心，从过去所犯错误中学习要有耐心，建立信心和提高交易能力要有耐心。这些不是简单的要素，然而，相对于解释这个挑战领域内所设置的如此多的禁忌或禁止行为而言，它们也不是不可能达到的。

期货交易不需要概率规则，即可能性规则，该规则是老道的赌徒常用的工具。如果用这个规则交易，肯定要处于明显的劣势地位。作为一个规律，成功的专业期货交易者在典型意义上不是赌博者。多数情况下，当赌博者在期货交易中使用其伎俩时，他们会亏损，个中原因很简单。期货价格依据的是经济规律，而成功的赌博是概率的结果。期货和赌博相差十万八千里。概率规则并不能长期成功地应用于期货交易。其他生活领域里基于概率的赌博，即使是最好的赌博，它们也可能是最糟糕的期货交易。事实上，基于可能性的赌博，如果是最不好的赌博的话，可能就是令人恐怖的期货部位。例如，在一个长期的熊市里，纯粹的概率规则支持市场上涨。不幸的是，如果过多的供应量继续支配较低的价格的话，那些以可能性规律为基础，在市场上买进的人将亏损。

我经常听到一种说法："由于市场连续10天上涨，所以，我必须平掉我的多头部位。"这些交易者的交易正在使用可能性规则。尽管这样做有时可能得到正确决定，但是，这远非正确的理由。在第11天的多头部位可能比第一天更好。也许，在第11天，世界最终意识到，交易者本能一类的东西在10天前就告诉他了。因此，可能性规则并不能成为操控市场决策的因素。

成功的期货交易者都是很好的经商人员，也是很好的资金管理者。交易者用其资金进行风险投资，但是，那些成功者都遵循保守的、自律的商业行为。因此，资金管理与在市场上进行正确的交易同样重要。不幸的是，这个基本准则被公众或多或少地丢失了，而期货交易所却常常被比做赌博的场所。

有人经常问我，开始交易时究竟需要多少资金？这个问题完全不是究竟需要多少资金量的问题，而是一个资金种类的问题。尽管我没有给他推荐意见，但是，在开始进行期货交易的时候，如果期货经纪公司愿意为你开户的话，你可以只用很少的几千美元，只要能够达到最低保证金要求即可[①]。开始交易需要准备的资金量将决定交易者在学习交易的过程中的回旋余地。如果资金量小的话，他几乎没有犯错误的余地。如果资金量大的话，他的学习时间就长一些。比资金量多少更为重要的是：这些资金不应该是一笔对你来讲是必不可少的资金。交易者不应该动用日常生活所需要的资金进行投机交易。也就是说，不应该使用的资金包括衣食住行、教育以及其他一切满足正常生活的资金。推荐用于期货交易的资金是"风险资金"，即如果亏损了，那些对交易者生活水准没有实质性影响的资金。尽管这个前提条件把大部分人排除在期货交易的大门之外，但是，还是有许多人具备参与期货交易的条件。

那么，是不是大量的风险资金比少量的风险资金能够为交易成功提供更多的机会呢？是的，在某种程度上，你将有更多的机会学习。然而，更多的资金可能使你产生更为安全的错误感觉，长期来看，这将损害获得成功的能力。无论在开始交易时的风险资金是大是小，你都必须根据情况调整期货部位的规模：如果资金少的话，开始交易时的交易规模要小；相反，如果资金多的话，交易开始时的持仓部位可以多一些。在这两种情况下，你都必须慢慢地前进，确保在你学会交易之后还剩余一定数量的风险资金。在开始交易时，面对所有风险、学习各种教训对你的好处不会太多，因为在你毕业之后，你将没有剩余资金把所学知识用于今后的交易当中。

由于熟悉成功的期货交易必须具备的所有原则、规则、掌握市场变化和发生的例外情况需要多年的研究和直接的实践，所以，我们不可能把这些问题讨论得很深。然而，以下三点是最为重要的基本原则：

---

① 自从该篇论文于1969年写成开始，关于期货交易所需资金量的规则发生很大变化。通货膨胀、上市产品种类以及价格波动性都影响所需保证金的资金量。

第一，花一定的时间在你计划交易的产品方面接受一些培训。也就是说，要掌握各种统计数据以及其他影响供求平衡的因素，进而熟悉产品价格。该要求的内涵就是告诉你，不能只依靠其他人的看法进行交易。例如，如果你雇用一个经纪人，但是，你绝不能把他的话当作信条。尽管你应该倾听专家所提供的交易意见，但是，如果你只是依赖其信息或数据解释的话，那么，你就是傻子。如果你自己具有分析能力的话，这也有助于你全面理解经纪人的行话和推理，这仍然需要一些个人教育。

第二，不要过度交易。不能根据资金多少或者根据每周、每月、每年的交易量确定是否过量交易。这取决于你对市场的接近程度，即你对价格变动监测的观察程度，你研究产品所花的时间量以及你的交易计划的目标。过度交易将使你过分地暴露于风险和危险之中，而且增加不必要的佣金开支。因此，你必须承认，你不能参与每一次市场波动，你也不应该这样做。那些不是天天在交易所交易大厅里的最成功的交易者将谨慎地挑选机会。期货价格具有趋势和季节变动模式。他们将集中关注趋势和季节变动，把当日价格波动的机会留给那些专业人士。那些明智地选择行动而成功的交易者需要的正确交易的时间仅为 30%～40%。另一方面，那些试图天天交易的非会员交易者要想保持盈利记录则至少需要 60%～70% 的正确交易时间。

第三，要遵循事先确定的交易计划。你所确信的一套交易规则或已经确立的指导原则都是有效的，它们需要时间的检验，应该成为你的决策依据。不是只有一个特殊公式或是只有一套交易规则，多得很。如果你不是专业交易者的话，那么，就需要进行大量的研究，以确定哪个交易规则最符合你的感觉，最适合你的性情和职业。不论用哪一套东西，一旦你选择了一套交易计划，一定要坚持使用。这就需要自律，它能检验你的情绪质量。如果你不能遵守这一套合理的交易准则的话，那么，你将对每一个市场变化突发奇想，很容易成为某一给定时刻市场压力的俘虏。由于这一基本原则很宽泛，所以，我提醒你不要让成功的投机想法跑到你的头脑里，使你抛弃你的交易计划。相反，如果一开始你就不成功，或是遭受了一系列失败的话，那么，不要对你所设计的一套合理的交易准则感到绝望，也不要弃之不顾。

期货市场象征着金融民主，它们为投资和投机提供公开市场。在那里，每个人都有发表看法的权利。有的看法更有价值些。你的看法的价值大小取决于你自己。这一新领域仍在为那些有心气和精神学习期货市场所包含内容的大多数美国人敞开着大门。这是一个新领域，它能够使胜利者满意地知道，他们获得的胜利除了感谢他们自己的聪明才智、刚毅坚韧和实际能力外，他们不需要感谢任何人。那是一个用回报验证付出以及所包含风险的新领域。

期货交易的技术分析途径

在我宣读这篇论文的时刻,基于技术分析的交易远不及今天这样流行,也不像今天这样受到认可。传统的观念认为这些交易技术很神秘:在市场中没有真正的应用价值。

然而,图表分析的概念却吸引了我。它是技术分析流派中所包含的内容。指导图表分析基本规则的一些逻辑似乎是有道理的。因此,我阅读了许多能够找到的关于图表分析主题的材料,成为追求市场技术分析的狂热者。时光流转,随着期货市场的发展,技术分析达到一个新层次,其复杂性和综合性是写这篇文章的时候所根本想象不到的,而且值得一提的是,那时候我所学到的东西直到现在仍然有效。

最为重要的是:我知道,忽视基本分析方法的技术分析派远不及那些勤勉地把这两种方法应用于交易实践的交易者更成功。

> 在投资论坛上的演讲,纽约,1970年4月。

有两种交易方法:一是基本分析方法,即基于对供求经济因素分析的市场观点;二是技术分析方法,即基于对图表的解释或技术分析的市场观点。这两种方法大相径庭:一种途径只依靠技术解释,而忽略一切经济因素;另一种途径则依靠统计数据和经济因素,而忽略技术分析。

图表分析师很肯定他们使用的方法就是成功交易最有保证的方法。在形成市场观点的过程中,他们不为供求数字、政府报告或其他实际的经济原因而费心。这些实际的消息自有其用。他们认为,基本分析派需要依赖许多变数才能使交易者获得成功。他们声称,技术分析派有一张图表就足够了。他们坚持孔子的交易理念:看一下图表相当于看上千个数据。

另一方面,基本分析派认为,只有对事实进行客观、冷静地分析才能形成有效的市场观点。他们把技术分析看成是伏都①巫术。在他们看来，依靠看图表形成的市场看法无异于痴人妄语，毫无道理可言。对于他们而言，利用图表判断市场走势就是倒退到人们用占星术预测他们的未来，用纸牌预测他们的最终命运的时代。他们声称，任何两个图表分析师都不会对同一图表给出一致的解释，因为技术分析只能告诉人们市场过去的走势，却不能告诉人们市场将走向何方。

因此，图表技术分析的真相到底是什么呢？它真是具有价值，还是伏都巫术？我的看法是：对交易市场的技术分析尽管远远不能达到完美，但是却具有重大价值。图表分析是一个重要的市场工具。然而，像大多数事情一样，它也不能被盲目接受。交易者对市场的看法不能只依赖于技术分析。

由于这一主题需要数月乃至数年的研究，而且必须直接应用于实践，所以，即便在本文中对图表理论和技术分析的很小部分进行全面解释也是相当困难的。而我希望能够达到以下三个目的：推翻流行的、关于技术交易的一些神话和误解；洞察专业图表分析师的思路和方法学；诱使你对期货交易最有效的工具作进一步研究。

最为广泛的误解是：在交易过程中存在着一个神秘公式。其实并没有这回事。尽管依靠图表和技术分析进行交易看上去很神秘，好像是欺骗那些未入门的生手一样（尤其是当它在实际运用中被证明是正确的，而且形成一次获利交易的时候），但是，图表原则和技术理论的背后都存在着一个完美的逻辑性解释和基本原理。图表的形成过程就是科学家向未知现象趋近的过程。如果图表能够起作用，那么，你应当问一下为什么。

为了理解图表背后的逻辑，你必须首先意识到，图表象征着市场过去的行为走势。不论所使用的作图方法如何，线条、圆点和图形还是反转图形等等，图形都是象征着过去。那些已经获得的图形代表的是市场参与者

---

① 伏都发源于西非斯拉夫海湾，伏都最初是埃维人的宗教。伏都（voodoo）一词来自于埃维人的近缘——放族人的语言，原意是"灵魂"。海地、巴西、牙买加的这些教派基本上都保持了伏都的原貌，即万能的神灵、奇特的传说、狂热的祭礼以及神秘的巫术。

在市场上持有交易部位的结果。因此，图形代表着众多最新观点的集合，记录了每一个基本面信息和技术面信息，供每个市场参与者进行市场决策。

例如，在一个日线图上，每一条线都代表当日的市场走势，显示出最高价、最低价以及收盘价。但是，这些线条所描述的含义却并不简单地局限于当日的价格波动，它们也代表着那些每天市场上涉及的人所进行的交易，也可以进一步扩展到在一段给定时间内所进行的交易。换句话说，那些线条展示的图形表示市场上所有人的集中看法。

那么，市场过去行为的图形如何帮助预测市场的未来走势呢？很简单，由于图表代表着市场参与者集中性的看法，所以，它也代表了市场参与者集中性心理的图形描述。由于人们行为的可预言性被很好地记录下来了，所以，这些行为就具有一定的可预测性，这些图表便可以由那些从一开始就参与制作图表的同一人用来预测下一步走势。

对图表的神秘产生怀疑的另一个问题是：两个图表分析师用同样方法解释同样类型的图形，其结果完全不同。这当然不是真的！除了一些极端意外的情况，多数合格的图表分析师对给定类型的图表不会给出不同的基本解释。当两个图表分析师对同一类型图形的基本解释不同的时候，那是因为他们两个或者其中的一个人并不知道他们正在讨论些什么，一个或两个人都错了；或者是该图形类型没有提供足够的要素以保证获得明确解释。

辨识图表类型所需要的知识和经验相对来讲比较容易得到，有许多讨论这个问题的书。重要的图表类型也是有限的：例如头肩形、双顶和双底、圆形构造、缠绕形、旗形或者三角形、下降或者上升形状，以及加宽形。研究和理解这些图形都是很容易的。然而，要想在实际市场交易中解释这些类型却并非易事。事实上，达到对图形类型做出专业性解释的水平只能说仅达到用技术图表交易的不到25%的要求。

专业的技术分析师不能依赖于他对图表类型的最初解释就算大功告成。多数图形类型并不能提供这种奢侈的方法，也不能如此定义图形类型。对技术交易而言，交易技巧就像科学一样，更多的是技巧。图形类型经常受到想象中的解释、感觉以及经历所支配。例如，头肩形可能需要很长一段时间才能形成，你必须用自己的心和眼去观察它。它也许有一个矮小的左肩或右肩，它的头也许在意料图形范围之外，或者它与经典案例相异，需要用100种方法由专家解释。而且，还存在着关于图形类型一般规律的例外。事实上，这些例外比一般的规律还要多。

图表专门技术的另外75%取决于即时判断力。它由经验、感觉以及知识构成，这些构成成分的作用就是确定你对图形类型的最初解释是否能够跟随市场走势、像市场自身解释的那样有效。从这个意义上说，专业的图表分析师很像内科医生，需要检查、聆听、解释，然后分析其调查结果。心跳与他的分析结果是否相符？病人症状是否与诊断相符？或者说，是否有危险信号已经表明一开始的看法可能是错误的？

以上所述要求掌握一整套指导方针，据此指导方针，交易者能够判断一个给定的图形类型是否正在证实已经提出的解释。在图形类型形成的现实市场环境中，图形类型的最初解释是否有效的问题、该图形类型是否适合许多其他类型中的一个的可能性问题、该图形类型是否是一般规则的例外的问题，要回答这些问题比起回答一个在图表书里已经完全形成图形的问题难得多。这些问题的答案道出了技术交易的成功与失败的区别。

尽管在今天的交易环境中普遍认为技术分析和基本分析都是单纯的，但是，很少能够找到单纯的技术分析师或单纯的基本分析师。相反，在当代的期货交易领域，二者的结合只是程度深浅不同而已。最成功的图表分析师必须关注基本面的情况，而最好的基本分析师同样需要与技术分析同步。专业图表分析师需要了解市场基本面的消息，用以确定他们是否能够对其图表解释进行确认。新的统计数据和报告是否与图表理论相关？如果不是的话，也许图表解释是不完善的。同样，最优秀的基本面分析师也要向专门的技术派专家核对分析结果，以确定该图形类型是否与其对经济基本面的解释相符。对基本分析师而言，技术分析将对其确定入市时机具有关键作用。

就我个人而言，我可以证明，我的交易最成功的时刻发生在当我对图形的解释和我的基本面观点相符合的时候。因此，虽然我提倡用技术方法分析商品交易，但是，我并不建议交易的时候全然没有对基本面的基本理解。如果你的图表解释与你对市场基本面的最佳理解和结论相冲突的话，那么，你就退出市场；相反，如果你的图表分析与基本分析相符的话，你在市场上建立重仓的时机就到了。

技术分析的突出优点是它经常比基本分析更容易些。一个基本分析师必须对影响给定商品的市场供求的各因素保持同步，并且能够正确地分析这些影响因素。很难准确地追踪如此巨大的信息量，尤其是在你不是一个专业交易者的情况下。因此，基本分析的结果通常是不清晰的，甚至陷于各种不同解释的困惑之中。如果采用技术分析的方法，至少在理论上，图表为你提供了进行交易需要的全部信息。图表已经说出了一切：不需要统计信息，不需要等待新的报告。

期货交易是波动性的。正是这种波动性为专业的技术分析师提供了压倒性的优势。因为他的图表经常与实时变化的全局相关联，因为他具有自己支配一切的必要的指导方针，确定其市场部位的危险程度，所以，在理论上，他总是比基本分析师提前发现危险苗头，从而根据其规则最先做出反应。

当然，专业的技术分析师应该知道，在其做出反应之前所允许的误差是多大，哪些信号是有用的，哪些苗头没有用，应该给予这些情况多大的信任度。他必须知道，何时应该建仓，何时不应该建仓。对于那些一般规律的例外情况，保护和警示他的同一指导方针也将告诉他其解释是正确的、其投资是安全的。

专业人员也知道，尽管一般的技术分析原理可以应用于各个期货市场，但是，不同商品之间存在着特殊的差异，每个商品都有其自身特征。此外，专业人士必须意识到，即使对同一商品，根据图形类型的不同时期以及它与合约所处时间的关系变化，这些指导方针的应用也将随之改变。

专业技术分析人员不仅必须掌握指导原则，还必须像自己的宗教信仰一样坚持原则。他应该知道，只有通过其严格遵守建图原则，加之对基本因素的理解，他才能在瞬息万变的期货市场上生存。他要接受的事实是：有的时候这些规则将迫使其放弃持有部位，而这种行动将为他带来比呆在市场上更大的利益。但是，如果他知道"时间能够检验一切"这一基本原则，据此长期能够进行期货交易的话，那么他也会感到满足。而且，虽然他在每一次给定的交易中持有的部位可能没有另一个家伙多，但是，当那家伙卖掉鞋带维持生计的时候,他仍然能够在期货市场上进行交易。

我对想要成为专业交易者的人士的建议是:在学习了解制图基础知识之后,还要在相当长的时期内拳不离手,曲不离口。要看图、再看图,记住图、梦见图,在精神上和生理上记录那些通过认真和详尽研究获得证明的规则。如果你认为这样做可能要花多年时间才能做到的话,那么,你就领会了这项大工程的精髓。

成功交易者的心理

日复一日地作为交易池内的交易者而生存,你将了解到许多关于生活在这一领域内的人们的事情。你将学会如何区分好的交易者和坏的交易者、成功的技术和不成功的技术以及好习惯和坏习惯。你也将学会识别仁爱者和赌徒、赢家和输家、严谨者和轻率者、睿智者和浅薄者、朋友和对手。但是,最为重要的是,你还会知道交易者良好的心理素质是唯一最为重要的成功要素。

> 对将要成为期货交易者的人士的演讲,伊利诺伊州,芝加哥,1970年10月10日。

"你认为我能成为一名成功的期货交易者吗?"我曾无数次提出这个问题。这是一个没有确切答案、很难回答的问题。很明显,该问题不是提问是否有人偶尔做一些获利交易的问题,这种情况的发生只是与机会有关。该问题是在提问:是否有人能够长期、连续地成功交易的问题。一般情况下,我的回答有点回避:"只有你,并且是你自己最有资格确定这个问题的答案。"

如果有一个试验能够确定该问题那就太好了。唉,没有。据说很合格的人进行交易却失败了,而很少的人或许有时能够成功。很明显,许多交易者是在期货市场投机赚钱,有时大赚,而多数人是输家。是什么原因造成这种区别呢?遗憾的是,测试交易潜力的唯一试验就是市场本身。在观察交易者的交易行为及其对实战形势的反应之前,在市场的实际情况发生之前,评价和预期交易者的未来潜力是极其困难的。

期货交易的成功需要什么?至少要提到四个要素,它们将影响期货交易者(不论是交易厅交易者,还是交易厅外面的交易者)的最终成功。我只简单地提一下前三个要素,而不作深入探讨;第四个要素最重要,需要全面理解。

1. 把开展期货交易作为商业企业行为进行,应用传统的经营规则、判断和资金管理理念。期货交易既不是博弈,也不是赌博,你不能采用概率或可能性规则进行交易。期货市场由基本经济规律支配。

2. 采用提前做出的交易计划,要有一套你认为行之有效的、在交易期间顶得住的规则和指导原则。如果你是基于技术方法分析市场的话,那么,要切实了解自己的交易规则计划,并坚定不移地坚持原则。如果你是基于基本方法分析市场的话,那么,要了解影响市场供求关系的各种因素,并重视其作用。

3. 只用风险资金进行交易,如果赔钱了,这些资金不能从本质上改变你的生活标准。

以上几点都很重要的,但是,第四个要素才是划分期货交易中赢家和输家的决定要素。这一要素涉及的是你的心理状态。一定要确定你属于哪一类型的人:在压力环境中,你的行为方式怎样,你的快速决断能力怎样,你的逻辑思维怎样,你的性格强度怎样,你的情商如何,你对金钱的哲学趋向。这些都将决定你在期货交易过程中成功或失败的概率机会。在期货交易中,你付出的努力可能比其他领域更多,你的心理状态是关键。我的意思是指:

你在市场上建立头寸后,你的判断受情绪影响吗?你能不带偏见地解释事实和市场行为吗?你有可能把感情决定错误地当作逻辑决定吗?你会愚蠢地受其他人的行为影响吗?相反,你会顽固地拒绝听取很好的建议吗?如果你发现做错了,你能面对失败、接受错误吗?记住,最终,你将不得不公开地面对现实,你的经纪人总是清楚你的交易状况,你的家人和朋友最终也会知道,而场内交易者通常知道其他交易者的交易状况。

当你确认你的计算是正确的,你是否还有实力在亏损的情况下继续停留在市场上?反过来说,当你知道错了,你有勇气赶快平掉亏损部位以减少损失吗?俗话说得好:"留得青山在,不怕没柴烧",这句话最适合于期货市场。你的交易是受相关客观实际的统计数据解释、直觉和经验的支配,还是受自负、胆怯和固执的影响?或是反应迟钝,害怕行动,或是希望有利的市场赶快到来，时来运转？

当你的交易对路的时候，不论赢利多大，你是否具有允许利润像金字塔那样不断增加的性格呢？反过来说，如果你继续等待，即使市场形势可能更有利于赚钱，你会很快提取你的利润吗？你知道这样做或那样做的时机吗？你能否从你的失误中汲取教训吗？或者说，你会很容易地不断重复犯错误吗？在屡战屡败的情况下，你会屈从于失败主义情绪吗？你是否有耐心，学习不同类型的市场、了解市场情况？你怎样对每个市场做出反应？在损失惨重的情况下，你能否不回顾昨天的失败情况而面对市场的明天呢？或者说，你是否因经常回顾以前的交易情况，从而影响下一步交易计划呢？

这些问题与个性和性格有关。对这些问题的回答道出了成功的期货交易者与失败的期货交易者的区别。但是，这很正常，没什么奇怪的。在多数需要经过努力才能取胜的领域中，人的心理状态不是对成功或失败都具有相同的重要性吗？当然是。但是，有区别。

在期货交易中，你的个性和性格与在多数其他生活领域里为你提供安慰和帮助的日常习惯的缓冲器相剥离。而且，在进行交易的时候，因为你涉及的是金钱，而且是你自己的资金，所以，情感问题将成倍放大。在此，你的个性、性格和特点是不能在其他任何地方得到验证的。我们在其他领域的努力过程中，自觉或不自觉地依赖的那些正常的镇静剂在期货领域不复存在了。在此，你不可能停止开会考虑问题；你不可能暂时替换不同的主题；你不可能为了向专家或朋友咨询问题而推迟做出决定；你也不可能腾出时间去休息。你在场或不在场无关紧要，市场继续运行着，做出决定的瞬间是不能等待的。你的情绪和心理状态绝不能受到干扰，以免影响必须做出的及时、谨慎的决定的能力。

我想起芝加哥商品交易所广告部门写的一条广告词，描述了典型交易者的形象："图卢兹·劳特利克太矮就不能参与商品交易吗？不，太不可思议了。劳特利克是一个情绪变化无常的人，观点易冲动变化。这种个性是不适合做期货交易的。"这是从来没有过的大实话。

因此，现在回到最初提出的问题，成为成功的期货交易者有许多条件。有许多要运用的规则以及要学习的教训。必须要有学习意愿和学习能力，要领会基本因素和统计数字，掌握技术方法的应用，开发具有个人内涵的交易意识，接受失败，与胜利共存，还有更多的东西。但是，最为重要的是，必须呈现出大量的与交易者个性、心理、情绪平衡、胆量和耐心有关的天生特性。唉，这些特性一般都是隐藏着的，根本看不到。

传闻及其辨识

有关期货交易最流行的神话之一就是：一个人要成功，就要有内部消息。也就是说，内部消息传言是成功的关键。向某些人揭穿这个神话是很有必要的。

> 在交易研讨会上的演讲，伊利诺伊州，芝加哥，1970 午 12 月。

传闻：是指内部消息传言，即那些常常被断章取义、几乎没有价值的传言。

传闻传播人：是指那些提供内部消息传言的人。他们出于好心，但常常是傻瓜。

传闻接纳人：内部消息传言的接纳人。我对他们的忠告是最好对这些传言置之不理。

股市中的内部消息传言多得像股票一样。这些内部消息传言随公众对市场的关注程度和总体公众的参与程度而增加或减少。通过衡量散布在周围的内部消息传言的多少，一个出色的行情分析师就能够相当准确地预测牛市涨势的顶部。市场参与者越多，传闻、传闻传播人和传闻接纳人就越多；传闻越多，市场距其顶部可能就越近。相反，市场处于熊市期或者市场将要接近底部时，传闻就很少。

传闻传播人并不是心怀恶意的人。他们并没有向您传播坏消息的企图，或者希望让您赔钱。事实上，他们的想法是善意的。他们有可能被各种真诚理智所驱动：他们可能是你的朋友，也可能想与你交朋友，或者欠你的人情，或者出于一种想要提升其无所不知形象的心理需要，而别有用心、心怀恶意的情况很少发生。然而，事实上，即使他们都出于善意，传闻传播人自己也常常被愚弄。在多数情况下，他们从一些其他的传闻传播人那里得到信息，很快转化成传闻接纳人。他们并不比在其之前的传闻传播人或传闻接纳人更有学问，因为他们从来没有调查过这些传闻的来源或真实性。

经纪人是最差劲的冒犯者。因为他们被认为是专家、因为他们已经接触了许多传闻接纳人、因为他们已经掌握了使用感人的语言、因为他们有获得被认为有价值的传闻的渠道，所以，他们是最大的传闻来源之一。经纪人并无恶意传播传闻。尽管经纪人的动机之一是获得佣金，但是，通常他们并不是为了交易而造谣或传播虚假信息。毕竟，如果他们代理的客户能够赚钱的话，那就是他们做得好，所以，随之而来的就是他们的意图通常都是好意。但是，经纪人也是人呀。在多数情况下，他们也像许多其他人一样有贪婪心理，因而，也会受"快速致富综合征"的影响。更为经常发生的情况是他们也不能确定谣传的真实性。毕竟，大多数谣传是建立在人们并不知晓、实际情况难以完全确定的基础上。换句话说，经纪人自己也对其获得的信息是否具有可信价值感到茫然。

很明显，也存在着谣传的原始信息具有价值的情况。某只股票的传闻在其传播初期也许有其合理性。然而，就像某种电话游戏一样，在从一个传播者到另一个传播者的过程中，信息变得面目全非或遭到误解，最终与其确认的准确信息原意相去甚远。通常，当我们得知一个消息时，我们无法知道该消息是原始信息还是被扭曲的版本。即使该消息具有一定价值，但是，在得到该消息之后，我们也无法确认在此之前有多少人传播了这一消息以及股票价格已经对该信息价值产生了多大程度的影响。

许多精明的专业股票玩家很会利用这些传闻。他们不是利用传闻的内在价值，而是其购买力。他们利用传闻的作用，使人们产生购买力，引起股价上涨。为了利用这些传闻，这些专家很早就踏上了传闻旅程，并在传闻价值消失殆尽之前一走了之。不幸的是，非专业人员不可能如此灵活便捷，他们常常两手空空地离去。

传闻对股票市场产生负面影响的案例比在期货市场明显得多。两个市场的内在差别使得传闻几乎没有理由在期货市场生存。在股票市场，总是存在着某些重要事情的发生将会影响公司盈利，进而有影响股价的可能性，而且这类消息可能莫名其妙地被泄露。但是，在期货市场，这种情况实际上是不存在的。例如，不可能有关于大豆或生猪在未来一年中的消费数量或农作物产量，或未来天气状况的内部消息。这类消息是可以估计的，通过分析可以获得结论，但是，在这种情况下，估计的结果只不过是预测，当然不可能被认为是内部传闻。

为了强调股票市场传闻与期货市场传闻的不同，让我们分析一下几种常见的传闻。

最新传闻

假定，发明一种能够繁殖更多的活牛或生产更多的小麦的新方法是可能的。尽管这听起来似乎是非常重要的消息（假设这一消息是准确的），但是，也不可能期望这一消息对当年的产量产生影响。如果说这类消息有什么价值的话，那么，它们也只能对更远期的农作物产生更多的影响，而不是对当前交易的合约产生更多的影响（通常这些合约最远的交易时间不超过一年）。此外，如果要确定这类消息对产量的影响，就必须对这种新发明进行长期的实验。等到依据事实得出结论的时候，就没有秘密可言，这类消息就没有作为传闻的价值在期货市场传播了。

健康效应传闻

医生或医疗研究小组发现某种商品可以防癌或者可以生发等等这类消息必定影响该商品市场。但是这种发现太少了。如果类似这样具有重大意义的发现像在证券市场一样多的话，那么，很少有人关心这些重大发现。这不仅因为你必须考虑信息的真假或者是否已断章取义，而且，这种情况比股票市场更严重，无法确定在你之前有多少人知道这一发现。这是一个很好的机会，但是，你不能更早地掌握该消息并在市场上利用它们。结果，这种传闻在期货市场上就很少，根本不可能、也不值得利用。

专卖和出口传闻

这一情况的例子是最近发生的事情。当时，美国政府同意向俄罗斯出口大量小麦。如果有内部消息的话，那是很有价值的。但是，在过去的10年中，对于每一次专卖可能都有1000种谣传或传闻，你认为你能获得哪一种？为了在上千条不确定的传闻中找到一条真实的信息，你能负担检验所有假信息的后果吗?

上述三个例子例证了股票市场传闻的一般形式并不适用于期货市场。但是,有一种形式的传闻对期货市场来说却是独特的,而且它是常说的商品传闻的来源。这些传闻与政府报告有关,而且是获取较大利润的机会的来源。

美国农业部(USDA)以及其他政府机关编制日报、周报、月报或季报信息或统计资料。日报包含的信息相对较少,可以把它们看作是传闻。但是,周报、月报和季报经常披露一些可能影响市场和价格的重要信息。这些报告中有用的传闻有时具有重大价值。

对于政府报告的保密问题,有强大的安全防范措施。美国农业部(USDA)重要的报告内容被泄漏的可能性是很小的。但是,类似的传闻仍旧年复一年地存在。贪婪的本性使人们相信他们已经获得了特殊的信息。但是,通常当传闻传播人告知你,他具有权威消息,即猪腩价格正在上涨,因为生猪报告预测市场将是牛市,或者大豆报告预测市场将是熊市。在此情况下,他也只不过是在告诉你,他自己或其他人对美国农业部报告内容的看法,并不是以泄漏的信息为基础的传闻。

经常出现的情况是:就在政府重要报告公布之前,某经纪公司已大量买进或卖出了一种商品。他们传出话说,他们已经得知政府报告的内容。结果总是如此,即不论经纪公司关于市场的最终走向的判断是否正确,他们的看法总是建立在他们自己的研究和分析之上,而不是建立在传闻之上。很明显,每个经纪公司都能够并且试图编制可供政府参考的统计数据。经纪公司的设备越好,它的预测准确度就越高。但是,这是一种见闻广博的预测,仅此而已。因此,虽然政府报告可能成为期货市场传闻的来源,但是,除了极少数情况外,没有理由相信是走漏了消息。你得到的任何关于政府报告的传闻都极可能是某些人对这些报告的看法。

不幸的是,大多数人都有一种倾向,认为别人都比他们自己知道得多。尤其是在像期货这样既复杂又神秘的市场上,尤其是当传闻传播人有一些这些传闻是怎样得来的合乎情理的原因的时候,就更是如此。每个人都想根据确切的消息赚钱。因为贪婪使人们听信传言,所以,传闻得以存在,传闻传播人应运而生。这种情况可能总是如此。

市场流动性和套利技术

利用期货市场达到税收套利目的（推迟缴纳联邦税的一种方法）成为1977—1981年期间美国期货业面临的最具争议性的问题之一。该问题对期货市场产生了总体负面形象：强化了那种对期货市场愚笨无的放矢的印象，即期货交易所的大多数交易根本没有商业目的。

参议员帕特里克·莫伊尼汉普及了税收套利问题靠的是一句玩笑话。他感叹地说："直到这一段，我还一直以为'蝶式跨骑'①是一种流行于明朝的色情活动。"1981年的《经济复兴税务条例》改变了税法，并建立了防止通过期货市场延期纳税的年终评估机制。正如业内专家预测的那样，新税法对农产品期货非常不利。

作为这场争论的结果，把古老的期货套利技巧主要用于税收目的这一做法成为普遍流行的理念。这是明显错误的。但是，那些奋力解决这一问题的国会议员和工作人员对期货市场的了解少得可怜。尽管存在一些期货方面的初级读本，但是，实际上根本没有套利的资料。以下的解释就是为那些初涉期货市场的人提供的关于套利技术的基础课程。

> 结合税收套利问题为国会议员及其工作人员进行的关于价差技术的基础课程演讲，华盛顿特区，1977年5月。

价差对期货市场的流动性和生存活力是至关重要的。为了解释作为一种交易技术的价差，有必要首先了解产生市场流动性的来源以及解释一些其他传统的期货市场交易的方法。

任何市场的成功，尤其是期货市场的成功，在很大程度上取决于市场

---

① 译者注：蝶式套利英文为"butterfly straddle"字面解做"蝶式跨骑"。

流动性，也就是说，进入该市场的买卖交易指令的稳定性和数量。不言而喻，市场上参与竞争的买卖报价越多，买卖之间的差价就越小。买卖之间的差价越小，市场流动性就越大，市场就越有效率。反过来说，缺乏流动性的市场是买、卖报价差价较大的市场。在这样的市场上，买价卖价之间的价差缺口较大。

一个流动性市场和一个缺乏流动性的市场之间的区别是十分显著的。流动性市场是商业领域积极地成功地利用市场的明确标志。市场流动性越大，买卖指令对价格的影响就越小。商业领域的套期保值者是不能确定其套期保值交易中未来的基差的，除非他在某种程度上能够确定其订单将要执行的价位。与此类似，一个投机者必须确定，在其订单对价格结构没有重大影响的情况下，他能够在特定的期货市场上进行买卖。不论商业用户还是投机者，一般来说，他们是回避在缺乏流动性的市场上交易的。交易者知道，进入市场不需诀窍，而退出市场更为重要。缺乏流动性的市场很可能成为难以严仓的陷阱。最终，这样的市场将成为死水一潭而无法生存。

买卖报价是市场流动性的来源，是交易指令进入市场的结果。无论指令是以书面形式通过电子设备发出，或是产生于交易所交易池或场内会员的大脑，这些都是真实的。无论这些指令是确定价格的指令（限价指令），或是按市场价格执行的指令（市价指令），或者任何其他形式的指令，这些都是真实的。在所有的情况下，指令都是买卖报价的基本来源。广义地说，进入期货市场的指令一般出自两类：交易所场外的指令和交易所场内会员的指令。

作为一般规则，场内参与者越活跃，市场流动性越强。对美国芝加哥期货交易所（CBOT）和芝加哥商品交易所（CME）的分析表明，大约40%~60%的日交易量来自场内交易。这两家交易所的交易量约占美国期货市场总交易量的75%。而缺乏活力的交易所的场内日交易量与其总交易量比例相比则低得多。

因此，任何关于市场流动性的讨论，都有必要先了解形成场内交易指令流程的方法论。场内交易指令主要来源于交易所的自营会员交易者；场内指令的第二个来源是经常做自营交易的交易所经纪人会员。交易所场内的这些会员是产生当日流动性大小的主要来源，他们对市场的成功具有重要意义。

在期货市场交易只有几种基本交易技术。不论交易者在场内或在场外，他们交替运用这些基本交易技术。但是，在实践中，这些方法的运用在两类参与者之间有明显的区别。这些技术可以广义地按以下几种形式确定，即抢帽子者（做市商）、部位交易者和套利交易者（套利有时称作套期图利，具有多种形式，包括参议员莫伊尼汉所说的蝶式套利交易）。但是，需要强调的是市场参与者可以交替运用所有这些不同的交易技巧，在这方面是没有排他性的。

期货市场上的抢帽子者（Scalper）等同于证券市场上的做市商。可是，抢帽子者不是证券市场上的做市商，他们没有义务在期货市场上做市，而这正是他们的作用。抢帽子者的动机是获取利润。他们就是那些在市场上不断地报出买卖报价的交易者。他们的交易过程就是要使每一手交易有点蝇头小利。因此，他们总是试图限制承受的风险。在进行每一笔交易的时候，只要所持部位有点利润，立刻浮现脑际的愿望就是平掉所持有的交易部位。这样操作的结果同时也限制了他们的获利空间。同样，他们也总是试图立即平掉持有的亏损部位。他们的交易理念主要基于交易量，而不是在特定的交易中争取很大的获利空间。

抢帽子者有多种类型。一些抢帽子者根据经典划线法在合约设定的最小变动价位之间买卖获利；另一些抢帽子者试图在较大的当日市场价格变动之间买卖获利。大多数抢帽子者介于上述两种方式之间，或者把两种方式结合起来进行交易。无论在哪种情况下，抢帽子者都试图随市场瞬息变化而进行操作：当市场开始下跌时率先卖出，当市场开始上升时率先买入。

当市场上发生的很小的价格变化刚结束，或者察觉自己进行的买卖有亏损的危险的时候，抢帽子者在多数情况下会马上平掉持有的部分头寸或者全部头寸。因此，抢帽子者在一天之内对很少的部位多次建仓、平仓。他们很少在交易期间离开交易池。作为一般的规则，多数抢帽子者持仓过夜的头寸很少（如果有的话）。他们的交易理念是：在一般情况下不允许持仓过夜而产生风险暴露。

抢帽子者绝大多数是场内会员参与者，因为此类交易难度很大，而场外交易者进行此类交易的成本太高。这种理念产生的明显结果就是：抢帽子者是持续不断地买卖报价的来源，因此，也是市场流动性的主要提供者。

部位交易者是在市场上或者持有多头部位，或者持有空头部位的交易者，他们持仓的时间长短是不确定的。他们的持仓理念是：或者持仓时间直到市场达到他们预期的目标价位，或者当市场背离他们预期，直到他们必须平仓的时刻。他们持仓的时间少则一天，长则几个月。他们持仓的时间长短不是取决于时间，而是价格水平，或是市场的经济状况，这是他们决定建仓或平仓的依据。

套期保值者和商业用户绝大多数都是头寸交易者。按照定义，他们持有的期货部位与非期货性质的商业交易有关，因此，他们将持有头寸直到取得满意的保值价格目的为止，或者直到市场经济状况呈现较大变化为止。一般来说，商业用户都是场外交易者。

同样，不管场内还是场外，许多投机者也是部位交易者。他们的交易决策不像套期保值者那样建立在特定的商业贸易基础上。他们持有头寸直到市场发生较大改变，达到了预期价位，或者直到他们自己改变市场预期为止。部位交易者是期货交易业务中的重要组成部分。由于他们的头寸构成期货合约持仓量（Open Interest，Open Commitment）①的主要部分，所以，他们为市场提供了稳定性。然而，根据定义，部位交易者并不频繁地进出市场，因此，他们并不像做市商那样提供大量的市场流动性。

期货市场套利交易者的交易方式与投机者、部位交易者有很大不同。套利者针对某一商品的两个或多个合约月份之间的价差（Differential）②而进行交易，而不是特定合约的价格。换句话说，套利者在持有一定数量的某一月份合约多头的同时，还要持有该商品相等数量的另一合约月份的空

---

① 即空盘量或持仓量，指某期货合约未平仓多、空部位的总量。该数据由期货交易所每日公布。

② 价差是指同种商品的一个期货合约月份的价格与另一个期货合约月份的价格差，也可以是相关市场之间的价格差。

头。因此，他的利润空间不是基于商品价格的上涨或下跌，而是取决于组成其价差部位的不同合约月份之间的价差的扩大或缩小。

专业的套利者是艺术家。他们的天赋、机敏以及洞察市场微小变化的能力是非凡的。他们不断地交易，从某一个月份合约的买方转到另一月份合约的卖方，迅速地完成交易。事实上，许多套利者常常同时在3个或4个合约月份之间进行套利交易。其目的就是在差价改变的时候，赚取那些即使是很小的利润。套利者总是不断地改变某个月份合约的买卖报价，为的是在另一个月份的合约上获取价差利润。他们对任何市场价格的突然涨跌都会做出迅速反应，因此，套利者能够在市场仅有微小变化的时候打开其套利部位的一边，而当这一变化刚停止，就再次迅速锁定相应的套利部位。

绝大多数套利者都运用这种交易技巧，结果就累积了套利交易部位的持仓。套利者通常坚信的理念是：基于他们对交易经济学或动态学的分析，特定商品期货的特定价差必将随时间变化而扩大或缩小。因此，套利者不断积累与其观点相适应的套利部位，持仓时间也可能延长。这些套利部位总量成了他们每日价差交易的数量。表面看来，尽管在交易盘结束后，他们当天的总仓位并没有很大变化，但是，实际上，他一直在不断地进行套利交易。换句话说，在每日交易期间，套利者对其持有合约的部分价差交易不断地平仓和建仓，以期产生当日利润以及改善整体持仓部位的状况。

对持有的价差部位进行当日价差交易的技术反映了场外套利者与场内套利者的主要区别。由于难度太大且成本高，场外套利者很少尝试这种操作方式；而场内套利者则总是爱不释手。因此，当衡量这两类套利者对市场流动性的各自贡献时，他们之间就存在着很大的差别。场内套利者对当日流动性的贡献远远大于场外套利者。但是，这两类套利者共同形成了对期货合约持仓量极为重要的组成部分，而且他们也是提供市场深度和价格结构稳定性的主要因素。事实上，如果没有大量的套利交易者参与交易，那么，农产品期货市场能够有效发挥功能就难以置信。

与同一市场、同一品种的不同月份之间的套利交易相比，尽管利用市场间价差的套利交易较少，但是，市场间价差套利也是常用的。也就是说，交易者也利用相关商品之间的价差进行交易。例如，多头玉米、空头小麦，或者空头生猪、多头活牛。这种交易的理论几乎完全基于经济层面的分析。无论是商业用户，还是投机者，他们都对相关商品（有时是3种或4种不同的商品）之间的价格关系进行深入研究，然后，或者根据其研究基础，或者根据现货交易指标建立套利部位。同样，这种套利交易对市场稳定也具有重要作用。

套利者为远期月份的期货合约提供买卖报价极为重要。如果没有远期月份的期货交易，商业性的农产品套期保值作用就会遭到削弱。期货市场上的一个基本事实是：大量的交易业务发生在各种商品的近期月份合约。大部分投机性订单都集中于那些只剩下几个月份就要到期的期货合约①。作为一般规律，期货合约的交割月份越远，其交易活动就越少。因此，远期月份合约的流动性较近期月份合约的流动性要小得多。然而，商业性的套期保值者主要把套期保值业务放在远期合约月份的交易上。如果没有套利者，商业性的套期保值者就不能有效地达到套期保值的目的。

有时，套利者的确是农产品期货远期月份合约大量买卖报价的唯一来源。商业性套期保值者依靠套利者提供的充裕的买卖报价抵御那些意向性的套期保值交易的风险。而套利者这样做正是他们市场交易技巧的一部分，即买进或卖出远期月份的合约，同时反向操作近期月份的合约。而套期保值者更乐于为套利者提供有利的价格结构，以提高套利者不断交易的积极性。否则，套期保值交易根本不可能顺利进行。因此，我们绝对不能低估套利者在这方面的重要作用。没有任何其他的交易者愿意始终如一地承担这一角色。

套利交易对每个市场的生存如此重要，以致在设计交易池的时候也成为重点考虑的问题之一。只要有可能，交易池都要经过专门设计，以适应套利者从一个合约月份快速变换到另一合约月份的需要。在大多数成功的

---

① 与大多数有价证券不同，期货合约有一个确定的生命期。大多数第一次上市交易的期货合约的存在时间不超过两年。在合约月份到期后，实物产品的交割就可能发生，该月份的合约就不再存在。近期月份是在数月内到期的合约，远期月份是在较远的月份才到期的合约。

期货市场，交易池基本上都是圆形的，圆心的周围是指定的各个月份合约交易的地方。这样的结构设计使得站在交易池内的套利者能够听到所有合约月份的买卖报价，并使他们迅速行动，买卖两个价位或更多的价位。

套利交易作为期货市场如此重要的因素，以致一个活跃的市场存在着许多依靠套利者及其套利指令，或者在套利者及其套利指令之间的价差交易。在任一交易日，持有套利指令的套利者或经纪商都直接向其他的套利者或套利经纪商下达套利指令。在这种情况下，两个套利者的套利交易意图完全相反，他们自己或他们的客户对套利价差的走向都有不同的需要、看法或理念。

由于套利交易方法的应用、理念、商业需求以及对市场的看法各不相同，几乎每一个成功的期货合约都有一个活跃的套利市场，套利者以其意愿进行套利交易的价差报价，寻找其交易对手。实际上，交易者或经纪人进入交易池，并对买入某一月份合约、卖出另一月份合约（反之亦然）的即时价差进行询价，已成为一种约定俗成的做法。成功的市场总是存在着套利交易的两个价差。

一些未受专业训练的市场观察员认为，套利交易实际上是没有风险的。这种观点是不真实的。作为一条自然规则，当某市场行情上涨或下跌时，市场中所有的合约趋于朝相同方向波动，因此，套利交易确实比单独的多头或空头部位风险小。然而，一个合约月份的波动程度与另一合约月份可能有很大不同。因此，某一商品的两个或多个合约月份之间的价差是变化莫测的。

不同交割月份合约之间的变化关系的形成有许多原因。首先，价差始终受到市场参与者不同的观点和交易方法的影响。更重要的是，价差也始终受到供求统计数据、市场预期、经济周期、利率、美国和世界经济状况、各种政府报告、技术交易动态以及其他许多因素的影响。

仅凭一些简单分析，就认为利用差价部位套利是绝对安全的论点是荒谬的。而且，这一假设相信的事实是：套利交易对于那些具有一定天赋和该交易所要求具备的丰富经验的市场参与者来说，是一种高利润的交易技术。而哪里有盈利潜力，哪里就存在风险这一点是不言自明的。

实际上，关于套利价差的不同理论观点比对市场价格将要上涨或下跌的不同看法可能更多。许多交易技术对部位交易不能奏效，但是，它们有可能对套利技术奏效。例如，由于远期合约缺乏流动性，当交易者希望建立大量远期月份合约的纯多头或纯空头部位时，经常难以实现这一目标。在这种情况下，该交易者有时会发现另一个寻求套利交易的交易者，而他所持有的某个合约月份正是前者感兴趣的。这时，前者将形成套利交易，而后对其不感兴趣的近期合约平仓，并最终建立他所希望的远期月份的纯多头或纯空头部位。

尽管大多数套利者都使用在买入一个合约的同时卖出另一合约的交易技术，但是，这并不是套利交易的唯一方式。套利也具有延迟交易或单独期货交易的作用。有时，一个持有某一商品合约月份的多头或空头部位的交易者，通过随后建立同一商品另一月份合约的反向头寸而形成套利部位。在这种情况下，该交易者的动机可能是双重的：一是通过建立套利头寸降低其原始头寸的市场风险；二是希望通过建立的套利价差增加利润。这种延迟套利技术也经常用在当初始交易遭受亏损，交易者还不想平仓的时候。此时，交易者相信，只有当市场向更有利的方向发展时，原来持有的头寸才会最终获利，所以通过在另一月份合约建立反向头寸以限制其风险暴露。他的意图是在将来某一天，平掉第二个部位，恢复其原来的纯多头或纯空头部位。

延迟套利技术的运用有时也基于税收方面的考虑。例如，如果一个原始的多头部位已经获得了可观的利润，而且该部位已经持有几个月了。在没有税收考虑的情况下，只要交易者认为市场已经达到预期的获利价位就可以平仓。但是，如果考虑税收因素，有时交易者转而通过卖出另一合约月份的同一商品、同等数量的合约建立套利部位。虽然此时交易者积累的利润面临不利的价差变动带来的风险，但是，他也因此在原有的头寸上形成了长期资本收益。换句话说，延迟套利技术使交易者持有一个6个月的税收期并尽可能降低市场风险的多头部位。

遗憾的是，所谓的"税收套利"经常被误认为是类似的"非税收套利交易"。把两者完全区别开来几乎是不可能的。事实上，许多套利部位最初都是交易者按正常的交易方法建立的，随后，按照谨慎的税收后果的要求，受税收考虑的驱动而被利用。

从理论上讲，"税收套利"只是一种由税收考虑而驱动的套利方法。在实践中，这样的交易不大可能存在，因为在任何情况下，市场参与者都想以能够为其提供潜在获利的套利价差的方式进行套利交易。因此，按照定义，所有的套利交易都包含一个利益动机。相反，税收套利像其他任何套利部位一样要承受价差风险。若把利益动机放在一边，对税收套利交易的理解应该与所有其他的套利交易一样具有同样的规则，并按照同样的交易程序要求进行。

尽管详细讨论"税收套利"不是本文的目的，但是，需要指出的是："税收套利"内在的税收考虑与其他领域有关税收方面所做的努力没有根本区别。相似的交易决策真实地发生在生活中的每个领域，蕴藏于每一种商业形式之中。而且，不论对任何领域的任何商业经营者，还是对每一个商业性的风险或交易来说，税收因素总是一个至关重要、需要综合考虑的问题。最重要的是，大多数期货套利交易都是受税收因素驱动的看法是毫无根据的。

套利作为一种期货交易技术，与期货市场本身一样古老，它们是市场买卖报价最大的源泉之一。事实上可以说，套利者是农产品期货市场流动性的支柱。如果没有套利者的交易活动，农产品的商业性套期保值者就不能有效地在期货市场的远期合约月份上顺利地进行套期保值，而这最终必将对美国农业产生危害。

美国的自由市场

这是一个讨论自由市场,尤其是期货市场特征的难得的机会。在评估市场内在价值的时候,人们很少提及这一特征,即代表人类不屈不挠的力量。

参观期货交易所的交易大厅、管理部门以及会员公司的后台、办公室确实能让人大开眼界。人们只有此时此刻才能洞察到自由市场面临的远古偏见和传统不公,它们仍在困扰着人类社会的其他领域。

> 在伊利诺伊州芝加哥召开的美国犹太人委员会(AJC)人权晚餐会上的演讲。1991年6月17日。在该会议上,梅拉梅德先生被授予"美国犹太人委员会人权大奖章"。国会议员丹·罗斯滕科斯基担任嘉宾发言人。

近来,我们听到大量关于市场弊端的言论,而且我们也听到大量关于做市商弊端的议论:做市商是贪婪的,他们缺乏忠诚,行为不轨。毋庸置疑,其中一些说法是真实的,那是最令人不幸的事情。我们必须警钟长鸣,努力做好我们的事情。但是,自由市场上的这些令人遗憾的弊端并不代表市场的全部,甚至不代表市场的重要部分。这些负面评论漠视了一项极为根本的价值,而该项价值对自由市场来说如此重要、如此价值连城,致使我们不得不时常停下脚步自我反思。否则,我们可能遭受无法弥补的伤害。也许将来有一天,我们貌似神圣的荒唐,使别人从我们这里掠走了我们拥有的最宝贵的财富,即美国市场及其象征的代表人权的不屈不挠的力量。

在《自由选择》中,诺贝尔经济学奖获得者米尔顿·弗里德曼声称,美国是两个相互独立又相互依赖的奇迹产生的结果:一个是经济奇迹;一个是政治奇迹。他解释说，每个奇迹都是实现各自革命思想的结果。经过精密的结合，这两部分思想在1776年同年所发表的文献中得以阐明。

一部分思想包含在亚当·斯密的经济思想的杰作《国富论》中。它确定了一个经济体系只有在允许个体纯粹为其个体利益自由追求其目标的环境中才能成功的理论。作为这一追求的结果，从整体中取出的个体将被一只"看不见的手"所引导，从而最终增加社会整体福利。

由托马斯·杰斐逊起草的另一部分思想包含在《独立宣言》中。它宣告了一个新国家的诞生。它是以一整套不言而喻的真理为基础，在人类历史上首次建立国家。它声称，人人生而平等，造物主赋予他们若干不可让与的权利，其中包括生存权、自由权和追求幸福的权利。

弗里德曼指出，美国的成功是经济自由和政治自由两个基本理念结合的结果。两个基本理念的结合是不可动摇的。任何一个理念离开另一个都不能运作。

当从宏观的经济舞台转向日常生活的现实领域的时候，我们发现，亚当·斯密的自由市场假定与托马斯·杰斐逊的政治自由理念交织在一起，形成另一维度。当这些在1776年发表的神圣的原理应用于1991年的现实世界的时候，它产生了预料之中但仍令人震惊的结果：成功市场是人权和平等最精粹的例证。

你是否听到过任何一个具有理性的人如是说："我不买那些价格低廉、但我需要的陶器。道理很简单，只是卖方是犹太教徒。"即使你听到过，这种说法也不会长期存在了。那些以这种模式经营企业的人很快就会被遗弃在经济失灵的历史垃圾堆里。你是否还听到过任何一个具有理性的人如是说："即使你的出价很高，我也不会把我的陶器卖给你。道理很简单，只是因为你是波兰人、美国黑人、爱尔兰人或中国人"。我知道，市场上并非如此。问问李·艾柯卡（美国著名企业家、著名汽车企业福特公司总裁），是否美国人只是因为日本汽车不是美国人生产的就拒绝购买！

据我所知，金融市场是"色盲市场"。金融市场认为种族之间没有差别，金融市场认为种族起源没有什么差别，金融市场对性别差异漠不关心。最重要的东西是价格和质量。据我所知，金融市场的嘉奖不是给予天主教徒或者犹太教徒，不是白种人或者黑人，不是男人或者女人，而是给予那些理解市场供求原理的人。当衡量个体认知客户需要以及市场营销能力的时候，家庭背景或起源、体质的瘦弱以及性别都是毫无意义的。没有什么东西是重要的。无论你父亲是谁、做什么工作、出生何地，只要你是正确的，市场就给予回报；只要你错了，就会受到惩罚。

没有其他的私人公司、单位或机构像美国自由市场结构那样更多地摆脱人类偏见，更少地受到种族或宗教的困扰。隐含于《国富论》中的基本经济原理和发端于《独立宣言》的箴言产生了我们所知的美国奇迹。

这些经济原理不仅远远战胜了集中的计划经济体系，而且它们也把我们现实世界中的市场推向了人权和平等的风口浪尖。芝加哥的金融市场就是特例。看看我们的交易大厅和我们的工作人员，到我们的交易池中走走，考察一下我们的会员公司及其员工。过去时代的宗教歧视不再存在，其他地方仍然存在的种族隔阂在这里得不到认可，在其他的奋斗中的人种差别重要性在我们的市场上是毫无意义的。你是否知道美国金融结构内的性别歧视是由我们的芝加哥市场率先发起的挑战？你是否知道是我们的芝加哥市场领导了一场针对商业领域内的种族歧视的战斗？完成这些任务不需要号角，也不需要进行曲，更不需要外来压力。

尽管我们并不主张乌托邦，但是，芝加哥金融市场在成为种族和宗教、人种起源和性别的最终均衡器的征途上已经走过很长的道路了。在这里，天赋受到尊敬，苦干就有回报，忠诚得到奖励，卓越绝对必要。谈到人权，可以说，芝加哥金融市场真正实践了美国宪法所提倡的理念。

卡尔·桑德伯格在其《为世界的杀猪屠夫/小麦堆垛机》（"Hot Butcher for the World/Stacker of Wheat"）一文中，使我们城市的卓越的市场发展史名垂千古，这有什么让人感到惊奇的吗？我们的好朋友——国会议员丹·罗斯滕科斯基勇敢抗争那些威胁或阻碍我们市场生存和发展的人，这有什么让人感到惊奇的吗？而且，他采取的方式非常灵敏。他向那些人朗诵托马斯·巴宾顿·麦考利写的诗歌，诗歌讲述了看门人贺雷修斯的故事，一个孤独的罗马看门人勇敢地守护着他的父亲的骨灰和上帝的庙宇。然后，国会议员丹·罗斯滕科斯基向我们的对手作出如下解释：在一天结束的时候，在面对所有的战争之后，他们还得面对"众议院方式方法委员会"（House Ways and Means Committee）主席，他就像贺雷修斯

（Horatius，罗马传说中的一名英雄）一样，为保卫芝加哥神庙圣地——我们的市场而继续战斗。

无论何时，当我们听到对我们自由市场体系的谴责时，我们都应该像贺雷修斯一样也勇敢地挺身而出，捍卫我们的市场。因为面临危险的是我们美国奇迹的精髓，是我们自己的自由。尽管在我们的市场中也存在各种缺点以及令人遗憾的弊端或罪孽，但是，与美国自由市场体系所取得的无法估量的、无价的成就相比，这些负面因素是微不足道的。

第二部分　市场的诞生——金融期货

　　金融期货的成功诞生是许多因素综合而成的结果：在世界历史发展过程中恰逢其时出现的正确理念；使政府官员确信其价值的必要手段；把正确理念转换成能够交易的合约的能力；推销新理念的策略设计以及金融机构确认其价值、内涵和实用性的信心；一系列国际事件恰逢其时地配套发生，促进为管理外汇和利率价格变动风险而设计的市场的使用，以及能够启动市场的交易者。

　　上述所有因素都是重要的，对于正确理念的运行是缺一不可的。但是，可以毫不含糊地肯定，在上述所有因素中，最后一点是至关重要的。如果没有那些离开风险已知的活牛、生猪和冻猪肉交易池，来到未知风险的外汇交易池的芝加哥商品交易所（CME）的交易骨干，这一理念绝不可能实现。同样，如果没有那些进入刚刚成立的国际货币市场（IMM）的第一批交易者的坚定支持，以毕生生涯做赌注，献身于独特的、未经考验的领域，新市场肯定会杂乱无章，在至关重要的形成年代就会夭折。实际上，如果没有这些交易者的热情，如果没有他们的精神，如果没有他们的勇气，如果没有他们的奉献，我们预想的发展变革就不会发生。

　　如何迅速使改革热浪不断传播是值得关注的事情。尽管金融期货改革已经由芝加哥商品交易所（CME）会员所发起，但是，一年后，当第一个有组织地交易期权的交易所——芝加哥期权交易所诞生的时候，芝加哥期货交易所也发生了类似的改革现象。几年后，当芝加哥期货交易所的交易者从具有一百多年悠久历史和成功的谷物市场跨入从未涉足过的债券期货市场的时候，再次发生了这种变革。

　　这些具有风险偏好的交易者是何许人也？他们知道什么？他们为什么要这样做？听听我为庆祝1984年6月4日国际货币市场（IMM）成立10周年而写的一首诗：

我们是谁

我们是无所不为的交易商，

不论是鸡蛋还是黄金，猪腩还是英镑

我们是森林中的天真孩子，

火鸡还是国债券。

在一个我们并不了解的世界，傻得什么都不怕。

我们是无畏、勇敢和喧闹的开拓者，

天真得认为我们会赢。

反对我们的怪事太多。

银行或许永远不会信任我们，

政府或许永远不会放手我们，

芝加哥不是个好地方。

交易者成为我们的军队，他们是我们的秘密武器

而多数世人低估了他们的象征力量。

货币期货市场

这次演讲的时间距离金融期货创新前夕不到 30 天。金融领域几乎忽视了将要到来的创新事件。有的人讽刺金融创新的观点，嘲笑金融工具能够成为期货交易的一部分的理念。为纽约证券分析师协会现场演讲是向异教徒宣传的很好机会。

> 对纽约证券分析师协会的演讲，纽约，1972 年 4 月 19 日。

在国际货币市场（IMM）诞生的前夕，为社会证券分析师协会演讲恰逢其时。我的任务是解释为什么要发展货币期货市场，期货市场与目前商业领域所使用的银行间远期交易系统的不同，以及为什么我们认为国际货币市场（IMM）将取得成功。

实际上，为什么会对货币期货市场有需求呢？换句话说，这是否仅仅是发明一种合法形式的赌博，或另一个不必要的恶魔？当然，许多人都有这种说法，而且不止一次。你甚至会问期货市场为什么会这样重要？

然而，事实是无论我们喜欢与否，我们一直都在进行着期货交易。例如，由于商品打折而购买超过当前需要商品的家庭主妇；以商定价格签订在期望卖出之前数月交割猪肉合同的屠夫；在产品生产出来之前很久就同意在未来时刻交割布匹的纺织厂商；在预期的需求之前就积累库存的批发商。

房地产投资者不是在期货市场上投机吗？当农场主在种植庄稼的时候，他们不同样是在期货市场上投机吗？当然，当证券分析师在其对未来收益预期基础上对某一特定股票给出买进建议的时候，他正在利用期货交易进行投机。百货商店里的买方不考虑在期货市场交易的相同因素吗？什么是供应？什么是需求？什么是趋势？事实上，在商业和社会生活中，每天都有成千上万的例子，它们都在本质上包含着期货交易和期货投机因素。期货交易是普普通通的、每天都发生的事情。

这是说我们总是在赌博吗？在某种意义上，我认为是的。但是，这仅仅只有在我们打赌能否横穿一个繁忙的十字路口的时候才有意义。而且，我认为，我们所做的事业，就是把那些在人生中成功的活动所积累的必要的和慎重的经验因素，应用到我们的社会和商业需要中。绿灯亮时，我们通行，在横跨马路之前要看看两边。期货交易所便是这种原则的扩展。对于想要更为安全地穿越街道的商人而言，期货交易所就是核心场所。它是一种机制，能够提供程序和确定规则，能够为商业活动的某些领域疏导风险，能够以更为谨慎、有组织的方式实现商业需求。

当我们从这个方面考虑提出的第一个问题的时候，该问题不是"为什么要有货币期货市场的问题"，而是"为什么没有货币期货市场的问题"，而且是"为什么花了这么长时间才有了货币期货市场的问题"。

我们从头开始。只有当社会具有转移风险的内在需要的时候，有组织的交易所才能建立特定产品的市场。换句话说，能否在期货交易所上市交易的商品必须与远期交易的价格变化保持一致性和真实性。这也意味着，期货市场交易的商品必须具有一个活跃的、分散的现货市场。

货币满足上述要求。甚至在1971年12月18日做出决定之前，十国的财政部长议定美元与其他货币间的汇率差进一步加大，以当前平价为基础上下加减2.25%，这时，现货和远期的银行间市场的外汇交易就活跃起来了。十国部长集团的决定是现实的需要，正式认可货币价格浮动将以稳定和坚实的方式继续进行。新的平价汇率，汇率差进一步增大的可能性，甚至发展到浮动汇率，不论是传统的浮动方式（即小幅度调整汇率），或是其他形式的汇率调整，所有这一切都极大地增加了进口商、出口商、跨国公司以及金融机构利用银行间货币市场进行国际商务贸易的需要。你打开这些天的报纸，不难发现，由于货币价值的变化致某个大公司遭受损失的标题；也不难发现，某个公司的审计员由于疏于管理，货币存在贬值或升值的可能性而被解雇。可见，在期货交易所上市交易货币的基本要素是很明显的。

问题的关键是期货交易所能否承担这项任务，我们或许可以在米尔顿·弗里德曼教授的论文《对货币期货市场的需求》中的一段话里找到答

案。这本书于1971年秋季授权于芝加哥商品交易所:

> 国际金融机构的变化将大大扩展对外汇保险的需求。最理想的是,为了适应对外贸易和投资,这种需求能够尽可能广泛地、深入地、灵活地在外汇期货市场得到满足。

这一观点把我们引至第二个问题:期货市场与现行的银行间市场有什么不同?根据一般定义,银行间市场的作用与我们印象的期货市场相同。这两个市场都为远期交割货币的买卖提供交易机制。而且这两个市场都允许风险转移。然而,一般的定义体现了相似性,实际应用存在着差异性。

最基本的差别在于银行间市场受限于商业领域,而期货市场不仅吸引商业用户参与,而且吸引投机者参与,只有在此情况下才能大获全胜。那么,为什么没有投机者期货市场就不能成功呢?个体投资者,不论是否是投机者,他们是否具有类似商人的权利,保护其财产免于因货币价值变化而遭受可能的损失?个体投资者,不论是否是投机者,如果他们被排斥在股票市场、债券市场或者房地产市场之外的话,这是否公平?但是,更为重要的是,如果没有这些个体投机者的话,这些市场能够有效运转吗?期货市场投机者的作用是非常重要的。就是这些投机者为市场提供连续的买卖报价。就是这些投机者愿意接受并对冲商业用户的风险。就是这些投机者为市场提供必要的流动性,如果没有流动性的话,商业企业的参与者就不能有效地使用这种市场。弗里德曼提出的广泛性、深入性和灵活性的要求,正是有组织的期货交易所能够提供的长项和特征。或者换一种说法,我们认为,只有通过在一个开放的、自由的、竞争的环境里,投机活动与商业活动相互作用,货币市场才能正常运转。这种环境就是我们所要提供的东西。

银行间市场与期货市场的第二个重要区别就是交易的本质。期货市场是不具人格化的。它不是为了满足单个商业交易特殊需求的工具,也不是为买方或卖方在某一时刻的具体需要而进行交易的。取而代之的是,期货交易的交易单位是相同的,交割方式是相同的,预先确定的交割时间是相同的。构成因素的统一性在有组织的期货交易中是独一无二的,这或许是期货市场存在的精髓所在。这种统一性使得每个参与者可以与其他参与者对冲持有的市场部位，不管最初与谁成交。因此，交易所成为全部交易的清算所，使得交易所成为买方和卖方的担保人。而银行间市场没有类似的功能，这正是期货市场的支柱。

另一个区别是成交方式的不同。在银行间市场，交易是私下进行的，它必须使别人确信你的报价是公平的且具有竞争力。而在期货市场，买卖报价是在公开和竞争的场合通过公开喊价进行的。

另一个不太令人关注，但又很重要的特征是期货交易所搜集相关市场信息、传播事实和数据的能力。没有任何其他机构，也许包括联邦政府，都不能为相关的公众和行业提供更好的服务。如今，对货币信息的需求势不可挡，这种需求与日俱增。期货交易有能力以有组织的和广泛的形式满足这一需求。

期货交易也提供必要的服务和通信机制，使其涉及商业和产业的各个部分以及全球各个角落的投资大众。交易所能够使所有的参与者方便地参与市场，使他们将其需求立刻转化为行动。因此，人们对货币市场的兴趣将急剧扩大。到那时，对有见识的交易顾问的需求将发展起来，经纪业内的教育程序便随之产生。尽管这一过程发展缓慢，而且常常是无形的，然而，它却是非常真实的，而且是迫切需要的。当这一过程发生的时候，也将大大有利于银行间市场的发展。

最后，期货交易将成为市场的风向标和晴雨表。它可以提供即时的观点，包括涉及货币价值、稳定性或异变性的各类观点，如成熟的观点、不成熟的观点、大众观点以及商业专家的观点。消息不论好坏都将公开地、快速地反映在产品的价格上。这是一个具有竞争性市场的重要因素，也是自由企业体制的组成部分。

上述几条只是期货市场与银行间市场的几个基本区别，还有很多区别，但它们都不阻碍其共同存在。事实上，我们可以肯定，如果国际货币市场获得成功的话，那么，它将补充和完善现行的现货和远期货币市场。银行间市场将掌握如何依靠期货市场，反之，期货市场也知道如何依靠银行间市场。

我们会成功吗？最恰当、最中肯的回答是，只有时间能够告诉我们答案。我们满怀希望，不屈不挠。我们具有基础设备和设施，我们有人才，有广大的会员；我们具有通信机制，还有正确的合约规格。而且，尽管有许多人对我们持有异议，但是，在我们看来，到目前为止，我们的理念将大获全胜。甚至在开始交易货币期货之前，来自商业和公众领域的兴趣只是一种表象。银行领域在一开始时被动地接受我们的理念，而目前正在关注我们，并在许多情况下为我们提供帮助。有几位备受尊敬的银行官员已经加入了我们的董事会。另外，我们也获得了来自学术界、金融界以及联邦政府各方面的帮助、建议和鼓励，而这仅仅是开始。

我们认识到，我们还要学习很多东西，而在市场建成后，我们将获得更多的知识。在我们学习的过程中，我们的市场也将发生变化。事实上，市场的发展可能完全不同于初始时的状况。市场的范围将大大扩宽。我们确实不能寄希望于马上成功。我们强烈地感觉到，因为理念是重要的和正确的，所以，我们的市场必须经历最少2-3年的试运行，才能对其进行评价和判断。

最后，为什么是我们？为什么在这里？米尔顿·弗里德曼再次回答了这个疑问：

几乎可以肯定，这样一个适应需求的广泛市场必将应运而生。

重要的问题是发生在哪里？美国是自然发生的地方，应该发生在美国，这代表了美国的最大利益。货币市场在美国的发展将鼓励美国发展其他的金融活动，不仅提供来自出口服务的额外收入，而且可以缓解执行货币政策问题。

我们——芝加哥商品交易所是一个庞大的、已建成的期货机构，有能力承担这一使命；我们——芝加哥商品交易所已经创建了一个单独的和分离的期货实体专门交易金融工具。我们相信，国际货币市场有着美好未来。我们已经做好准备，完成每件必须完成的事情，以此全面验证我们实现成功的能力。

芝加哥期货的未来

　　国际货币市场成功的基本要求是会员坚定不移地支持。因此，第一年的结果是很重要的。令人欣喜的是，我们能够自豪地指出我们的成就，勇敢地谈论国际货币市场所代表的新时代。1973年对国际货币市场会员的年报反映了这一信念。在该年报中，我泰然地对国际货币市场的会员说："这个时代将为我们提供机会，使我们能够扩展到与货币框架相关的其他领域。这就是培育国际货币市场理念的核心。我们的新市场专门设计成像实际运作那样，包含尽可能多的金融领域可行的交易工具。我们必须努力做好探索各种可能性的准备。"我们在第一年取得的结果鼓励我们向其他团体解释在芝加哥商品交易所所发生的事情。这不是没有价值的任务。我们建立国际货币市场宏大计划的成功，很大程度上取决于芝加哥的商业机构及其领导地位的支持。我们在芝加哥的两个主要学术机构——芝加哥大学和西北大学花费的时间是很有必要的。这里要传递的主题核心是我们为芝加哥保留的信息。我们的城市是特殊的，它的公民都是创新者，它的机构都生气勃勃。尤为重要的是芝加哥的期货市场。它们善于创造，敢于成功，不断发展。而且，它们是引领我们城市走向繁荣的经济发动机。

　　这一信息是有益的。我们曾经向芝加哥的著名市长理查德·J.戴利提出建立国际货币市场的重要申请。市长问道："但是，国际货币市场将会为芝加哥做些什么呢？"我沉着地回答："如果我对金融期货的估计是正确的话，那么，国际货币市场将会把美国金融重心从纽约西移几米。"市长大笑，并立即批准了我们的申请。

> 在第23届秋季管理年会上的演讲，伊利诺伊州，埃文斯顿，西北大学，1973年11月7日。

所发生的多数情况是由于偶然；

所发生的多数情况是由于设计；

所发生的多数情况是由于偶然与设计的结合。

一个城市的生存或灭亡、繁荣或衰败是偶然和设计的结果，但是，尤其取决于城市居民用他们所拥有的东西做些什么。让我们读一段《创世记》：

两年以后，法老王梦见他自己正站在尼罗河岸，看见7只圆圆胖胖的母牛从尼罗河边跑出来，吃着芦苇。并且看见另外7只憔悴、瘦弱的母牛跟着从尼罗河岸跑出来，站在尼罗河岸，吃掉了那7只又圆又肥的母牛，这时法老王醒了。然后他又睡下，再次做梦：看见7穗谷子长在了一根秸秆上，非常饱满。又看见在它们后面又长出了7穗谷子，瘦瘦的，被东风吹得很枯萎。并且瘦瘦的穗子吞没了7个饱满的穗子，法老王醒了，知道这是个梦。

法老王召唤约瑟解梦，约瑟对法老王说：

埃及上下将有7年的大丰收，但之后便会有7年的大灾荒。

并且，约瑟提出：

让人民囤积丰年的所有食物，把谷子摆放在法老王储存食物的城市中，并且让人们保存好它。

这些食品可以用来抵挡将要降临埃及的7年大灾荒，这样，城市就不会在大灾荒中毁灭。

期货市场的理念便由此产生。约瑟的想法挽救了那时埃及的城市。埃及在供应充裕的时期提前进行买期保值，以满足食物缺乏时期之需。唉，只是约瑟和法老王并没有深入下去。他们不能抓住约瑟创新思想的全部，错过了建立第一家尼罗河交易商会的机会。实际上，在期货概念完全明确并全方位地利用其发展潜力需要几个世纪的时间。实际上，这需要芝加哥人的足智多谋、聪颖智慧和卓越远见，才能使约瑟的概念运转起来。

在芝加哥建立期货市场是偶然的吗？还是经过伟大的设计？或者两者兼而有之？我们将在最后讨论这些问题，将从哲学上和逻辑上检验它们。但是，现在这对于我们并不重要。重要的是它在芝加哥出现了。结果芝加哥成了世界期货市场的首都。

在今年的前 10 个月，芝加哥商品交易所（CME）生猪合约成交量为 90300 张，相当于 1.4450 亿头生猪，货币价值为 2 亿美元。同期，芝加哥期货交易所小麦合约成交量为 120 万张，相当于 1.816 亿吨小麦，货币价值为 230 亿美元。

通过对变化不断调整以及时间推移，芝加哥这座城市也在发展。为了生存，它必须适应并满足现实需要。在芝加哥，畜牧业已成为过去，但是，1972 年芝加哥商品交易所的活牛合约成交量大约为 140 万张，相当于 4800 万头活牛，成交额约为 200 亿美元。我们不再在芝加哥储备粮食。但是，在今年的前 10 个月内，芝加哥期货交易所小麦、玉米和大豆合约成交量大约为 700 万张，货币价值高达 1700 亿美元。

还需要我们解释这些市场的重要性吗？还需要讲述期货市场对我们的城市、国家或者对世界的好处吗？说期货市场现在已是美国农业结构的组成部分就足够了；说期货市场产生的利益规模和数量之大，以致硬逼着人们计算和评估期货市场就足够了；说期货市场为我们的国家提供的独一无二的经济工具，其他任何方式都无法替代它就足够了；说期货市场的使用者各行各业到处都有就足够了。期货交易能够提供保险服务，能够发现价格，能够发挥价格稳定器的作用，调整供给，提供一致的预期，刺激竞争，具有教育机构的作用，分类并发布统计数据，为消费者和生产者服务，有助于粮食产品的营销，同时，为投机者提供机会，以便检测其抵抗价格欺骗的能力。

说美国的商品期货交易所是世界上大部分成功的农业体系和市场体系的一部分就足够了，这一体系的生产力在过去 20 年已经翻了 3 倍多，这一体系是世界其他国家的榜样，他们为之感到惊奇。实际上，我们生活在芝加哥感到很自豪，我们能够炫耀我们有两大交易所，其期货交易业务占美国的80%以上。

我们能够全面评估这对芝加哥意味着什么吗？我们能够全面评定1972年芝加哥商品交易所成交额661亿美元和芝加哥期货交易所成交额1230亿美元对我们城市金融结构意味着什么吗？我们能够全面估计每天存缴到我们城市各大银行的保证金价值吗？当前，芝加哥商品交易所一家的日保证金存缴额达1亿美元。我们估计，芝加哥期货交易所、芝加哥商品交易所和国际货币市场每个交易日为芝加哥银行提供的现金存款大约在4亿美元。并且，保证金存款只是这些市场的会员公司在芝加哥总存款的一部分。我们能够估算由这些存款产生的经济信用和金融服务吗？而且，这些数字在1973年很快就会翻倍。

事实上，有人预计，到1980年，美国的期货业务将增长5倍。这意味着，芝加哥期货交易所、芝加哥商品交易所和国际货币市场在芝加哥银行的保证金存款将达到约20亿美元。如果这种估算太极端的话，那么，请记住，如果以当前我们比较低的发展速度考虑，例如仅仅比当前水平增长0.5倍的话，就相当于为芝加哥银行每天带来10亿美元的保证金存款。这是用任何人的标准都可获得的一个相当大的数字。

更为明显的是，芝加哥的期货市场是美国农业的重要组成部分，也是芝加哥城市建设中重要的发动机。同样重要的是，在商业领域，芝加哥是首屈一指的。那么，我们能够怀抱殊荣睡大觉吗？我们能够只是满足于上个10年芝加哥市场的发展吗？1963年以来，仅芝加哥商品交易所的成交量就增长了大约1700%。观察家也许会得出结论说，我们应该好好休息一下并享受我们的成功。如果我们真的这样做了，那么，芝加哥就不再是现在的芝加哥了。

纳尔逊·阿尔格伦（Nelson Algren）称芝加哥是"创新中的城市"，这是很有道理的。芝加哥的灵魂是永不懈怠的。它永无止境地探求新的前景和领域。这种精神使我们崇高，引导我们达到更高的目标。这是我们未来的精髓。当财政部秘书舒尔茨（Shultz）几个月前访问芝加哥时，他作了一个精彩的评述。他说，他为芝加哥的传统骄傲，因为在过去的20-30年里，多数重要的新观点不是在芝加哥诞生，就是由芝加哥人构思的。

芝加哥的期货市场更是体现了这些传统。他们不满足于表面的增长。

1972年，两个非常创新的构思诞生了，这两个创新被证明，它们对于把芝加哥发展成世界金融中心具有革命性的重要意义。芝加哥期货交易所创建了芝加哥期权交易所，而芝加哥商品交易所开创了国际货币市场。

我将详述后者，因为我掌握第一手资料。我对外汇期货市场理念抱有热切的期望。我希望我们的董事会董事和交易所会员确信，我们能够在这一理念之上建立国际货币市场，并创造芝加哥商品交易所的未来。

提出这些理念之后，我们面临着把理论设想转化成实际应用的艰难任务。为实施这项任务，我们需要从另外一个芝加哥人——米尔顿·弗里德曼教授那里获得帮助。弗里德曼教授给了我们勇气，使我们确信我们正在做一件重要的、有价值的事情。正是弗里德曼教授不可置疑的威望和信任为我们打开了华盛顿的大门，使我们坚定了外汇期货市场时代必将到来的信心。

让我们看一看弗里德曼教授在布雷顿森林体系崩溃时写下的关于该主题的个人立场[1]：

我们承认，目前伦敦、苏黎世和纽约有现货和远期市场，但是，这些市场既无宽度，也无深度，也不具备所需要的弹性。一个真正令人满意的期货市场不能仅仅依赖于那些涉及外贸交易和投资的个人所进行的套期保值交易……市场需要那些愿意持仓的投机者以及套期保值者。投机者的交易量越大，市场就越活跃，那些涉及对外贸易和投资的个人就越容易以低成本以及逐渐变化的市场价格进行套期保值，而大的商业企业的交易很难对其产生严重影响。

国际金融结构的变化将使国外需求量得到大发展。我们热切希望这一需求在外汇期货市场尽可能广泛地、深入地和灵活地得到满足，以便于对外贸易和投资。几乎可以肯定，这样一个适应需求的广泛市场必将应运而生。重要的问题是发生在哪里？美国是自然发生的地方，应该发生在美国，这代表了美国的最大利益。货币市场在美国的发展将鼓励美国发展其

---

[1] 芝加哥商品交易所整理：《我们需要货币期货市场》，米尔顿·弗里德曼教授著，1971年。

他的金融活动,不仅提供来自出口服务的额外收入,而且可以缓解执行货币政策的问题。

你必须完全理解我们所承担任务的重要意义,才能评价其进步和成功。我们所做的一切是革命性的。我们已经航行在进入不明水域的征途。我们所做的一切就是进入银行领域那一带有私人性质的神圣领地。我们所做的一切就是设计一种经济工具,而这种工具以前只用于农业领域。我们承担的任务就是解释布雷顿森林体系及其崩溃的重要意义。我们承担的任务就是教会美国公众使用这种投资工具,而这种工具在美国海岸迄今还鲜为人知。

我们知道,对于一种新体制,我们将要长期学习,我们将要边发展、边学习。由于我们正在涉及一种新商品,所以我们没有可供参考的规则框架。可以预见,我们的市场已经经历了许多重大变化。这种新的金融工具已经对我们的市场进行了改进,而以前这只是苏黎世、伦敦和法兰克福的专有权。

我们要问:为什么要这样?为什么几个世纪的欧洲传统市场是决定美元价值的唯一因素?为什么在美国海岸没有这样有弹性的市场?为什么这样的市场不能同时服务于商业领域和社会公众?事实上,我们脑海中的市场是那种只有在投机利益和商业利益真正相互作用的时候才能够有效运作的市场。这种市场将是银行间市场的选择。这种市场将迫使外汇汇率更具竞争性,更接近实际情况。这种市场将成为更具流动性的市场。

起初,纽约银行和银行家把该项目想象得太荒谬,以至于没有严肃地给予考虑。如今,纽约银行以一种完全不同的角度看待我们的冒险事业。例如,曼哈顿大通(Chase)银行和纽约的城市国家银行(City National Bank)都直接参与了我们的市场。在芝加哥,我们从一开始就获得了认可。不仅所有的芝加哥主要银行都支持我们,而且大陆伊利诺伊国家银行(Continental Illinois National Bank)也成为我们的外汇交割机构,芝加哥第一国家银行成为我们的结算会员。还有,第一国家银行的执行副总裁罗伯特·阿布德先生和哈里斯信托和储蓄银行(Harris Trust & Savings Bank)的原首席经济学家贝里尔·斯普林克尔博士成为我们交易所董事会的董事。

对我们来说，很明显，如果我们正好满足了对这一市场的需要的话，那么，我们的市场就属于期货市场的首都——芝加哥了。市场的繁荣需要很长很长的时间，但是，我们从一开始就确信，这一成果值得我们付出努力。新理念具有的巨大潜力激励着我们。金融的应用毕竟是无限的。

迄今为止，一切迹象继续说明，我们的观念与新的世界货币标准是同步的。实际上，在国际货币市场初建时，我们所追寻的一切就是让汇率以美元为基础、全年上下浮动最多 2.25%。但是，我们很快知道，这个浮动范围是日浮动汇率。如今，国际货币市场开盘只有 18 个月，我们绝对有理由为它所取得的成就而感到骄傲，并确信它具有巨大的潜力。在头 1 年，有国际货币市场的成交量为 142928 张合约，相应的交易额是 210 亿美元。在 1973 年的前 10 个月内，该市场的成交量已达 249345 张合约。

因此，我们相信，国际货币市场将成为一个具有无限潜力的品牌项目，它将备受国人关注。对芝加哥来说，这更为重要。简单地说，就像伦敦历经几个世纪证明了它作为世界金融服务中心的价值和能力那样，国际货币市场也能够发挥其把芝加哥打造成世界金融中心的功能。

"廉价"的投机商

在推广国际货币市场新货币期货这一概念的时候，我意识到，我们所信奉的某些概念，或者对美国人不适合，或者与正统教义相悖。当我试图解释，我们所培育的这个革命性市场的所有基本原则和创建市场的基本原理的时候，我发现，集中关注一两个最重要的问题往往更为有益。

我认为，很有必要集中研究两个基本的市场组成问题。第一，很少有人理解甚或听说过布雷顿森林协议。它是世界货币组织关于固定汇率的官方体制。布雷顿森林体系是什么？是谁建立的？为什么正在替代它？它与国际货币市场（IMM）是什么关系？第二，投机商在市场中的作用被完全曲解了，大多数美国人对投机商持怀疑态度。

国际货币市场的基本逻辑是：布雷顿森林体系将一去不复返，全球的现实状况对浮动汇率体系有需求，以及新的金融体制将培育外汇期货市场。而投机商是必要的参与者。

> 在芝加哥大学法学院的演讲，伊利诺伊州，芝加哥，1974年11月27日。

在过去的10年里，英格兰银行一直都在致力于把英镑的价值维持在与现实不符的水平上。他们依靠持续而猛烈地干预市场坚持着。最后，这家银行终于在1967年11月再次放弃，不可避免地将汇率1英镑从2.80美元贬值至2.60美元。从那时起，英国政府官方新闻稿指责由投机商引起的货币贬值压力大行其道，其他政府也纷纷效仿。由此让我们知道的是：投机商是不受欢迎的人，他们是国家的敌人，如果不对他们的行为加以限制的话，他们肯定要摧毁文明世界的货币体系。

因此，投机商卑贱的形象变得更为卑贱。投机，从未被看作是值得骄傲的职业，多少有点伤风败俗的味道。在所有的投机商中，最坏的类别就是那些涉足货币的人。他们看上去低级趣味，潜伏在伦敦、苏黎世、法兰克福这些金融中心附近，在这儿卖出英镑，在那儿卖出美元，在这儿买进日元或德国马克，如果高兴的话，就卖空法郎。他们没有其他目的，只是为了满足个人的贪婪。我们可以想象一下这些具有卑鄙面孔的人在损坏中央银行利益而获利时的得意情景：他们为其造成的贬值或升值而欣喜若狂。这些毫无爱国之心、没有责任感的粗鄙的投机商竟然变成中央银行家的力量象征，成了为法律、为体制和为其货币的固定价值而斗争、热爱国家、有责任感的好人。

当法国政府于1974年1月19日星期一开始对法郎施行浮动汇率时，令人不快的消息出笼子。这些好人都找不到了。法国，这个最后一个固定汇率的苦苦坚持者最终还是失败了。但是，直到那时，我们当中有很多人还是密切关注着这场戏剧的进展。直到那时，我们有充分的机会阅读诸如米尔顿·弗里德曼、奥特马尔·埃明格尔、弗里茨·马克卢普、罗波特·阿利伯和乔治·舒尔茨这些批评家们的经济分析。他们是第一批勇敢地告知我们事实的人，我们获得的知识与传统知识大不相同。尔后，他们的知名度大增。

首先，我们知道这些坏人（即投机商），他们经常是一些令人尊敬的跨国公司财务主管、银行家、国家财政部长或备受尊崇的金融家。根据设立的规则操作，这些人怎么会这么坏？我们还非常惊奇地发现，他们的动机并不总是为了个人所得。在大多数情况下，这些市场参与者都在防止或使其代理企业的损失最小化，他们的代理对象可能是银行、企业或国家。实际上，他们的交易行为是以其谨慎的商业判断感觉为基础的。令我们惊奇的是，我们了解到，他们把所代表的各种利益的安全视作与中央银行家的世界货币政策一样重要。这确实是一个令人震惊的发现。然而，最令人震惊的发现是：越来越多令人尊敬的经济学家公开指出投机商是在理性运作，而中央银行不愿意面对现实，那些自认为是好人的人正在看老皇历。这种角色的转变怎么可能发生呢？

在1946年建立的、称为布雷顿森林体系的外汇兑换体制下，国际货币基金组织（IMF）成员国同意其货币按照黄金和美元形成固定平价。美元将没有固定平价。美元的官方持有者以 35 美元 1 盎司的固定价格自由兑换黄金。最大允许偏差幅度为 2%（兑换双方各 1% 的幅度）。在实际运作中，相对于美元的变化范围为 1.5%。

布雷顿森林体系在一段时期内运行得相当好。事实上，它的运行时间比预期的还要长。如果 1946 年之后情况没有什么改变，或者所有的改变都同样发生在各个国家的话，那么，这个体系将仍然是一个很好的体系。不幸的是，事实并非如此。最终，一国通货与另一国通货的兑换比率是由现有通货的供求能力决定的。影响供求的因素基于该国的经济和政治状况，而主要因素是经济状况。世界货币组织成员国的经济条件从 1946 年开始改变，而且这些变化非常巨大，这些变化在各国的发展程度各不相同，知道这些令人惊奇吗？我们都知道自第二次世界大战以来，美国、英国、联邦德国和日本的相对经济条件发生了哪些变化。事实上，世界已经完全改变了。世界在变小，而世界结构内的各个国家在不断强大。我们还知道，世界经济和政治状况处于平稳状况，偶尔发生较大波动。

布雷顿森林体系的构思对于世界发生的重大变化不具灵活性和敏感性，它不是针对新的、变化着的世界状况而制定的。今天，技术进步使我们已经有可能迅速了解各个国家发生的经济和政治变化，因此对于此类信息的反应时间大大缩短。这些国家内部发生的一切变化所产生的效果现在能够在数天、数周、数月而不是数年内获得。同时，私营工业体系的成长使其目前发挥着很大的作用，甚至比中央银行决定货币供求的作用还大。

在很长一段时间里，世界货币组织成员国忽视了这些现实情况。最后，形势变得不可控制，以致中央银行家不得不开始与现实搏斗。当经济和政治的逻辑要求有一个较高或较低的货币价值时，政府不可能将货币维持在官方水平。当世界上所有的投机商通过买卖行为抵制编造的汇率、应对现实的时候，一个中央银行或中央银行结合起来共同支持给定货币的固定汇率是没有用处的操作。面对真正的货币价值所产生的无休止压力，世界货币组织成员国在试图遵守过时的协议时几乎破产。由于美元是其他所有世界货币组织货币的平价兑换机制，所以，美国想要维持协议规定尤为困难。

最后，保持不现实的美元价值而饱受折磨的美国被迫接受了现实。

1971年8月15日，尼克松总统关闭了黄金兑换之窗，抛弃了布雷顿森林体系。固定汇率的时代结束了，金融领域再也不会与以前一样。该决定的巨大影响至今仍然能够感觉到，并且在未来若干年中还会感觉到。

芝加哥商品交易所不是一个无所事事的旁观者，而是以极大的兴趣观察导致这一重大事件发生的前因后果。我们预见到将要发生的事情，我们看到了机会，我们还看到发展的必然。随着布雷顿森林体系的解体，我们相信：新的时代即将到来，这不仅是对浮动汇率而言，更是对美国人的心理本质而言。我们意识到，美国在金融领域不再独一无二，因此，这将为期货交易所提供一个重要机会。

我们意识到，美国人很快就会知道，美国经济在很大程度上依赖于其他国家的经济。我们的经济实力受到类似贸易平衡、利率水平、通货膨胀率等因素的影响。我们的国家自身不能决定货币价值。美元价值不是绝对的，而是相对于其他货币的价值。实际上，我们预见到，众多美国人会突然觉醒，这将对我们的交易所具有特殊意义。我们相信，当"贸易平衡"这个字眼成为一切有知识的美国人所关心的话题而不仅仅是局限于经济学家的研究课题的时候，就会使这个国家的金融体系结构发生巨大改变。换句话说，可以合理地假定，很多人将会很快在涉及国际金融的领域内寻找投资和投机机会。我们认为，这将是一个需要发展数十年的趋势，它需要各种国际货币种类的投资工具。

因此，国际货币市场的理念诞生了，组织一个以交易金融工具为明确目的的期货交易所。我们的第一批金融工具就是外汇。随后，我们再计划增加其他金融工具。

即使在布雷顿森林体系的固定制度下，汇率也会发生波动。换句话说，在受到潜在力量推动、世界体系与现实接轨之前，给定的货币价值不会发生改变。某一天早上，你突然听说英镑贬值8%，或者是日元升值12%，这就是固定市场的运作方式：价格突然大幅上涨，价值突然无节制地变化，随后就是想象的、暂时的、新的固定平价关系。固定体制之后便是混乱，而混乱之后又固定。期货市场在这种体制下没有任何机会。只有当价格能够因供求力量引起持续变化而自由地做出反应的时候，期货市场才能够生存。

芝加哥商品交易所只有等待着这一天的到来，才能在国际货币市场进行货币期货交易。但是，我们在等待期间也做了一些准备。大约在《史密斯索尼安协议》（Smithsonian Agreement）① 达成的前一年，怀着固定汇率注定失败的坚定信念，我们咨询米尔顿·弗里德曼两个难题：新的金融体制是否包括浮动汇率制度？如果汇率浮动的话，那么，是否存在对货币期货市场的需求？他对这两个问题给予十分肯定的回答，使我们充满了前进的勇气。1971 年 9 月，在关于我们所提问题的论文中，弗里德曼教授断言：

"国际金融结构的变化将使国外需求量得到大发展。我们热切希望这一需求在外汇期货市场尽可能广泛地、深入地和灵活地得到满足，以便于对外贸易和投资。

几乎可以肯定，这样一个适应需求的广泛市场必将应运而生。重要的问题是发生在哪里？美国是自然发生的地方，应该发生在美国，这代表了美国的最大利益。"

并不是只有他一个人持这种观点，其他许多著名经济学家都赞同并鼓励我们，但是，弗里德曼教授的意见对我们的启示比其他所有人加在一起都多。如果没有他给予我们的信任证书，我们的观点将达不到我们要求的可信程度。

1971 年 12 月 20 日的《史密斯索尼安协议》为世界货币系统提供了官方灵活性，是向预期方向迈进的第一步。协议允许汇率在预先制定的平价标准上下浮动 2.25%。对我们来说，这一新系统明显太严格，将不能持久。尽管如此，这一政策毕竟提供了 4.5% 的货币浮动范围，这为调整外汇期货市场需求提供了足够的灵活性。

在《史密斯索尼安协议》公布两天后，芝加哥商品交易所宣布国际货币市场诞生。我们即将成为浮动汇率这个尖端领域的开拓者。1972 年 5 月 16 日，国际货币市场上市了英镑、加拿大元、德国马克、意大利里拉、日

---

① 译者注：它代替了布雷顿森林固定汇率体制。

元、墨西哥比索和瑞士法郎期货合约①。

众所周知，星星之火，可以燎原。这个世界很快意识到，如果灵活汇率比固定汇率好的话，那么，浮动汇率将会更好。因此，一个又一个国家以比弗里德曼预言更快的速度被迫承认当今世界需要一个在更大程度上由自由市场力量决定汇率，而不是由政府法令或政府操控决定汇率的系统。换句话说，世界政府认同米尔顿·弗里德曼所宣扬的观点，要允许国与国之间的汇率每天都能够自由调整。换句话说，汇率必须浮动。

今天，所有的重要货币都相对于美元浮动。然而，一些国家的市场对他们各自的货币制定了平价范围，称为"通道"。其货币间汇率的相互变动就像通道中的蛇一样，而该通道本身也相对于美元波动。"通道中的蛇"这一概念不时地引发一些问题，所以，它们对已达成的平价协议也进行了相应调整。我们很难确信这种体系将持续存在。然而，在不考虑"通道"或"蛇"的情况下，国际货币市场已经明显走上正确轨道，世界发展将紧随其后。

国际货币市场是第一个或唯一的外汇期货市场吗？当然不是。从最初开始，一直都存在着一个由世界主要银行主导的外汇远期市场。银行间市场是一个高度活跃、长期存在的市场，它们每天的交易额达数十亿美元。但是，就像其名字所暗示的那样，这种市场的运作是以银行与银行间的业务为基础的。从这个意义上讲，它仅限于银行与其客户间的业务来往。为了全面了解国际货币市场，我们必须考察和区分银行与其对手银行的特征。

第一个也是最显著的区别就是，国际货币市场是一个开放型市场，它向套期保值者开放，也向投机者开放，而银行间市场则不是。那些没有商业理由交易外汇的人不得参与银行间市场上的投资途径。对我们而言，投机者和套期保值者一样受欢迎。我们在理念上绝不区分交易的商业目的或个人动机。我们认为，这两种交易都出自相同的或相似的动机。在一个自由社会里，每个人都应当享有这种权利。

实际上，这种特征揭示了竞争性市场和垄断性市场的根本区别。我们

---

① 从那时起，又新上市了荷兰盾和法国法郎，而意大利里拉已退市。

相信，所有的远期市场都不能在没有投机者参与的情况下达到弗里德曼所期望的那种广泛的、深入的和灵活的市场效率水平。根据定义，一个只进行商业交易的市场范围肯定是局限性的。商业性驱动的交易通常趋于在同一时间向相同方向变动。因此，在遭受压力的时刻，当商业机构要卖出的时候，几乎找不到买方，反之亦然。

然而，当投机者参与进来时，这种负面影响变小了。例如，当投机者建立卖空部位时，他们可以在商业企业希望卖出的时候成为买方，反之亦然。投机者在所有公开的期货市场上都是如此运作的。投机者为市场提供流动性，流动性为市场提供了能够降低套期保值成本的广度、深度和弹性。

还存在着一些重要的技术区别。国际货币市场在交易所交易大厅内运行。参与交易的经纪人包括80%左右的经纪公司，国际货币市场的会员包括芝加哥5家主要银行以及许多商业机构。货币交易的订单通过这些公司下单。不论订单来自哪里，都能便利地进入市场。这意味着国际货币市场可以提供连续的市场行情和货币汇率。拍卖机制确定汇率，即以公开、竞争的喊价方式提供买卖报价。交易所本身并不参与交易。我们相信，从长远来看，公开竞争的拍卖机制将使市场汇率价格最低。这已成为所有期货交易所交易的各种成功商品的历史结果。

我们的货币合约大小和规格是统一的和非个人的。只能以事先规定的合约单位买卖合约，只能在特定的时间进行交割。因为期货合约是标准化的，所以，持有的部位可以通过反向交易部位对冲。就像在银行间市场那样，在交易部位到期之前是不能锁定的。我们正在开发合约期限在18个月的市场。现在的银行间市场大多进行30天、60天或90天的市场交易业务。它们的主要业务是现货交易。国际货币市场不是货币的现货市场。我们市场的使用者不需要银行平衡补偿，但是，他们需要保证金。保证金的比例很小，范围在合约价值的1.5%~5%。他们还要支付45美元的双边佣金。

这些是国际货币市场同银行间市场看得见的主要区别。但是，值得注意的是，国际货币市场并不是作为银行的竞争对手而产生的，它具有国际贸易附加工具的作用。

过去，交易商有一些保护自身免于汇率变化风险的方法，例如，持有大量货币资产；持有疲软货币的债务；使用提前与延期支付（Leads and-

Lags）①；购买现货货币并持有货币以备所需，或者借入现货货币以期未来支出，或者在远期银行市场上套期保值。自从 1972 年国际货币市场开市以来，他们又多了一个选择，即他们可以同当地的经纪人联系，在一个有组织的期货交易所通过期货合约进行套期保值。

市场是否存在对这种附加工具的需要呢？当然有这种需要。国际货币市场的产生有两个至今还不能估量但比其他理由都更为重要的额外理由：

第一，新的世界秩序需要一个广泛的外汇交易市场，因为新秩序要求进行海外业务的个体或公司不仅能够应对正常的商业风险，而且还能应对汇率变化。这种需求呈几何级数增长。它需要一个比现有的银行间市场更为宽泛、更容易进入的市场存在。

第二，同等重要的是对使用外汇交易的信息和教育的需求。美国企业必须掌握如何运用外汇套期保值作为企业的经营工具。一个有组织的交易所比任何机构（联邦政府除外）都能够更好地满足这种需要。在我们诞生后的两年半中，我们已经产生并公布的外汇数据和实用信息比过去 10 年还要多。通过我们的经纪公司在各地的设施，我们以一种无与伦比的方式传播这些信息和资料。我们组织了研究课程，提供了大量讲座，举办了专题讨论会和许多会议，在学院和大学里建立了专业课程，出版了磁带，制作了 30 分钟的电影（这里还未列出我们已经提供的一系列出版物）。这些仅仅是开始。

我们相信，国际货币市场将与新的世界货币体制保持同步。不论我们是否有浮动汇率、"通道"里的"蛇"、管道中的蠕虫、钉住汇率，还是我们将要面对一切，我们认为，汇率将更加灵活。过去那种固定利率体系将一去不复返了，而且，这就是国际货币市场存在的经济理由。建立国际货币市场就是要为那些需要应对利率变化风险的商业机构提供套期保值服务，也为投机者参与价格发现过程提供机会。总之，它是应我们时代要求而创造发明的。

---

① 译者注：改变以商业信用销售货物时的支付期限的一种技巧。提前支付就是在信用到期之前支付货款；延期支付就是在信用到期之后支付货款。它是跨国公司内部资金转移机制的重要组成部分，也是最常见、灵活和有效的方法之一。但是，世界各国对此有不同的限制或规定。

伦敦国际金融期货交易所的诞生

伦敦国际金融期货交易所（LIFFE）的创立，除了提供无尽的寓意外，还是对金融期货概念的极大赞赏以及对期货的短暂历史的宝贵推进。事实上，在美国期货业中工作的很多人推动了在大不列颠的这一过程。美国期货业的许多人都鼓励英国的这一进程，为英格兰银行和这项事业的组织者（主要是约翰·巴克夏尔）提供了时间、建议和帮助。

因此，伦敦国际金融期货交易所以国际货币市场为模式就不显得意外了。事实上，已经成为好朋友的巴克夏尔和我都相信，总有一天，我们两个交易所之间将形成双边对冲系统，就像国际货币市场和新加坡国际金融交易所（SIMEX）之间的系统那样。尽管这个意图并没有实现，但是，我们还是意识到遍布全球的新金融期货市场的价值，它将验证观念，传播真理，形成用户，并应用于所有的期货市场。

> 在世界金融期货会议上的演讲，英国伦敦，1982年9月14—15日。

伦敦国际金融期货交易所的开张加快了金融期货市场的国际化进程。它具有双重成就：建立金融中心这一梦想的实现以及世界需要金融期货理念（诞生于芝加哥）的明显信号。舞台现在就设在伦敦。对于那些在过去数年里辛苦劳作的人来说，创立阶段已经结束了；在那些工作的日子里，挫折、计划、谈判还有无数的问题现在都抛在你身后了。剩下的主要问题就是伦敦国际金融期货交易所是否能获得成功。

芝加哥的金融期货业分享着你们的荣耀和快乐。我们深切了解你们刚完成的过程有多么艰难，我们也理解你们的担心和忧虑。毕竟，当我们在芝加哥商品交易所创建国际货币市场时也曾遭受了同样的痛苦，那也只是

10年前的事情。当时的那一运动注定要使得一群经营猪腩和活牛交易的交易者跨入世界金融的中心领地，这也是导致我们产业革命的大行动。

从一个主要方面来说，伦敦国际金融期货交易所创立者们的工作比我们简单得多。在国际货币市场诞生之时，那是金融期货概念引进阶段，首要的是让世界金融界确信，金融期货是风险管理的必备助手。这项工作花费了数年夜以继日的时间，还有不可计数的各地访问、永不停顿的真理传播，承受着压力或影响。伦敦国际金融期货交易所的任务比10年前国际货币市场面临的任务容易得多。现在，金融期货是我们生活中可以接受的事实了，并在此毫无疑问地受到赞誉。虽然这种环境并不会保证你的成功，但是，它至少可以使你的工作容易些，你不需要再为你的存在而辩护了。

在经历了前所未有的10年金融动荡之后，世界进入了20世纪80年代。通货膨胀、能源成本、汇率价值改变、利率大幅波动以及商品价格极端变化，这些因素的综合变化形成充满风险的商业氛围，使得人们要求新的风险管理项目和机制。这象征着新的经济制度的崛起，它在可以预见的未来与我们朝夕相处，而金融期货将理想地适用于新制度。实际上，如果我们没有做准备的话，我们就需要重新发明金融期货。

然而，成功不能仅仅通过理念正确而获得保证。成功是辛勤劳动的结果。我们期待10年后在此共享你们新市场成功的荣耀。

为了给你们的市场提出一个发展目标，请允许我为你们提供过去10年芝加哥市场的发展梗概。在过去的10年里，国际货币市场在交易量和合约多样化方面建立了行业发展指标。在1982年秋季还未完全到来之际，已经非常清楚的是，芝加哥商品交易所金融期货交易量将刷新所有纪录。在今年前3个月里，国际货币市场金融期货交易总量达1260万张合约，较1981年同期增长40%，仅仅比1981年创纪录的交易总量少200万张合约。

到今年为止，我们的短期国库券、存款单和欧洲美元的短期利率期货系列共成交近600万张合约，而货币期货高达570万张合约。这两种情况下的交易量几乎是1981年的2/3。这些数据显示，新合约表现甚好。在仅仅4个月的交易之后，标准普尔500股票指数期货合约8月份突破100万张。这些数据令人惊叹，即使是我们的亲身经历，也令人难以置信。另外，国际货币市场开市仅10个月后，5月份的存款单期货合约高达100万张。这是在芝加哥商品交易所历史上 4 年内交易量达到 100 万张的前两个合约。

此外,加拿大元、日元和瑞士法郎期货合约的年成交量都已突破纪录。第二个最为活跃的瑞士法郎期货合约在 8 月份的月成交量超过 31.3 万张。今年内,已在国际货币市场成交约 180 万张合约。以上各种期货合约交易统计数据无可争议地把国际货币市场推上世界第一金融期货市场的位置。

这些合约成功运行的直接结果导致近年来交易所会员价格急速上升。国际货币市场最初向公众出售的席位费才 1 万美元,现在已经超过了 25 万美元。国际货币市场的成长使得芝加哥商品交易所会员价格高达 38 万美元,这是任何其他期货交易所都未曾达到的最贵的席位费。会员价值激增以及个人和机构愿意为席位费支付高价,都是公众普遍对国际货币市场的稳定性、可靠性和美好前途具有信心的有力证据。

对我们的成功起关键作用的首要战略措施就是竭尽全力使交易所多样化。在上市每个新合约之前,要有计划、深入地进行研究。在各个环节,一方面,我们应当平衡用户对合约多样性和复杂性的要求;另一方面,我们还应当考虑必要的市场流动性和交易所整体管理的可操作性。国际货币市场一直都在致力于在那些请求出台更多期货交易工具的人们与那些告诫我们不要过度扩张的人们之间寻求适当的平衡。实际上,这种平衡发展能力仅仅在最近 10 个月内就得以扩展,期间,我们推出了前所未有的一系列的新金融期货合约,即 1981 年 7 月上市的第一个基于私人短期债务工具的存款单期货合约;另一个合约是在 1981 年 11 月上市的,在我看来,在所有发明出来的期货工具中,最有潜力成为最成功合约的是 90 天欧洲美元定期存款合约(Eurodollar Time Deposit Contract);第三个合约是 1982 年 4 月上市的,我们认为它将成为股票期货的先导、具有革命性的标准普尔 500 种股票指数合约。所有这些合约所证明的成功只是奇迹的一部分。

我们有责任强调,上市欧洲美元期货合约是期货历史上重要里程碑的象征。该合约发起了革命性的现金结算概念,引人注目地摆脱了期货市场古老的实物交割程序。现金结算为标准普尔 500 种股票指数期货合约以及其他一些以前认为不可行的期货概念和工具铺平了道路。

另一个在芝加哥商品交易所新合约开发过程中的主导考虑是交易厅的

流动性。流动性要求我们拥有一批熟练的专业交易商和经纪人。不论是过去还是现在，对伦敦国际金融期货交易所的组织者来说，该题目都将引起类似的关注。在这方面，我为芝加哥商品交易所开拓分支机构的理念而感到自豪。10年前，国际货币市场分所的创立为交易所注入了新的会员。从那时起，我们实施不同的项目，取得了相似的结果。在过去的一年里，芝加哥商品交易所实施两项独立计划，以扩展交易大厅人数。第一个计划是会员权利项目，它把交易厅经纪人和交易商的人数扩展了25%，而现行的会员价值不变。1981年底，我们又开拓了新的指数和期权市场（IOM）分所。设计开发该分所是为基于指数期货和期权的期货合约提供交易场所。我们预期，这一新市场的交易厅的参与者将超过1200多人。

国际货币市场的多样性发展只是事物的一面，同等重要的是我们要提升市场和交易专家的信誉及信用地位。当初，我们提出基于货币的期货合约理念，而许多纽约银行家都取笑我们。然而，同样是这些银行家，他们现在正在为获得芝加哥的交易厅席位而竞争着，有的甚至申请成为期货交易经纪商，这样，他们可以代表客户进行货币、利率和股票指数期货合约交易。这些机构包括著名的摩根保险信托银行、伊利诺伊大陆国家银行、信孚银行、芝加哥第一国民银行、美国利宝银行以及其他一些在观望等待中的金融机构。这一不容忽视的现象证明，在最为传统的投资环境中，我们的地位逐渐上升。这一趋势已经传播到欧洲，我们在此看得非常清楚，全世界的银行都想成为伦敦国际金融期货交易所会员。

银行和其他金融机构清楚地看到，金融期货是一种重要的风险管理机制，如果他们能够出现在交易厅，那么，就意味着他们的业务有了一个好助手。取得这一结果的原因是期货业成功地满足了商业领域的需要。

国际货币市场的短期国库券期货合约和芝加哥期货交易所的长期国库券期货合约是应对市场需求的极好例子。这些合约充分发挥了其套期保值与价格预期机制的功能，成为庞大的美国政府债券市场必不可少的组成部分。实际上，长期国库券和短期国库券期货合约的套期保值与价格发现功能的发挥状态永久地改变了大多数人原来对于期货市场所持有的消极看法。同样，股票指数期货的产生正在改变着股票机构管理者的交易习惯和交易技术。

需要补充的是，芝加哥商品交易所并不是唯一一家成功推出新合约的交易所。今年5月上旬，芝加哥期货交易所开始交易10年期政府债券合约，该合约创下之前历史上首日最高成交量33502张合约的纪录。从那时起，尽管日成交量较低，但是，随着这种利率范围适中的重要合约的参与面不断拓宽，其空盘量不断上升。

有充分证据表明，在交易所之外，金融期货业的专业化和复杂性在不断增加。美国主要大学，如纽约的哥伦比亚大学、芝加哥洛约拉大学以及伊利诺伊大学都成立了期货市场理论研究机构。此外，伴随着越来越多的讨论当前发展期货产业重要问题的法律公报和学术期刊的出现，一群有才能的期货法律专家应运而生。但是，当前围绕期货业专业化的最好例子就是出现了以确保行业力量和信誉为目的的美国期货协会（NPA）这样的行业自律组织。

由联邦政府批准、商品期货交易委员会授权，美国期货协会将发挥许多监管作用：在交易所监管范围之外稽查期货经纪公司的财务状况；规范期货公司的营销活动；仲裁客户与期货经纪公司之间的纠纷；消除政府与交易所监管项目之间的重叠，以及自筹经费降低联邦政府对期货业的监管成本。美国期货协会会员来自行业内的各个层次，包括交易所、期货经纪公司、商品交易顾问、基金经理人和银行等。因此，美国期货协会将成为全国范围内的统一机构，也是期货业的焦点所在。

最后一点，国际货币市场从开始起步就意识到金融期货概念具有全球性。因此，1980年1月，我们在伦敦开设了国际货币市场伦敦办事处，这也是第一家由美国交易所建立的海外机构。伦敦办事处的设立证明，它能极大地推动市场教育工作。目前，我们正在采取直接措施开发与新加坡国际金融交易所的市场联系。

这就是国际货币市场在第一个10年里的发展成果。我希望它能够为你们留下深刻印象，并希望你们能够认同它将成为伦敦国际金融期货交易所的发展目标。最为重要的是：伦敦国际金融期货交易所的建立是当今全球环境使然。你们的成功将有利于我们以及所有的市场。它将茁壮成长，广为接受，吸引更多的参与者，使期货市场向纵深发展。我们希望你们取得成功，并将为你们提供长期帮助。我们的目标是共同的。

期货的未来

预测未来不仅危险，而且困难。这对我们期货业内的人们来说更是如此。即使这样，我们经常还是要做些预测工作，所以，我们必须尽力做好。令人满意的是，至少在一般情况下，我们的预测还没有脱靶。

以下内容的演讲时间发生在我们的行业内外都对发展新合约极度悲观的时期。他们说，发展代表着一种最终将毁灭我们行业的危险趋势。对于那些怀疑市场固有能力可以决定哪些产品是必需的、哪些产品不是必需的人们来说，是一个古老的话题。这些反对者提出对感觉到的问题采用法律的解决方案。幸运的是，我们击溃了这些猛烈攻击。

> 在社会研究新学院的演讲，纽约，1983年10月28日。

"现在才是最重要的……那些谈论未来的人是无赖。"这些被本身有点恶棍习性的法国小说家路易斯·西兰所赞同的观点集中反映了许多人所迎合的一种心理状态。实际上，对于那些把一个行业描绘得与未来紧密相连并有胆识称自己就是"期货"的人们来说，现在是重要的。尽管这是真实的，但却是令人相当沮丧的。然而，另一方面同样是正确的，也许约翰·格拉斯沃索的声明有点深奥："如果你不考虑未来，那么，你就不会有未来。"

格拉斯沃索的忠告对我们期货业内人士来说尤为重要，因为这一行业的发展持续不断，其革命性改革引人注目。在我们的行业里，有足够的证据证明：那些不能预期未来，不能为下一步发展做好准备的人很快就会落伍，很难赶上队伍。我们的历史垃圾堆里有很多人忘记这一事实的例子。对于我们的行业来说，思考期货的未来是我们立足和生存的重要因素。

对于如此之多的危险，我们怎样做好应对准备？我们怎样预测那些不能预测的情况？我们怎样在不能控制的因素影响下利用这一令人困惑的竞争目标？我们的指导方针是什么？我们用什么方法预测未来？

哲学家告诉我们，简单地说，未来就是过去的结果，因此，我们应该从回顾中获得指导。正如帕特里克·亨利指出的："我仅有一盏灯，它指引着我的脚步，那是一盏经验之灯。我知道，没有哪种方法能够判断未来，只有过去。"

历史确实具有重复性，所以，过去发生的事对未来事件极具参考价值。但是，这个惯例的道理是否对我们的情况有效？我们的过去能够指导我们的未来吗？答案是令人不安的。在过去的20年中，从短暂的历史角度看，期货市场经历了与人们的理解相悖的巨大变迁。我们最近的革命性经历象征着经济领域为数不多的现象，大多数重要的变化发生在过去10年当中。

我们的市场似乎一夜之间成为金融机制的综合部分，而从远古至今，这些市场仅涉及农业领域。一百多年来，我们的市场严格地局限于有形市场和可以储存的产品，而最近突然摆脱了那些基本要求，一揽子包括鲜活动物、外汇和政府债券在内。过去，我们的市场，它们具有特定的界限，不允许进入被证券预定的领域。而现在，它们硬着头皮跨越分界线，发明了新产品工具，把那些古老的产品分类搞得一塌糊涂。过去，我们的市场，它们与生俱来的权利就是必然要有一个实物交割系统。而现在，它们破解了基因密码，形成了没有交割的产品。过去，我们的市场，它们的领域是如此微不足道，以至1962年的交易量仅为500万张合约。而现在，10年后，其交易量增长了2200%。过去，我们的市场，它们饱受世人鄙视，几乎不受尊重。而现在，它们已经成为金融家庭中不可缺少的成员。过去，我们的市场，它们的优点仅被美国一部分使用者认知。而现在，它们突然吸引了全球大量的金融中心的关注。

老实说，我们能够预期我们的市场将在今后的20年里获得等于或接近过去20年里的期货革命吗？可能还有争议。因此，我担心用帕特里克·亨利的规则，即利用过去预测未来可能不太适合我们的行业。

今后的20年应该是我们的市场走向强大、巩固和成熟的时代。概念的突破和期货革命的创新迫切需要为我们的市场提供开发新领地的时间，并加强市场的新基础，从而使市场的新身份更加成熟。因此，如果把过去20年的期货革命确定为横向发展，那么，今后的20年将是纵深发展，即对20世纪60年代和70年代征服地的资本化。我们已经确定的新方向以及我们已经创造的新发明是值得的，它们将受到我们的全面关注。实际上，如果我们现在不花时间开发过去所付努力的潜能的话，那么，这将是对其不合理的伤害。

现金交割把期货从极为繁重的枷锁束缚中解脱出来，这个束缚就是只要期货存在，它们就不能跨越这堵墙。以现金结算代替实物交割的概念能够使我们考虑一些从未有过的、绝不可能进行期货交易的理念，以及开发无形商品的市场应用性。无疑，这种无限的潜能将会向最为前卫的市场创新者发起挑战。

请允许我在这里说明，如果没有商品期货交易委员会的存在和勇气，这个新时代将永远不会发生。如果没有商品期货交易委员会的帮助的话，现金交割概念将受到顽固的和不理智的限制，而且这种情况可能还会继续。而这个概念非常简单，它是广泛接受的交割合约义务的方法，在其他各个商业领域都是很平常的。正是依靠根植于国会指定的监管机构的智慧所产生的公众信念，现金交割问题才有机会按我们的利益得到解决。正是商品期货交易委员会的长期信用，现金交割制度才得以完成，毫无疑问地作为一个极为重要的成就载入史册。

期货指数掀起的首次波浪只是未来发展的一个先例。指数已经成为各类企业普遍使用的管理工具，它们的应用范围从私营公司到公共部门，从金融到农业，从非常专业的领域到非常综合的领域。当前，合约市场正在讨论开发公司和市政债券指数、保险和运费指数、消费价格指数、农业和农业组成指数、房地产和新车零售指数，还有很多指数，难以一一陈述。有的指数已经存在，并能够与期货机制相融合；有的指数还需要进一步做细致的工作；还有一些指数需要发明创造。然而，由于已经选择和设计了许多指数，所以，几乎不可怀疑的是，许多指数将在近年内接受测试。

在指数期权方面也将做出尝试。很明显，并不是所有的指数都将进行期权交易，有的指数期权运作效果可能比传统的期货工具好，而另一些指数期权在同等运作情况下发挥的作用可能更好。然而，期货交易所交易的期权幽灵产生的影响远远超过指数市场。期权运作机制的本质与传统期货合约如此不同，以致它为我们的市场发展潜力提供了另一个新的空间。与指数交易方式类似，期权的应用范围也是从农业到金融，从非常专业的领域到非常综合的领域。期权将为市场提供过去根本不可能运行的市场应用机制，并将吸引那些从未预想要利用期货经纪人的市场参与者。

我们的新市场并不仅限于指数和期权。期货业的繁荣来自于改革以及对新机遇的快速反应。当需求变得明显之时，我们的市场做出的反应极具预见性和竞争动机，就像世界石油供应突然出现危机导致产生能源期货、布雷顿森林体系崩溃导致产生货币期货那样。每一个新发明都将促进另一个新理念的产生。

并不是一切新合约都会成功。就像过去的失败例子一样，新合约在发展道路上总是面临许多失败。这就是成功和竞争的代价。我们不应该理睬那些对发展感到烦恼的人。市场本身是决定那些理念是否可行的唯一的和最好的因素。有缺陷的产品将很快失败，那些过剩多余的合约难以竞争取胜，那些不能满足市场专门需求的合约将发现其客户很少。市场应该对这些问题做出决定，而不是监管者或行业委员会。我们行业的动态决定了该行业必须持续开发、试验和创新，以应对当前的或未来的需要，即包括真实的和想象当中的需要。

在未来的几年里，期货市场将继续开发能够代表广泛创新以及已经取得进展的新交易合约。在新的年代里，我们将收获过去劳动的果实以及获得当今期货交易量惊人的增长这两个具有重大意义的成就。第一批指数合约系列所导致的交易量高峰，对我们的市场来说，只是交易量巨大突破的一个先兆。最终，指数式的增长结果将把期货市场推向一个难以想象的新水平。

交易量的增长不必有什么定式，也没有必要向国外扩张。我们应该期望一种可选择的增长过程，先在某一部分开始增长，再发展到另一部分。我们也不要期望连年增长，当年的增长总是超过前一年的记录。今后必然要出现价格相对稳定的时期，或是出现世界萧条期，市场对期货的需求减少，伴随着交易量大幅下降。在这个时期，无疑，市场悲观主义者很高兴地坚持认为，我们的行业就要完蛋了。但是，当下一时期市场的不稳定性和价格大幅波动必然出现的时候，这些声音就会寂静下来。这种情形导致一种必然的结论，即那些具有多样性混合产品的交易所将最有可能处于继续繁荣的境况，而那些具有有限产品的合约市场必须记住这一点，否则就要面对其不利后果。

同样，强调农业根源的价值也是很有必要的。我们的国家作为主要粮食生产国的国际作用不能减小，而且世界对农产品的需求也不会减少。同样，这些市场周期性的供应规律也不可能改变。一个时期的供应过剩和较低的期货交易量肯定造成随之而来的相反情况。因此，类似于金融期货，农业期货将经历显著期，而且它们将继续发挥其套期保值机制和投资工具的必要性功能。

伴随着预期的交易量大爆炸，随之而来的将是与之相对应的声望。这象征着金融期货从10年前起步到现在这个革命过程的巅峰。我们的市场从一开始就获得了比最初存在的一百年更高的接受程度和更多的尊重。在未来的年代，我们将目击期货市场取得的伟大成就，即期货市场将登上金融殿堂，与受到极为尊重的金融市场平起平坐。

不幸的是，这种巨大成功也将产生同样严重的问题和危险。政府官僚将增强其为监管权力而进行的内部斗争，国会将要求出台更为强硬的实施政策、更为强硬的监管规则和更为强硬的联邦机构。随着期货市场和证券市场之间的界定越来越模糊，美国证券交易委员会（SEC）和美国商品期货交易委员会（CFTC）将对我们的控制领域（TURFDOM）发生争论，他们的构成和权力部门可能发生巨大改变。并且可能会出现一些丑闻和败笔，肯定也会有新的立法规范。

我们在外部获得的成功，结合内部压力，也将改变我们的整体结构。交易所将变得像规章制度一样，交易行为将更加严格和标准化。会员的资格标准将更高，将更难成为会员，包括经纪人和交易商。尽管现在的公开喊价执行系统能够在可预见的未来生存下去，但是，它将变得更加机械化，受到新技术的挑战。我们目前的分开结算机构的体制可能最终消失，取而代之的是为所有交易所结算的结算中心。要建立一个具有金融完整性的综合机制，恰当地保护全体会员公司，甚至为客户提供全国保险项目。最后，随着美国期货协会成为本行业实力、统一和监管的新生资源，该协会将发挥强有力的核心作用。

　　当前，不同期货和证券交易所之间的互补安排趋势将继续发展，我们也期望某些市场间的合并。当然，大部分纽约市场总有一天会统一。同样，会员公司的合并和收购也将继续发展，导致那些是各个合约市场会员的结算会员的减少。

　　在未来的年代里，当世界各地的期货交易中心把它们列为北美对手的队列时，我们的期货市场就完成了一次漫长的国际旅程。很明显，伦敦国际金融期货交易所拥有欧洲市场的主导地位，而新加坡、悉尼和香港代表着东南亚市场。当然，有那么一天，期货市场将来到日本。最重要的是，我们最终能够意识到，期货交易将是 24 小时全天候交易。期货交易的参与者不仅是那些来自全球各个角落的机构投资者和个人投资者，而且，我们的市场最终将有一个单一的对冲体系。

　　因此，期货的未来是乐观的、无虑的和具有挑战性的。如果新年代没有上一个年代更为引人注目的话，那么，我们只能责备过去的成功。同时，我们要对我们发起的期货革命及其圆满的成功为我们带来的新范围、新视角、新力量和非凡潜力表示谢意。

　　这些预言与我对市场所有的预测一样具有同样的限制：它们只有在无效作废之前才是好的，而且，一般在 30 秒内有效。

金融期货与银行

受邀在来自世界各地的银行、银行家、政府高级官员参加的,颇具声望的国际货币年会上演讲,不仅仅是一种荣耀,它清楚地证明,金融期货将获准进入金融和银行业、成为迈向其主营业务的第一重要步骤。在我们走向获得社会认知和接受的旅程上,这一事件象征着一个重要的里程碑。除此之外。这一事件还为我们宣传我们的产品提供了受欢迎的机会。这一时刻不需要畏缩或羞怯。

> 在国际货币会议上的演讲,中国香港,1985年6月2日。

作为美国期货业代表,我非常荣幸地参加国际货币会议。这是期货业第一次被你们列入颇具声望的会议日程中。这并不值得奇怪,因为在你们的领域中,我们的历史一直都很短暂。在我们的交易所开始上市期货合约之前,期货市场并不是每个银行家都喜欢的。金融期货,始于芝加哥商品交易所国际货币市场的外汇合约,那只是13年前的事。从银行业的角度看,我们的生命期相当短。

近年来,我们的市场受到的关注以及你们对它们的认可,是我们的市场爆炸性增长的结果。1972年之前,期货交易由美国主导,在那里有12个以农产品为基础的交易所,交易量高达1800万张合约。12年之后,就在国际货币市场,仅外币交易量就达到1400万张合约。1984年,美国期货交易总量达到1.59亿张合约,其中70%以上是金融工具的交易量,代表了成千上万亿的美元成交额。尽管金融期货和期权的概念在美国基本上获得成功,但是,世界各地的许多金融中心仍在对其进行着探索。实际上,这类市场在伦敦、巴黎、新加坡、中国香港、悉尼、蒙特利尔、多伦多，现在在东京，已经建立或正在考虑之中。

我要强调的是那些直接关系我们期货市场繁荣的银行业所发生的引人注目的明显变化。第一，不能夸大金融资产的流动价值。在商业行业中，你总想尽可能地长期持有贷款。我们的市场对这种需求的反应是灵敏的。第二，在当前多变的环境中保持金融安全的能力主要取决于是否能够对风险进行套期保值。我们的市场提供这种重要服务。第三，当代银行为了在市场上进行竞争，必须有能力为其客户提供全方位的服务。为了做到这一点，当今银行需要为那些曾经很奇特的金融交易策略创造价格和价格结构。期货和期权市场提供了有助于银行获取这种能力的运行机制。

在过去几年里，期货交易爆炸性地增长主要归因于人们能够把金融期货清楚地看成是一种有效的风险管理工具。因此，有必要了解这些新的市场工具的重要特征以及它们与众多传统市场机制的区别。

与相关的现货市场或远期市场相比，期货市场提供更为可靠的价格信息。例如，远期市场常常被有选择的交割期和交割地点分割，价格信息不易公开，尤其不易被非专业人士获得。另一方面，期货合约对同类产品进行规范，指定单一的交割结算期。这种标准化设计允许第三方交换合约，减少确定买方和卖方的搜寻成本，很容易获取期货行情。而且，期货市场的报价是现货商品价格加上持有成本（通常情况下是固有利息费用）。这一组合价格不能直接从现货市场报价中获得。

标准化最重要的方面就是依靠套期保值者和投机者的参与度而形成流动性。有效的流动性可以大幅降低交易成本，使商业交易的执行更为有效，效益也更大。为了亲自体验有效的流动性或是缺少流动性对价格产生的不同影响，在期货市场当天交易结束后，我们可以考察外汇市场的买卖价差。期货交易正在进行时的买卖价差比市场收市时的价差大一半。而且，所有的交易者都会告诉你，在流行的价差条件下，期货交易期间形成的可能交易规模比后期交易规模大得多。

期货交易可以简化复杂的交易过程，而且不用与其他银行一起消耗有价值的信用额度。我们可以考虑一个相对简单的问题，即为客户提供远期价格或远期汇率。例如，假定你的客户要在 9 月份借贷，3 个月后还贷。如果你按今天的固定汇率报价，那么，你必将暴露利率风险。如果不用期货交易规避风险的话，那么，你就必须在远期市场上做两笔交易，即9月借出，12月借入。另一方面，如果采用期货交易的话，一笔交易就是够了，即卖出9月份结算的3个月期欧洲美元期货合约。为了在9月份之前打开这个操作，在远期市场上唯一的了结方法就是再做两份合约，这样，在银行的账目上留下4笔远期部位。如果利用期货市场的话，你只需要买入9月份欧洲美元期货合约平掉你的持有部位，这样你就可以离开市场，而在银行账单上没有任何记录。

期货交易的另一个显著优点来自于期货合约的清算方式。一旦一手交易经过配对，并经过交易双方确认之后，期货交易所就处于代表交易者的两个清算会员之间。其结果：即使期货合约的买方可能从很多不同的卖方那里买进期货合约，但是，他只需要和他的经纪人打交道。而他的经纪人也只需要同交易所联系，或者直接联系，或者通过其清算公司间接联系。这种经济制度的安排清楚明了。在远期市场上，你必须知道众多的交易伙伴在所有时期的信用度。而在期货市场上，虽然你仍然要关注信用度，但是，你只需要把注意力集中在两个机构上，即代表你、作为你的经纪人的公司以及交易所的结算部门。

期货交易的一个重要方面就是很少有人称颂的"逐日盯市"，即所有未平仓部位的盈亏在每个交易日结束时以现金结算。每日结算盈亏是有效的管理工具。我们都熟悉那些或是由于管理问题，或是由于外部审计员和投资者问题（或二者兼有），使现货交易酿成秘密亏损，从而导致银行破产的历史。尽管在期货市场交易也可能损失大量资金，但是，由于亏损是每日结算的，所以，这些亏损难以保密，也难以无限扩大。追加资金用于满足变动保证金要求是警告银行审计员、银行交易员管理的一种有效方法。

期货交易还有另一个方面，即为全球风险管理所提供的机会，也就是说，为银行提供进行全天候24小时业务的机会。我们的重要贡献在于：我们已经与新加坡国际金融交易所（SIMEX）建立了允许双向对冲的联网交易。期货交易中的一个最大实力就是其对冲部位的功能，即允许卖出交易完全对冲先前的买进交易（反之亦然），在你的账户上结清这些交易。我们通过与新加坡国际金融交易所联网交易，现在已经把这项功能扩展到了美国和亚洲这两个广泛的时区。通过双向对冲，在美国芝加哥商品交易所国际货币市场的开仓部位可以通过在新加坡国际金融交易所持有相同数量、相反交易方向的交易部位得到全部对冲。

为了阐明银行如何更好地应用期货和期权，让我们再考虑一下流动性问题。你的财务经理很自然地在两个目标间选择：第一个目标就是使银行避免暴露利率风险，第二个目标就是尽可能长地使用银行资金。在没有期货的条件下，这两个目标是相互抵触的。有了期货交易，这两个目标均可实现，因为利率风险能够从资金来源中分离出来。例如，对于一个5年期的资金来说，如果你认为该部位的风险太高，那么，你可以买进你需要的任何期货合约对冲这一部位。正如我以前所提到的，用期货交易解决这方面的问题效果特别好，因为你不必消耗有价值的信用额度。

利率期权会使你的生活更轻松。大多数银行愿意持有利率部位，但是，你对利率变化方向并没有绝对把握。而且，在多数情况下，你会强烈地感觉到存在着相当大的不确定性。在这种情况下，期权就是理想的交易工具了。如果已经知道了成本，银行就能够在预计的利率方向上持有所需要的大量交易部位，同时又能避免因猜错利率方向而造成的巨额损失。因为期权与期货共享基础资产，不会使资产负债表膨胀，所以，财务经理的交易时间就更具灵活性。他不再需要关注政策变化对信用额度能力地影响了。

在提供金融服务方面，期货和期权交易有助于提高银行竞争力。例如，如果你想为一个客户指导一项企业联合组织的大额贷款，而该客户也可以以有利的利率水平发行企业债券。你怎样竞争呢？答案在于你的客户的商业复杂性质。同其他证券市场类似，企业债券市场具有很好的标准条款和合约，可以应对标准化的工具，然而，对于大多数客户来说，这些条款几乎不能满足要求。因此，作为银行来说，你们处于建立金融安排的地位，而这些金融安排对你们的客户来说是理想的，但是，这样做却使传统形式的企业债券销路不好。例如，银行可以公布一个为既有利率水平提供的可变更的建筑项目计划。你可以通过运用利率期货或期权，从而避免为银行带来风险。

交易所交易期货和期权的特征使其最适合银行使用。我们的期货和期权合约高度标准化,一年只到期4次。其结果,使交易只集中于一些合约,而且这些合约都具有很好的流动性。然而,有效运用这个市场还是需要技巧和理解的。用这些标准化工具满足商业领域的需要仍要求更多的专业技能。这就是银行为其找到适合位置的地方。他们知道其客户的特殊金融需要,并且能够提供高度的流动性,专门使期货和期权市场更紧密地满足客户需要。因此,银行将处于期货和期权市场与其客户之间。提供这种服务的银行将获得相当大的报酬,而那些不提供这种服务的银行将得不到任何奖赏。

金融期货和期权市场的快速成长归因于它们满足了市场需求这个简单的事实。在这个经受风险困扰,因而要求套期保值和风险转移机制的领域里,在这个流动性是通向成功的唯一的和最为重要的因素的领域里,在这个全方位服务是竞争明确无误的要素的领域里,期货和期权既不是一个愚蠢的幻想,也不是一个吸引人的奢侈品。它们是银行家专业知识库中强制性的实用工具,只有很好地使用它们,银行家才能具有良好的竞争力和实力地位。

回家

我很荣幸地作为嘉宾参加在大阪证券交易所进行的日经225股票指数合约的开业仪式。日本在发展股票指数期货合约方面进展很快，并且得到国家对该交易的认可。这些有效的行动证明，金融期货在金融界留下了永久的烙印。

我们成功地向远东地区推广金融期货知识的战略已经得到证实，全球化最终使日本向全世界开放其金融市场也得到证实。在不远的将来，这意味着从日本到芝加哥的金融期货业务将不断增长。随着期货行业学习和掌握期货交易技能的增长，金融期货市场的应用也将随之增长。

日本股票指数期货的产生还有另一个有意思的方面，即东京与大阪之间的竞争与美国的金融市场发展历史类似。就像纽约股票交易所试图通过创立纽约股票交易复合指数夺取对芝加哥产品线的控制权一样，东京股票交易所试图通过建立东京价格指数合约控制大阪。芝加哥商品交易所把宝押在了日经指数和芝加哥的姐妹城——大阪身上。

> 在日本大阪证券交易所关于日经225股票指数研讨会上的演讲，日本大阪，1988年9月2日。

美国有一句老话："风水轮流转。"无疑，日本也有类似的格言，因为没有任何文化或语言可以垄断格言。最先说出这个格言的智者肯定早就有预见性。期货市场，围绕着地球从一个国家发展到另一个国家，大概就要回到它的故乡日本了。早在江户时代（1600—1867年），在国家粮食基地大阪，封建君主建立了储存仓库，销售那些从农民那里作为土地税征收的大米。为了防止自己的粮食价格在丰收时期大幅度波动，这些商人在1730年建立了第一个有组织的期货交易所。这就使他们能够对大米的价格风险进行套期保值，并且有助于大阪成为那个年代日本最大的商业城市。

从历史发展看，期货市场在这一特殊时刻回到日本也是非常合适的。今天，日本是世界上的重要资本资源，拥有世界上最大的银行、最大的保险公司和最大的经纪公司。日本公司在世界上所有工业国中拥有最大的市场价值。根据资本化程度划分，其东京股票交易所是世界上最大的交易所。在这个金融环境中，如果日本没有像其他的金融中心一样为其金融机构和投资行业提供同样的金融风险管理工具的话，那么，它的目光就太短浅了。

围绕世界漫步200年后，期货市场又回到日本，但是，与祖先发明的那个市场在形式上有所不同。今天的期货市场不像以前那样以农业为基础，而是具有一定的金融基础。今天的期货市场不是以大米作为主要的交易工具，而是就要开始股票指数交易了。今天的期货市场不再使用过去的手写票据了，而是用计算机屏幕作为交易介质。与200年前相同的是，期货市场的核心目标没有变，即为商业企业提供一个能够对远期价格风险进行套期保值的保险市场。

在期货市场"回家"的除夕，非常重要的是简要地回顾一下期货市场在环球旅行中建立的那些值得注目的里程碑，强调一下我们所学到的经验和教训，并展望一下未来的美好前景。

差不多20年前，期货市场在美国大陆发生了极为重要的变迁。就在1972年的芝加哥，期货市场的性质和命运发生了巨大变化。就在芝加哥，国际货币市场在芝加哥商品交易所诞生了，从此开始了金融期货交易的时代。实际上，在货币期货上市交易之前，国际货币市场经历了漫长的农业期货市场革命化的历史道路，给予期货市场全新的发展方向和无限的发展潜力。这一重大事件在金融年史上被认为是如此明显的信号，以致于芝加哥大学把它称为："近20年来最为重要的金融创新。"

起始于货币的金融革命很快扩展到利率，培育着现金结算的概念。10年后，现金结算成为指数产品，最为重要的是，它成为股票指数期货的主要通道。今天，芝加哥商品交易所的标准普尔500（S&P500）期货合约不仅在世界上是最成功的股票指数期货合约，而且是美国投资组合经理人不可或缺的交易工具，这也是一个日本政府没有关注到的事实。

实际上，今年 5 月，日本国会已经明智地意识到，建立一个为大量的股票组合风险提供套期保值的地方市场的理念已经应运而生了。结果，两个市场将要诞生。在那个期货市场诞生的城市，大阪证券交易所将开始日经 225 股票指数合约的期货交易。在东京，东京股票交易所将开始其新的东京价格指数合约（TOPIX）交易。

对于芝加哥商品交易所来说，这一时刻具有非常特殊的意义。我们不仅发起了金融期货，我们不仅开发了现金结算的股票指数期货，而且，我们是第一个认可日本股票市场在全球资产市场上的潜力的交易所。1985 年，我们与你们国家的大型通信机构——日本经济新闻签署了共同合作开发日经 225 指数期货工具的协议。对我们来说，这是非常清楚的。作为日本期货市场业绩表现的基本指标，日经 225 股票指数有着悠久历史。自从 1949 年东京股票交易所在第二次世界大战后重新开张起，这个基本指标就一直沿用着。日经指数已经被公认为是可接受的、用于衡量日本股票投资组合业绩表现的世界指标。为了我们双方的目标，日本经济新闻和芝加哥商品交易所鼓励新加坡国际货币交易所上市日经 225 股指期货交易，并帮助其于 1986 年 9 月 3 日开始上市交易。1987 年 5 月 6 日，我们非常欣喜地得知，大阪证券交易所开发了大阪股票期货指数 50（OSF50），成为日本第一个上市股票指数期货的交易所。非常有意义的是，大阪股票期货指数 50 是专门为与日经 225 股指期货交易建立紧密联系而设计的。

远东时区具有特殊的重要意义。美国股票市场曾经是世界上最大的股票市场，而现在，日本的市场份额占世界的 40%。因此，直到新加坡国际货币交易所开始交易日经 225 股指期货合约为止，股票投资的重要组成部分迷失了，没有任何交易工具能够使投资组合经理有效地对大量的日本股票投资组合风险进行套期保值。从今秋开始，日本的货币经理人也将具有这种能力了。日本将有两个股票指数期货市场，即日经 225 和东京价格指数合约市场，都将提供良性竞争环境，培育两个市场间的套利交易。由于指数的设计计算方法不同（东京价格指数合约是价值权重，而日经 225 是价格权重），所以两个合约之间的价差波动将持续存在。这种价差通过为两个市场提供流动性而创造了非常重要的交易机会。

对日本来说，股票指数期货的上市不仅仅是一个经济历史事件，它象征着期货市场作为一个不可缺少的现代风险管理工具已经为人们完全接受。实际上,尽管一些人对股票指数期货的好处表示怀疑,还有一些人公开地批评股票指数期货,但是,日本国会正确地认识到,所有这些消极看法都是没有依据的,也是没有意义的。10年前,大型银行和股票交易所的存在是金融中心城市的标志。今天,全球投资者逐渐开始依靠股票指数和其他金融合约,甚至于人们公认,真正的金融中心还必须有期货交易所的存在。如果这个城市没有期货交易所的话,那么,当日资本金就会自由地流向其他城市。

这一趋势非常普遍,且具有世界性。大阪和东京成为期货市场全球大家庭的成员。期货市场的中心轴线在芝加哥,而其他主要的金融中心已经建立或计划建立期货交易所。在亚洲时区,有中国香港期货交易所和新加坡国际货币交易所,日本股票交易所的日元债券期货已成为世界上最活跃的期货合约。在你们的近邻南半球,有茁壮成长、成功运行的悉尼期货交易所和新西兰期货交易所。在欧洲,伦敦国际金融期货交易所是最早的开拓者,现在,在法国,法国国际期货交易所(Le MATIF)的政府债券期货合约已经成为世界上第三大期货合约了。阿姆斯特丹有欧洲期权交易所,斯德哥尔摩有瑞典期货期权交易所,日内瓦有瑞士期权和金融期货交易所。赫尔辛基最近建立了芬兰期权交易所,而都柏林有计划建立一家或多家期货交易所。德国也有计划在法兰克福建立期货市场。在北美的多伦多期货交易所,其多伦多35指数合约交易正在繁荣发展。在南美,有里约热内卢的巴西期货交易所和圣保罗的巴西商品交易所。

最后,由于对我们的市场产生最大影响的就是全球化,所以,我们可以有把握地假定,全球化将对我们市场的命运产生重大的直接影响。实际上,最近,库珀和利布拉德研究的《24小时全球市场的机遇和风险》认为:

全球金融市场是许多世界领先的银行、保险公司、货币经理人和证券公司面临的现实,而全天候的24小时进入市场交易也是不可避免的趋势。随着经济增长对资本资源需求的发展以及放松管制和技术进步的支撑,全球市场的建立已经箭在弦上。

早在 4 年前，芝加哥商品交易所就认识到这一现实，它同新加坡国际货币交易所建立了双向对冲联网交易机制。这是第一个把不同时区的两个不同市场的交易能力成功地联系在一起的案例，它成为其他交易所纷纷效仿的典范。该尝试使世界向全天候 24 小时交易迈出了第一步，证明了世界市场可以安全有效地联网交易。1984 年 12 月，波士顿股票交易所和蒙特利尔交易所建立了电脑联网交易，加拿大用户可以直接将交易订单传到波士顿的交易大厅。1985 年 9 月，美国股票交易所和多伦多股票交易所为双边上市股票建立了"双通道"交易联网系统。最近，纳斯达克正在与国际股票交易所的股票交易所自动报价（SEAQ）系统联网。纳斯达克现在运行的另一个联网交易所是新加坡股票交易所。

最近，芝加哥商品交易所为了满足全球化需要，选择了与众不同的应对措施。实际上，我们的应对措施已经被认为是期货交易发展过程中的革命性里程碑。我们已经与世界最重要的通信公司——路透社开发了全球自动化电子交易系统。

芝加哥商品交易所深信，这个全新的概念包括未来世界的运行方式。我们已经邀请各个金融中心都来参与。我们专门邀请了日本金融界作为合作伙伴，与我们一起开发这个勇敢且具有深远意义的未来计划。在友谊和亲密关系的基础上，我们欢迎你们加入我们的全球期货业。尽管日本期货市场的最终价值只有在多年之后才能衡量，但是，当前我们庆祝的现实意义就是：17 世纪在此起源的期货市场现在又"回家"了。

第三部分　期货——功能和潜力

在国际货币市场将要诞生的岁月里,我在美国各地来往穿梭几十次。在其后的年代里,为了解释我们的新观念、新原理、新功能和发展潜力,我又在美国各地走过数百次。我就像福音传道士那样传播着全新的宗教福音,沉迷于理想和希望。我接受每一次演讲的机会。

可以说,我对将要发生变革的领域非常熟悉,它所呈现的巨大潜力听起来像是事后夸张,但是,历史记载可以证明我们不是事后诸葛。尽管那时我们没有鲁莽地虚张声势,预测最终的结果,但是,我依然大胆地在第一份国际货币市场年报中写道:

1972年5月16日,国际货币市场开业是在创新时代来临时刻建立第一个有组织的商品交易所的革命性步伐……我们相信,国际货币市场领域比单独的货币期货范围更大,因此,我们希望引入更多与货币有直接关系、并能补充货币期货经济效果的其他合约和商品。

说起容易做起难。证明金融期货的成功花了10年的大好时光。传播我们的理念需要坚定的信念和不屈不挠的热情。革命性的创新需要无数会员的努力,需要工作人员与交易所官员的卓越能力和奉献精神,还需要数以千计的专业人员和业余人员的睿智与热情。在这个进程中,我们接触到了全部的机构官僚。我们会见了美国政府和国外最高级别的官员;我们会见了参议员和众议员;我们会见了国内和国际官僚;我们见到了来自世界各地的各个区域市场的各类市场官员;我们会见了学院院士、教授、作者、经济学家和记者;我们会见了商业人员、公司经理、银行家、货币经理、外汇交易商、经纪自营商、证券分析师、大额交易商、保险公司的官员、养老金和共同基金经理人;在无休止的采访和新闻介绍中,我们会见了无数的媒体人员。

　　我们还面临许多地方的、国家的以及国际的问题，一些问题与我们的期货市场直接相关，而另一些问题与我们只是沾点边儿。很多情况下，这些问题与那些只是最近才浮现出来、影响我们领域的流行主题有关。在某些情况下，有些主题常年不断地环绕在我们周围，它们具有持续影响我们市场的性质。无论在哪种情况下，这些问题都要求我们给予关注，都要求我们给予必要的思考，赋予耐心和时间，还需要我们制定出与我们的长期策略相一致的行动计划。如果我们无视这些问题的话，那么，它们就会引发其他问题、其他的文章或其他的言证。

芝加哥的期货市场

支持在芝加哥建立期货市场，在很大程度上意味着来自该城市银行业的坚定支持。因为在大多数的城市中心，银行在芝加哥的决策过程中起重要作用。因此，我们有义务把期货市场对该城市的价值告诉银行和银行家们。

幸运的是，我们可以讲述一个完美的故事，即我们的市场对于银行的重要性，正如银行对于我们未来的发展一样重要。进一步说，芝加哥银行和期货市场间的关系由来已久。几十年来，芝加哥银行得益于交易所的保证金资金和结算会员的清算业务。随着我们的成长，那些保证金资金也增加了。对银行来说，具有特殊价值的是那些可以赚钱的农产品套期保值业务以及那些与期货相关联的实物交割业务。因此，芝加哥银行比世界上的其他银行更了解期货市场。

在国际货币市场形成的日子里，历史的友谊更具重要作用。尽管纽约银行在总体上忽视我们创新的金融期货，但是，芝加哥银行不仅理解货币期货的功能，而且非常支持发展货币期货。时任哈里斯银行和信托公司的副总裁、首席经济学家、1985年任里根总统的经济顾问委员会主席的贝里尔·W. 斯普林可尔博士就是国际货币市场最初的董事会董事。同样，时任芝加哥第一国民银行副主席的 A. 罗伯特·阿布德也是国际货币市场最初的董事会董事。芝加哥伊利诺伊大陆国家银行和信托公司是当时芝加哥最大的银行，它承担了作为国际货币市场外币交收结算机构的职责。如果没有交收结算机构的话，国际货币市场将不能启动运行。

> 在由芝加哥第一国民银行和芝加哥工商联合会主办的芝加哥作为国际金融中心大会上的演讲，伊利诺伊州，芝加哥，1976年7月12日。

期货市场和芝加哥已经成为同义词了，80%的期货合约是在芝加哥交易的。因此，要讨论芝加哥作为国际金融中心的问题，如果不讨论期货市场的作用的话，那将是一件困难的事情。在过去的10年里，期货不仅成为世界商业的重要组成部分，而且还成为芝加哥的主导产业之一。芝加哥期货交易所毫无疑问是世界上最大的期货交易所，芝加哥商品交易所紧随其后，排行第二，是世界公认的期货市场的创新先导，而国际货币市场明显是金融工具发展最快的世界市场。

期货市场是一个年产值6000亿美元的产业。这个统计数据是基于每手合约的美元价值得出的。然而，由于绝大多数期货合约并不以交割了结，而只是交易者之间的风险转移过程，所以，累加的美元价值给人以错觉。尽管如此，数据还是有价值的。当你考虑到1965年美国成交的期货合约总价值只有890亿美元时，该统计数据就变得非常重要了。在过去10年里，美国的期货合约交易量已经从1965年的640万张增长到1975年的3220万张，增长了400%。

芝加哥的此项交易活动的经济影响是深刻的。芝加哥的交易所及其会员公司租用的办公空间超过100万平方英尺，交易所每年支付的房地产税超过200万美元，交易所雇员的年薪水总额大约为500万美元，交易所的会员公司的雇员接近1.1万人，年薪水总额在1.25亿美元到1.5亿美元之间。1975年，交易所在芝加哥各主要银行的保证金沉淀每天平均为5.07亿美元，而会员公司和客户在芝加哥银行的资金沉淀总额可以轻松地超过15亿美元。

尽管上述数据令人印象深刻，但是，你还必须考虑这些数据对芝加哥商业企业的直接影响，这样才能评估它们的全部价值，例如仅仅抓住由期货交易产生的许多相关银行业务行为中的一个重要方面，计算每年支付给芝加哥银行作为获得贷款进行期货市场套期保值或期货合约交割的利息。这只是期货交易所带给芝加哥的众多直接的商业好处中的一个方面，其他的例子还包括我们的会员为周边行业提供的投资资金，我们的会员利用周边的服务业，利用银行服务业，相关的人力雇员、律师、会计等等。实际上，对期货交易所及其会员为该城市产生的直接利益进行全面分析后，很容易把我们置身于承担芝加哥持续繁荣责任的各类产业的首要位置。

尽管上述直接的和相关的商业影响很重要,但是,我们还是要评估一下我们这个产业带给芝加哥的金融生产力。芝加哥是雇主,为那些看不见的商业行为提供服务,因为它是期货业的重心。然而,由于这些企业都是无形的,难以捉摸的,所以,对它们进行衡量相当困难。而它们的利益却是真实的、有意义的。当公司、客户、资金都已经客观存在的时候,我们可以考虑一下商业行为的发生与期货的关系。例如,一个房地产开发商或者是一家保险公司,甚至是一家餐馆的老板,都会在芝加哥开店,原因可能很简单,就是因为投资者住在那里。试想一下由这种新的商业行为产生的不可避免的连锁反应,想一下将被创造出来的工作机会。而且,上述期货市场使芝加哥成为有吸引力的商业中心的间接作用既明显又重要,我们的市场和作为国际金融中心的芝加哥之间的直接联系也已经考虑到了。

农业在国际上已经具有相当的重要性,农产品成为我国最大的出口产品之一。但是,如果没有期货市场的话,美国农业就不能有效地发挥作用(如果它能完全发挥作用的话)。美国的农业生产力是世界上其他国家的楷模,并让人羡慕,期货市场是这个奇妙复合体的一部分。我们国家的商品从源头到消费的过程中,期货市场实质上为生产商、仓储商、屠宰商、谷物仓库经理、包装商、批发商和银行家提供了为数不多的、范围广泛的保险成本或利润工具。这就是期货市场的基本作用,它成为任何市场体系成功的重要因素。生产者或是那些站在自身位置的人,通过套期保值转移风险的能力,构成了美国农业体系与其他国家农业体系的区别。

价格保险的需求已经随着价格波动的增长和世界对我们产品需求的增长直接成比例地显著增长。套期保值机制这一独特的期货市场工具对于农业已是必不可少的了。因此,芝加哥期货交易所的谷物合约和芝加哥商品交易所的生猪、活牛合约与这些商品及其副产品的现货市场的成功是分不开的。

我们的交易所还在另外一个方面直接影响芝加哥成为国际金融中心。对芝加哥未来发展更具重要意义的是我们的金融期货合约,它比任何过去讨论过的发展项目都重要。芝加哥向来以其创新精神著称。芝加哥商品交易所的国际货币市场恰恰在这里诞生,它是世界上重要的期货交易所发展具有金融工具的期货市场的首次尝试。在不到 5 年后的今天,这个观念已经扎根并广泛扩展。人们普遍认识到，价格保险对金融的益处，就像对农业一样。国际货币市场骄傲地进行着活跃的外汇和黄金期货合约交易，而芝加哥期货交易所拥有活跃的白银期货合约交易。

最近，受利率增长波动的影响，国际货币市场开始交易美国财政部发行的国库券期货，而芝加哥期货交易所开始进行政府国民抵押协会债券期货交易。这两个利率市场都证明金融界已经热情地接受了这个观念。我们可以考虑一下这些利率市场的巨大潜力：美国每天与利率波动相关的美元交易额；国库券和债券的现值；定期存单、抵押证书、主要商业票据、银行承兑汇票、联邦基金和欧洲美元的现值。即使只是这一现值的一小部分被转换为期货市场的交易，那么，它对芝加哥作为国际金融中心产生的积极影响都是势不可挡的。实际上，仅欧洲美元市场的潜力就足够使国际货币市场成为世界短期利率交易的中心。

现在很清楚，我们的行业及其会员应该为其对芝加哥的贡献而自豪，他们的所作所为恰恰是致力于将芝加哥变成重要的国际金融中心城市。

食品价格危机

20世纪70年代早期的美国食品价格危机在狭义上可以看成是金融市场历史上意义很小的独特现象或罕见现象。该现象产生的自身原因具有很小的历史关联性,然而,它却具有较深的意义。政治和经济对价格升高后果的反应与行动是意义深远的事件,也是美国政治经济体系运行方式的明确象征。它证明,我们的总体自由市场,特别是期货市场的空洞无力的信誉。同样,对于我们的金融市场或美国经济来说,类似的问题也在不断地重复上演。

1992年,关于美国贸易缺口和保护主义以及日本盛行的综合征(封闭状况)的争论,就是对我们的市场导向经济制度在某种程度上的不信任。它把那些引起20年前激烈争论的相同问题再次提起,这些问题随后导致可怕的经济后果。简单地把1973年价格控制的需求变成今天公平贸易的需求,似乎是一种似曾相识的感觉。苏联试图控制其经济进程长达70年,苏维埃社会主义共和国联邦现在已经成为历史。我们会像圣塔亚那①所说的那样注定重复我们过去的错误吗?

> 面对那些批评期货市场引起20世纪70年代早期价格陡升的消费者团体进行的演讲,伊利诺伊州,芝加哥,1973年7月。

关于最近食品价格上涨的很多说法和文章都是歪曲的、断章取义的,或是政治性的花言巧语,我们还没有找到食品价格上涨的真正原因,我们还不能恰当地解释它们。

例如,赞扬家庭主妇的力量就好像是一种新发明,可以与轮子的发现

---

① 译者注:佐治·圣塔亚那是美国古典哲学家,其经典格言为:"未能汲取历史教训的人,注定要重蹈覆辙。"

相媲美。事实表明，消费价格阻力是市场由来已久的武器，它与市场本身一样源远流长。自远古时代以来直到今天，人类都在控制供应与需求之间的平衡。每种商品迟早都有可能面对消费者的价格阻力，此时，供应将开始超过需求。

除了健康运行方面的考虑以外，消费者价格阻力在影响给定商品价格方面仅次于供应。现在的经济抵制既不是妇女解放运动的延伸，也不是1973年的发明，更不是报刊赋予其尊严的结果。这种对重要的、正常的经济作用的美化，无疑将加剧消费者与生产者之间的对立，也将减少经济抵制集团与反经济抵制集团之间的战事，因此，将进一步扭曲供求现状，伤害我们的经济。

然而，一个更为严重的问题是，我们的政治领导人不负责任地应对目前这种进退两难的困境。他们好像在乐队花车上带着大众化的感情跳着喊道："总统失误了"、"让价格回调"之类的话。这样的口号可能会赢得选票，但是没有任何意义。能够勇敢地解释问题真相的领导人在哪里？我们的政府官员在哪里？他们能够指出当前的危机是包括恶劣天气、过去价格过低、利润太小以及对肉类需求猛增等诸多重要因素集中造成的吗？实际上，消费者的收入花费于牛肉的百分比在历史上为2.5%~2.6%，今年1、2月份上升至3.2%。更为明显的是，1972年每人食用的牛肉比20年前增加了87%。产生该结果的原因是工资提高，就业增加，饮食习惯改变以及政府食品计划。

这些领导人是否愿意给出解释，在上述的因素中，一些是永久性因素，一些是周期性因素，还有一些是暂时性因素。他们是否愿意解释，其中一个主要原因是伴随着国外通货膨胀和增长的国际影响，已经使美元贬值。他们是否愿意解释，在国外增加进口我们的产品过程中，这些效应产生了额外的资金以及可支配收入。他们是否愿意解释，美国食品，如谷物和肉类，对他们来说是最好的讨价还价条件。他们是否愿意解释，我们的政府鼓励促成这种结果，为的是帮助我们实现支付平衡。他们是否愿意解释，这种原因及其产生的效应是持续性的，因为你不能持有商品，也不能把它们吃掉。

最后，也是最为重要的，为什么没有人指出我们的食品是如此廉价这样一个事实呢？是的，我说的是廉价货。最近几个月的食品价格确实增长很快，与其他产品的增长不成比例。去年的肉价确实已经增长到最高点。举几个极端的例子，仅仅在过去的 12 个月中，鸡蛋价格上涨 39%，土豆价格上涨 33%，熏肉价格上涨 22%，猪排价格上涨 18%，汉堡包价格上涨 13%，牛腿肉价格上涨 11%，牛腰肉价格上涨 9%。

农产品价格不能以周、月甚至年衡量。农产品价格的上升和下降受众多复杂因素的影响，导致供求关系持续、激烈地变化。在任何给定的时刻或在给定的年份内，价格的涨跌变化很大（吸引公众格外关注价格变化），但是，仅就此时此刻或此时间段判断这种价格涨跌，那是不公平的。为了恰当、公平地判断农产品价格，你必须长期观察它们，比如说 10 年或 20 年。只有这样，你才能在考虑所有的变量因素、周期性因素以及调整因素的基础上，评估其成本增长。

是否有人解释过，尽管食品价格大幅上涨，但是，它们还是远远落后于其他重要消费商品价格的增长？尽管在过去的 20 年里，所有消费项目的价格增长了 58%，住房价格增长了 64%。但是，从 1952 年以来，零售食品价格仅上涨了 47%，家用食品价格的增长不到 40%。事实上，在过去的几年里，食品价格一直在尽力追赶其他消费商品的价格。即使食品价格增长 40%（比其他消费项目涨价低 18%），这也不是事情的全部。我们的平均食品消费只占 1952 年税后可支配收入的 23%，只占 1972 年税后可支配收入的 15.7%，1973 年甚至会更低。进一步说，以代表性家庭年消耗美国农产品表示，食品市场的零售成本在过去 20 年的增长不会超过 33%。

有很多文章写的是为什么我们有丰富的食品供给，但是，也许这些文章写得还不够。食品供给成功的决定性原因来源于由供给需求和利润驱动引导的自由企业体系。价格和市场控制、最高限价和 5 年计划（就像某些人已经提出的那样）已经在世界其他角落（包括这里）开始试行，并产生了灾难性后果。我们仍旧是唯一的食品生产规模大于本国消费水平的国家。其主要原因是我们实行自由的经济制度。如果我们对其乱修乱补，那么，我们肯定会破坏它。

我们还听到一些不实之词，我们已经听到一些要求，即要求政府对现行系统实施更多的管制，要求我们把价格返回昔日水平，要求我们建立一些神奇的官僚政治，引导和保护我们的生产机构，而不是让这些生产机构像以前那样，或是像世界经济状况显示的那样自己调整自己。有些人说，这些陈旧的成功方式在现代社会并不好用，所以，让我们采用其他国家不成功的政策。如果走那条路的话，我们可以预见，与那些国家取得的后果一样，我们很快也会缺少同样的商品。尽管市场管制、最高限价，还有一些听起来好听的其他说法，但是，它们在许多基本点上是错误的：

价格管制不是影响产生问题的基本原因。价格上涨主要归结于供应短缺，或者换一种说法，需求超过供给。增加供给或者减少需求是降低价格的唯一手段。价格管制不可能增加供给或者降低需求。

价格管制，适得其反。对于生产者来说，价格管制使他们产生这样的心理，即无论他为提高产品质量做了多少努力，他也不能获得更好的价格；无论他工作得多么努力，无论他为生产更多产品花了多少钱，他的潜在单位利润都是一样的。因此，价格管制限制了生产者生产更多、更好的产品的积极性。对于消费者来说，价格管制使他们产生这样的心理：即无论他购买多少产品，价格也不会上升，也不可能下降，因此，他对于这种产品的需求没有理由减少；而事实上，需求上升了，通过最终分析，价格管制的结果总是发生短缺危机。

价格管制产生很危险的政治心理和公众心理。就像镇静剂那样，价格管制给人的感觉是问题已经解决了，因此没有人关注产生问题的重要原因。更糟的是事情经常并非如此，这种心理直接导致产生那些恶化基本问题的项目出台和态度发生。

价格管制本质上是通货膨胀。为了监管和实施价格管制，肯定要建立新的、高花费的政府机构。这些额外的政府开销将由高额税收支付，但是，情况经常不是这样。取而代之的是政府用借款或创造基金支付这笔款项。这些基金加剧了通货膨胀的紧张状况，而通货膨胀才是问题的根本原因。

价格管制将产生无法预见的复杂性，从长远来看，是弄巧成拙的做法。我们已经创造出没有价格控制的体系，它可以在一开始就预见所有对国民经济的影响和反影响。而价格管制要不断增加新的规则和解释，它就像无法跨越的沼泽一样，使规则和特例不仅费解，而且充斥漏洞和自相矛盾的解释。进一步说，从长远来看，人的本性会使消费者回避或违背价格管制，获取质量更好或更多的产品。从本质上说，这意味着价格将继续上涨，即使没有得到正式许可。

一旦实施价格管制，就会成"瘾"。价格管制是最难废除的。实行价格管制的心理以及价格管制反过来产生的心理，似乎会自成体系独立发展，再也不受创造它们的人们的控制。就像鸦片或任何其他人造兴奋剂一样，一旦你染上它，你就觉得没它不行，而不考虑其产生的危害。

如果我把问题过分简单化，那是为了使文章简短，而事实就是每个人都能得出自己的结论。当我们现在为了使喧闹的公众平静而实行肉类最高限价的时候，如果肉类的价格跌落的话，这种效果将归功于价格管制的效力，这确实是令人悲哀的。我们忘却了一个事实，即肉类价格的降低是由坚挺的消费价格阻力引起的，这是毫无疑问的，伴随着肉类供应的持续增长，人为的最高限价魔力将全部失效。唉，没有吸取教训，恰恰相反，却产生了错觉。

粮食商品是我们最大的廉价商品。保护粮食生产不靠价格管制，不靠最高限价，也不靠其他的人为方法。如果粮食价格上涨，可能是农场主不能控制的因素引起的。处罚农场主是无济于事的，粮食价格可能继续上涨。像过去一样，这个问题的答案寓于生产、生产动机以及对总体国民经济的管理，而不是在政治上散发花言巧语，或人为进行价格调整或价格管制。消费团体情绪化的责难和要求除了使问题复杂化、延误问题的解决外，别无他用。阻碍自由的供求力量的作用，将产生灾难性后果，降低我们的生活水准。

商品期货交易委员会的诞生

众议院法案 H. R. 13113 只是一个辨别大量美国众议院立法法案的文号。然而，该文号反映的并不只是一般的立法成果。对美国期货市场而言，它象征着一个重要的时刻，因为它代表着一个时期的结束和另一个新时期的开始，也就是说，该法案创立了商品期货交易委员会。

许多业内人士坚持反对联邦机构监管期货市场的观点。他们列出许多反对的理由：联邦监管将窒息市场；联邦政府将颁布没有必要的"官样规定"；联邦机构臃肿应该精简；联邦机构将给我们的行业增加成本负担；期货市场不能与证券平起平坐；期货市场的专家只能在市场内发现等等。这些说法都是真实的。

然而，其他产业的领导者却觉得有必要建立这样的机构，并且，总的来说，我本身也有赞同的意思。首先，在我看来，这是无法避免的。期货市场曾经增长非常迅速，并且扩张到一定程度，其影响非常引人注目。当其他类似的市场都受到联邦政府监管的时候，如果我们认为期货市场将豁免联邦监管的话，那我们就太天真了。换句话说，这多少有点类似于"强制婚姻"。因此，我感觉，如果联邦监管机构的监管是不可能避免的话，那么，最好的办法就是我们的行业接受这个命运，并参与其创建。

除了上述原因以外，我认识到，也有迹象表明联邦机构将有利于我们市场的发展。我们那个与新型金融期货相关联的计划是个雄心勃勃的计划，可以借助于联邦机构批准的图章加以实现。实际上，一些改革——例如债券市场或是现金结算制度，如果没有联邦政府的同意，就难以实施。此外，联邦机构还能有助于提高期货市场的形象——为我们提供信誉度。

我们要做的大量工作，包括无休止的讨论、培训、游说和协商——超过了实际的听证内容。这是我们在对期货市场最为不利、但极为重要的领域大获全胜的最后机会，这些领域包括经济理由、保证金调控以及禁令的权力。这也是我最后一次把我个人对新的联邦机构的观点以及一些谨慎的文字永久地记录下来的机会。

> 芝加哥商品交易所国际货币市场主席利奥·梅拉梅德对美国农业、营养和林业参议院委员的证言，1974年5月14日。

主席先生，非常荣幸我能有机会代表芝加哥商品交易所面对委员会作陈述报告。我们交易所的立场是不反对创建一个新的联邦商品委员会，我们也不反对许多正在考虑之中的新的立法规定。实际上，包含在 H. R. 13113 中的很多规定是我们自己提出建议的结果。尽管如此，我们仍然非常强烈地反对该法令中的几个特别条款，因为我们担心实施这些条款将对期货市场运行造成重大伤害。正是由于同样原因，我们也反对目前在参议院审议的一些立法概念。为了强调我们的观点，我想解释一下在立法过程中哪些领域应该回避，并让你们相信，我们的目标与你们一样，都是为了更好地保护公众利益。

主席先生，在莫斯科没有商品交易所，在中国没有北京烤鸭交易所，也没有哈瓦那雪茄交易所。那些国家的农民不需要转移风险、价格计划和价格保护的机制。在那些国家，政府为农民确定了产品的销售价格。因此，农民的基本风险完全被解除了。那种体制以此种方式消除了风险，同时，也消除了积极性。

相反，在过去的一百年里，我们国家的农业发展历史已经证明：我们是世界上唯一能够持续地使粮食生产大于消费的国家，而且比其他国家生产的产品的质量都高、成本更低。主席先生，这一令世人瞩目的事实出自多种原因。但是，核心的主要原因是：我们一直坚持自由企业制度。这是我们与别国之间的关键区别。

主席先生，由于商品期货市场与美国农业有关，所以，商品期货市场是这一成功运作制度的组成部分。美国期货市场至今已经有一百多年的历史，它与我们的农业以及农业综合企业有着整体上的千丝万缕的联系。历史已经证明，并再次证明，期货市场将为生产商和消费者提供最为有用的不可替代的管理工具。事实上，国民经济受益于期货市场的程度远远大于我们能够意识到的程度。如果没有期货市场提供的这些工具和服务，我们的农产品市场将受到严重损害，其效率也将大大降低。

我们真正最关心的是如何千方百计地、更好地利用商品期货市场，而不是危及期货市场各项功能的发挥。我们真正最关心的是如何更好地改变期货市场，而不是由于自身疏忽影响期货市场这一复杂机制的基本运行。如果任何新的立法结果阻碍了期货市场的发展，那么，我们就伤害了整个自由市场制度。

实际上，我们因最近粮食价格大幅攀升而采取的各种措施使得与期货交易相关的立法遭到极大不幸。各交易所的投机交易被一些人错误地认为是一个导致全国粮食价格上涨的可能原因。这种推论忽略了问题的实质，即最基本的经济因素和政治因素，而这些问题就像溃烂的伤口一样困扰我们十多年了。这就好比对报告坏消息的信使处以斩首的古代统治者的做法。

事实上，期货市场最基本的作用之一就是作为一个信使。按照期货市场的定义，其本身就是为我们提供未来之见。如果这些市场未能预测到未来的高价市场，那么，它们就没有适当地发挥其功能。事实上，期货市场并没有丧失其预测功能；而且它们对紧急情况的反应远比预想的好。那些指责期货市场预测去年粮食价格太高的人似乎应该赞扬现在期货市场预测未来的低价市场。

但是，我们既不接受指责，也不接受赞扬。在这两种情况下，市场机制的作用都是把风险从生产者转移给投机者。在这两种情况下，市场的作用就是预测未来价格的大型计算机。在计算过程中，市场并不一定总是正确的，但是，它们代表着某一时刻所有参与者对市场的分析。像这种类似晴雨表的作用，不能因为当前的天气状况或未来将要发生的天气状况而遭受指责或以此为由给予赞扬。

我们的市场也不能受到惩罚，因为它们在利用投机者的同时，也被投机者利用。投机者并不影响实际供求的最终结果，但是，投机者是使这些市场发挥功能的重要组成部分。当农场主开始播种庄稼或买进小母牛的时候，他们就想规避其面临的风险，而投机者愿意承担这部分风险。这是苏联和古巴农民所没有的风险，因此，他们不需要价格保险机制。所以，他们没有投机者，没有交易所，没有成功的农业体制。

矛盾就出在这儿。无论任何立法，只要它们危及这些市场的流动性；

无论任何立法，只要它们能够形成政治性或专制性的力量，扰乱这些市场的正常运行；无论任何立法，只要它们向市场施加阻止其正常程序运行的措施；无论任何立法，只要它们遏制改革，所有这些都是迈向破坏我们国家农业自由企业体制的步伐，也是向最终形成生产配额制迈出的一大步。我们知道这条路通向哪里。

事实上，我们国家刚经历了一场由行政命令及其不可避免的伴随者——行政供应分配制所造成的价格恐慌，这就好像是在昨天发生的事情。我们的交易所和其他自由市场机构以及经济专家一起祈求，我们将不采取价格管制政策。但是，我们的声音在通货膨胀的风暴中变得愈发脆弱了。立刻摆脱困境的呼声对国会和总统来说真是太大了，以致他们难以抵御。所以，我们的政府实行了价格管制政策，其结果是我们的国家承受了采用此项政策的悲惨结局。

我们吸取任何教训了吗？我们现在是否准备接受已经证明了的事实，即对于解决价格上涨的问题，除了增加生产或者降低需求外，别无他法，尤其是在农业方面；我们现在是否准备接受已经证明了的事实，即增加生产不能通过立法实现；我们现在是否准备接受已经证明了的事实，即降低需求也不能采取行政命令的方式；我们现在是否准备接受已经证明了的事实，即政府干预营利动机的任何措施都是起相反作用的；我们现在是否准备接受已经证明了的事实，即政府干预我们自由企业制度的任何措施都注定导致灾难后果，因为它们彼此之间存在着相互制衡。我们认识到这些教训了吗？或者我们还会一次次再犯同样的错误？

主席先生，授予联邦管理机构权力在批准新的交易工具之前要求提供经济理由的立法，或者授予其过度干涉期货市场运行的权力，二者如出一辙，都是一种倒退。它将产生一种由行政措施阻止改革和影响价格的能力，而不是期望的那种由自由经济力量影响价格的机制，例如保证金控制的问题。我们明确地、强烈地反对各种要让交易所移交保证金管辖权的立法。相对于商品而言，"保证金"这个叫法属用词不当。从概念和运行的角度看，股票保证金与商品期货合约保证金有着根本区别。不幸的是，这一事实有时不被理解。

证券市场保证金是建立银行信用的直接手段。它决定了购买证券的资金支付量与借入购买资金量之间的比例关系。期货市场没有这种关系。在期货市场，保证金起的是一种担保或安全押金的作用。它是一个设计的概念，为的是保护财务清偿能力和经纪公司的信誉。我们在这方面一直都保持着出色的记录，尤其是与证券经纪公司相比的话，期货经纪公司就更为出色，尽管那些证券经纪公司自1934年就受到证券交易委员会的监管。

在商品期货市场上，保证金的作用是为了保护当日价格变动而产生的货币变量。要求的保证金不是按照产品或合约的价值衡量的，而是通过市场的波动性以及当日可能的价格变化确定的。这是一笔保证履行合约的定金。

所有认真研究期货市场的人都会得到一个与1967年12月《内森(Nathan)报告》相同的结论。该报告是受美国农业部委托的研究课题。它的结论是：在不损害市场实际运行的情况下，商品期货市场的保证金除了通过现有的方法使用外，不能用于任何其他目的。它的作用是安全押金，不能与以信用付款的形式购买商品的作用相互关联。此外，在监管保证金方面，任何监管机构都比不上交易所本身所具有的设施和位置，以能够更好地监管这一领域。

如果这种权力移交给其他机构，或者用于其他目的的话，那么，这一权力很容易成为人为引起价格波动的原因。主席先生，我们再次站在价格管制的门槛边了。

同样，授予某个机构或委员会凌驾于期货市场之上、拥有不受约束的命令权力的立法，将引发由行政措施威胁而影响价格的可能性。任何这类立法都必须明确地叙述使用这种命令权力的条件、原因和目的，不得含糊。否则，这种立法给我们市场带来的伤害会比他们试图纠正的不良现象更大。

主席先生，我们的基本信念是：最好和最成功的监管方式就是自律监管。我们认为，任何没有考虑这一原则的立法将不能实现其基本目标。我们相信，交易所不仅拥有必要的、熟练的市场运作知识，而且已经具备了对解决市场的复杂性问题采取正确的管理措施的至关重要的人才和专家。如果新的立法不能帮助我们适当地利用这些资源的话，那么，这对我们国家来说确实是一种伤害。

我们迫切要求新的立法，尤其是在一些影响改革、价格、流动性以及保证金的敏感领域，为期货市场提供一个先行监管的手段，只有当交易所疏忽监管职责的时候，新的监管机构再行调解。

开拓者无需经济理由

根据《1974年国会条例》规定，商品期货交易委员会诞生了。该立法通过之前，引起美国政界热烈而广泛的争论。由于我相信商品期货交易委员会是必然要成立的，所以我感到，参与其中才能够为期货业做更多的事情。因此，我已经成为产生这一联邦机构议会程序的官方顾问。值得一提的是，商品期货交易委员会内部组织机构的设置主要应归功于贝弗利·斯普莱恩女士，她是该机构的第一任执行董事，之后，她任芝加哥商品交易所执行副总裁。

在经历法定程序期间，我们绝不会忘记一个事实，即新机构最多只是一个有好处、也有坏处的混合体。因此，在总体支持商品期货交易委员会法令的同时，我们费了九牛二虎之力删除一些已经提出的、更为费事的规定。但是，我们并不总是成功。其中，特别令我关心的是保留下来的关于"经济理由"的规定。我相信，这些条款本身就是很危险的，因为它有意或无意地为委员会提供了阻止创新的方式。对我们来说，创新是期货市场存在的灵魂。我相信，我们对这一规定的影响和持续的压力，使法令第5部分根本就没有发挥不利作用，也没有成为有害力量。

> 在美国法律协会年度会议上的讲话，加拿大，蒙特利尔，1975年8月13日。

期货交易已经成为国民经济非常重要的组成部分。1973年，期货交易总额在5000亿美元之上。这是美国所有股票交易所交易额的2倍。当前，期货市场对农业生产者、加工商、出口商、消费者以及其他行业发挥着极为重要的作用。

对于这些表述，农业、营养和林业参议委员会主席、参议员赫尔曼·

塔尔梅奇向参议院介绍了商品期货交易委员会1974年法令的最新版本，并因此建立了新的联邦监管机构。尽管参议员塔尔梅奇是根据法令讲的话，但是，在未介绍法令之前，我们还不知道参议员的话是在证明法案是正确的还是在反对它。

如果说，直到1973年，在没有联邦政府监管的情况下，期货交易对国民经济来说份额这样大，而且这样重要的话，为什么有必要让政府现在来救援？在我们的经济中，就没有不成功或失败的东西让参议院救援吗？如果在没有国会法令的情况下，期货交易已经对我们的经济如此重要的话，那么，这个法令就不会对其进一步发展以及为国民经济服务有损害吗？

然而，商品期货交易委员会法令现在已经成为生活中的现实，所以，再争论它的利弊和必要性已经意义不大。最重要的是，我们要智慧地管理法令，让它发挥我们所认为的基本目标，即让期货业持续地为我们的国民经济服务。

此法令所起到的作用可能比我们的期望值更好。最后，法令的主题，即期货市场，毕竟具有高度的复杂性和技术性，而其运作机制也是难懂和深奥的。此外，立法人也不是市场专家和交易商，所以，出现误差和疏忽的情况是很容易理解的。幸运的是，现有的误差和疏忽很少。期货交易的主要方面全都涉及了。

例如，我们特别满意的是，该法令对所有合约市场都一视同仁。同样值得高兴的是，在需要监管的领域，法令授予商品期货交易委员会很大的联邦监管权力。总而言之，我们相信，法令能够实现它的预期目的——促进期货业发展，确保公平运作，保护生产者和消费者。

法令能够实现这些目标是因为它有一定的外延性、灵活性，这是成功地实施法令的重要因素。如果没有外延性，商品期货交易委员会只能在有限的范围内发挥功能；如果没有灵活性，期货业的规定就会变得僵硬而不能成功。但是，这并不是法令文字本身能够控制的。最终，就像所有的立法一样，法令是好是坏的决定因素是那些实施法令的委员们和官员们。

因此，请允许我向那些不论是现在的、还是未来的商品期货交易委员会的委员们和官员们陈述，并且集中关注法令对期货业发展以及为我们国家利益持续服务能力至关重要的方面。该主题最让我操心。在我看来，法令中的某些规定是不应该包括在内的,或者至少不应该以现在的形式包括在法令之中。这就要求商品期货交易委员会付出极大的智慧,充分发挥法令应用的灵活性,把这类规定合理地解释为不能妨碍我们期货业持续发展的法令。我殷切希望,这些讲话能让大家更多地理解,提前告诫大家。

法令第 5 部分涉及合约市场的审批。其条款规定,交易管理委员会在一种交易工具被批准之前必须开会决定。由于这部分规定以及众参两院协商委员会报告是作为历史原因沿用的结果,所以,商品期货交易委员会已经接受过去关于这些规定的解释,也就是说,在批准之前,交易所必须证明报批合约的"经济理由"。换言之,在任何新期货合约上市之前,必须有其经济目的的证据。

上述规定(也是我们要强烈反对的规定)被第 7 段中的条款进一步复杂化了。该条款规定:"交易管理委员会要证明,未来交割的、寻求在合约市场上市的商品交易将不得与公众利益背道而驰。"在现实中,经济理由和公众利益作为第 5 部分中审批的两个必备条件,将合并成一回事。

期货交易所反对实施上述规定的斗争一无所获。我们将继续与这一严苛的解释做斗争。分开来说,这些规定是危险的,也是麻烦的,而且严重阻碍我们市场的发展。合起来讲,它们将成为市场的束缚和创新的最大障碍,而这是期货市场独一无二的典型特征。

1632 年,加利莱奥·伽利略出版了他的《两大世界体系的对话》①。他的作品以没有科学术语的形式把哥白尼描述为正确的。事实上,地球是围绕着太阳转的。不幸的是,加利莱奥的发现被认为是与那个时代的公众利益相悖的,因此,他被迫放弃自己的想法。200 年来,太阳始终被顺从地围绕着地球旋转。

1957 年,在花费 2.5 亿美元的研究、设计和开发经费之后,福特公司开始生产"20 世纪最热销的新型汽车",该汽车通过了当时所能想到的各种

---

① 译者注:《关于托勒密和哥白尼两大世界体系的对话》是伽利略撰写的一部天文学著作,于 1632 年在意大利出版。

"经济理由"测试。因此,"埃兹尔"在两年后不光彩地出生并迅速消亡了①。今天,对"埃兹尔"的需求仍然很大,但不是汽车,而是怀旧的遗物。

历史,充满了不能满足当时公众利益或不能通过经济理由验证的伟大发现、发明和想法,有些想法破碎了,或是在产生的过程中夭折了,常常又被发现,数年后又重新欢呼雀跃起来。无疑,有许多被镇压的想法,它们在休眠,等待着春风吹又生。历史,同样充满了能够满足当时公众利益或能够通过经济理由验证的伟大发现、发明和想法,它们甚至已经到处飘扬着胜利的旗帜,但是,随后它们只是被作为恶魔或废物而遗弃了。

从这方面来说,期货合约与其他发明和想法没有什么区别。要求经济理由和公众利益表面上似乎合情合理,又合乎逻辑,然而,人们绝不能确信,用来衡量未来的标准就一定是正确的。美丽常常出自旁观者眼中,对某人有利的,对另外的人未必有利。

对经济理由预先测定,这本身就不是万无一失地确保期货合约成功的要素。当芝加哥商品交易所的小虾期货合约上市时,该市场的经济需求已经完全成立了。然而,此合约从来就没有成过气候,不到两年就销声匿迹了。这种合约的例子在哪个期货交易所都出现过。

有哪个议会委员相信,只是简单地由于新合约通过了经济理由和公众利益验证,就愚蠢地保证交易所能够使新合约成功运行?期货市场需要的成功因素很多,包括有形的和无形的。我确信,有13个因素可以确保期货合约成功运行,我们知道12个,而最后一个无人知晓。但是,就是第13个因素最为重要、最为关键。

最终的、也是唯一的经济理由验证就是市场自身。如果合约确实缺乏合理性,那么,市场将注定失败。预先做出的一套标准化的、包装好的规定或制度不是决定因素。我们必须信任自由市场和理念以及产品的竞争领

---

① 译者注:1957年,福特投资2.5亿美元,推出以老福特的儿子、福特二世的父亲福特·埃兹尔(Ford Edsel)命名的中型轿车。然而,由于"埃兹尔"的前脸太难看,许多用户认为其丑陋无比,尤其是车头,中央的"马颈圈"俗不可耐,因此"埃兹尔"销路一直不畅,两年才卖掉10万辆,离一年销售20万辆的原定目标相去甚远。不得已,投产仅两年的"埃兹尔"就宣告停产。"埃兹尔"因丑而夭折,并成为"大公司也会犯错误"的有力证明。

域。更好的验证有待于发明。

在最近的演讲中，罗切斯特大学的校长艾伦·沃利斯简明扼要地指出，他对当代政府最为担心的是"强大的运动抛开有限的政府和个人自由走向无限的政府和所有活动的集体控制者……""这是一种转移……"他遗憾地说，"从相信诚信、能力和责任走向依靠以个人行为、意向和动机为主导而形成的政府和详细文件规定。"校长悲伤地做出结论，由于这种转移与我们的经济相关，所以，它是"打击企业创新、积极性和勤奋刻苦"的结果。

我们不知道怎样对期货市场的经济合理性进行准确和详细的描述。不同的商品有不同的经济合理性，它们并不总是有形的，也不是一成不变的。期货市场真正的经济作用常常只有在市场存在并运行之后才可以确定，才可以生成，才能看得见。

如果强制期货合约遵守严谨的合理性规定、并能够提出上市证据的话，那么，就不会有新市场出现了。就像沃利斯校长所言那样，严格、机械的"合理性"规定将直接窒息所有的创新念头，直接窒息所有的超前思想，直接窒息所有的思辨活动。

那还不是在很多年前，一个公认和不争的事实是：一个成功的期货市场交易的商品必须是可储藏的。以前上市的各种期货合约都具有这一重要的先决条件。提出搞鲜活商品的期货市场是无法想象的事情。毫无疑问，当时的经济合理性验证应符合前述原则。如果按此规律，芝加哥商品交易所就不能成为活牛期货交易概念的开拓者。其结果，世界上现存的、最成功、最重要的期货市场之一也就不会存在了。就像加利莱奥的"对话"那样，思想要在数年后才能再发现。

即使当时的委员们忽视了储藏性与鲜活性问题，芝加哥商品交易所革命性的活牛期货交易概念仍旧不能满足其他合理性的标准规定。就像要求的那样，芝加哥商品交易所必须展示和证明有数量可观的活牛饲养农场主需要利用期货市场达到套期保值目的。而在那个时代，活牛饲养业一般是反对我们新建市场的。他们的负面偏见源于对新概念的正常逆反心理，因为这种新概念能够改变其固步自封和已经建立的运行模式。今天，芝加哥商品交易所活牛期货合约套期保值空盘量能够达到总空盘量的50%，这是很高的套期保值比率。

但是，最令人注目的例子是国际货币市场。当时，那个构想被认为不可能达到现在的经济合理化标准。实际上，在货币期货上市的时代，世界货币制度仍被布雷顿森林体系的固定汇率掌控。很明显，期货市场不可能在固定价格体制下兴旺发达。甚至到后来，即使根据《史密斯索尼安协议》，① 当允许货币汇率在固定参数 2.25% 之间上下浮动的时候，我们建立货币期货市场的设想能否获批也是很值得怀疑的。由于汇率不允许明显浮动，套期保值也就失去其必要性。谁需要一个在世界范围内限制价格浮动的自由市场？更重要的是，也确有一些难得的银行家和经济学家支持我们的革命性思想。期货市场在过去只为农产品服务。

当我们首先开创国际货币市场概念的时候，我们相信，固定汇率体系终将消亡，在不远的将来，世界将被迫接受浮动汇率的思想。我们相信，多年来，为农业服务的期货市场原理将会成功地应用于金融业。但是，在当时，我们还不能证明这一点，我们也不必那样做。无论他们的出发点多么好，任何监管机构都不应该在无情的市场现实检验之前就为一个新概念规定必须达到的标准。

今天，货币期货是一个可以接受的概念了。国际货币市场可以通过任何经济合理性验证或公众利益的验证了。今天，大多数经济学家和银行家赞同市场的必要性，但是，这种赞同可能为时已晚，国际货币市场已经靠别人的支持走过来了。

那么，还有许多未曾诞生的其他新概念、新工具和新思想，它们的命运如何呢？它们是否能够满足预先设定的经济合理性？不能这样要求它们。如果商品期货交易委员会记得自由经济市场基本原则的话，那么，它就应该为我们的国家提供更好的服务。如果再冒险地加上一个论点的话，请允许我加上最后一点，那就是：可以确定，开拓者无需经济理由。

---

① 译者注：1971 年 12 月十国集团达成了《史密斯索尼安协议》，宣布美元贬值，由 1 盎司黄金等于 35 美元调整到 38 美元，汇兑平价的幅度由 1% 扩大到 2.5%。到 1973 年 2 月，美元第二次贬值，欧洲国家及其他主要资本主义国家纷纷退出固定汇率制，固定汇率制彻底瓦解。

美国联邦机构对期货和期权的研究

建立期货市场形象是要付出不懈努力的。我们的任务就是手拉手地持续努力，开发新合约，扩大市场应用范围，教育机构客户，全力以赴地提升公众对市场的认可度。

由四家美国最负盛名的机构以对期货市场起促进作用的正式研究报告的形式为期货市场提供了无价的资源，其重要意义值得深思。它们是联邦储备委员会、美国财政部、证券交易委员会和商品期货交易委员会。

根据美国国会的要求，用了两年多的时间，上述机构完成了《期货和期权交易对经济影响研究报告》（有人告诉我它的重量是 4 英磅 4 盎司）。这样的研究报告值得我们给予充分赞誉。

> 原文载于美国《国民杂志》，1985 年 12 月 21 日。作者感谢原联邦储备委员会研究和统计局的经济学家盖伦·伯格哈特提供的帮助。

从古至今，预测未来一直都是一种极其危险的职业。预测到好的消息总能获得普遍的欢迎，而不能使未来明朗或者预测到不好的消息时，当然没有人乐意接受这样的结果。砍掉传递坏消息信使的头并不罕见。同样不值得惊讶的是，期货和期权从开始到现在一直就是一个被谜团笼罩的领域，也因此常常遭受诽谤，很容易被用做不良经济现象的替罪羊。不过不用担心，几乎没有事实证据能够证明期货和期权市场确实是恐惧的市场；也不用担心，期货和期权市场的支持论者总是能够应对反对论者提出的表面看似合理的嘲弄，期货和期权市场的内部研究也总能提出支持市场的有利结论。为了保护自己、对抗充满愚昧的信念力量，采用为自身提供证明、证明自身合理性的方式，其效果真是太差了。

那么，让我们看一看一份在美国国会要求下产生的、关于期货和期权市场的研究报告所具有的重要意义。让我们看一看一份由四家在美国享有崇高信誉、具有无与伦比资格的联邦机构提出的研究报告所具有的重要意义。让我们看一看这样一份研究报告对期货和期权市场未来命运的价值吧！难道这不是一份决心为这个充斥着悲观和怀疑的期货行业洒满光芒的报告吗？难道这不是一份对那些自古以来就关注、总是唠叨不休的质疑所给予的可靠答案吗？很明显，这就是该研究报告的目的所在。

这些研究内容都是 1982 年期货交易法案的授权范围。在此法案指引下，联邦储备委员会、商品期货交易委员会和证券交易委员会在美国财政部的帮助下，研究、阐述了与期货和期权相关的重要问题，以及期货和期权对美国及其工商业的影响等重要问题（见表1）。此外，为了保证结果的真实性和可靠性，指定以联邦储备委员会为主牵头研究，要求其综合其他研究机构所做的分析结果。

表1

国会想知道的问题
（联邦储备委员会被问到的问题）
1. 期货和期权市场的经济功能是什么？
2. 期货和期权市场对经济领域实际资本的形成和信贷市场流动性有何影响？
3. 公共政策工具目前是否已经到位，足以监管期货和期权市场的交易活动，避免人为操纵，保护期货和期权市场、相关的现货市场以及金融市场免于其他不利经济效应的影响？
4. 期货和期权市场是否能为参与者提供适当的投资保护？

资料来源："期货和期权交易对经济影响研究报告"是根据《1982 年期货交易法案》，在美国国会的指导下，由联邦储备委员会实施的研究，1985 年出版。

"期货和期权交易对经济影响研究报告"的研究历时两年多，受到充分肯定，引起公众关注。它在两个方面具有重大意义：一是涉及范围之广几乎涵盖了所有可以想象到的，涉及外汇、利率和股票指数期货及期权的公共政策问题；二是它得出了关于金融期货和期权市场可能有利于社会发展的总体结论。

该报告令人尤为惊讶的是联邦储备委员会研究用的时间跨度是过去几年的时间。就在 7 年前，联邦储备委员会和财政部联合呼吁延期批准新的政府短期债券和股票指数期货合约。直到后来联邦储备委员会和财政部为其狭隘的监管利益而完成了一份联合研究之后，商品期货交易委员会才批准新合约上市。当这份联合研究报告在1979年春天发布的时候，有人指责商品期货交易委员会没有在该报告发布之前批准新期货合约。但是，研究报告给出的信息让人极为担心，即金融期货交易，尤其是短期、中期、长期国债期货对其相应的现货市场是有害的。例如，财政部对市场可能出现的操纵和逼仓现象表示深切忧虑，因为为了防止出现操纵或逼仓现象，财政部可能不得不在有计划的、正常的债务管理政策之外发行更多的特种债券。财政部自然不愿意其正常运作受到任何影响。

尽管目前的研究包含了那么多的对期货市场"两方面"的看法，致使我们都希望经济学家能够给出明确的结论，但是，这些研究绝没有以前那种不愿接纳期货市场的语气。当前研究报告在态度上的改变更加值得关注，因为提供当前报告的作者就是参与1979年课题研究的关键人员。

这种改变不能简单地被视为是随着政府换届，政治态度也跟着改变的顺其自然的事情。相反，从其自身角度来说，联邦储备委员会的管理者随着我们的市场成长而成长了。他们已经变得非常了解我们的市场了：他们知道市场如何运作，他们知道谁使用这些市场，他们知道这些市场提供什么工具。他们也因此对过去那些令人怀疑、高深莫测的活动泰然处之了。

为了全面认识该报告研究结果的意义，我们首先必须理解该研究的实质性和联邦储备委员会考察我们市场各个方面的全面性。在与其他机构协商后，联邦储备委员会集中业内人士和学术界专家讨论并搜集了研究的问题和研究路径的建议。采用的研究方法包括：由商品期货交易委员会、证券交易委员会官员与一百多家从事期货和期权的金融机构和商业公司的人员进行面谈；由市场调研公司对参与市场的公众进行广泛的调查；国会对其他行业的专家提出各种问题进行的民意测验；对与期货和期权主题相关的、具有大约50年价值的学术文章进行广泛的调查，以及对国会提出的问题选择不同的方面，做好几个原始专题文章准备。

研究范围实际上包含期货和期权市场曾经出现过的各种问题，并从各个方面研究这些问题，例如，期货和期权市场的基本经济学原理；市场的发展和成长；机构投资者、商业企业和专业投资者使用的交易策略和交易类型；公众人士和非商业企业的参与者；期货和期权市场对美国经济的影响；市场缺陷；不公平交易行为、金融诚信以及相关的销售行为及其监管；使用这些市场的法律限制；对市场交易者进行的调查，以及研究结果和调查结论。

最后的结果就是这份庞大的文件汇集，与联邦储备委员会对证券和期货保证金的另一份报告一起，呈现了目前最为全面和有分量的报告。基本上说，研究表明，金融期货和期权确实能够通过提供更有效的风险管理途径达到为经济发展服务的目的。如果还有的话，那就是期货和期权市场改善了相关的现货市场。例如，美国财政部发行的证券和普通股市场的流动性；也没有看出来对涉及人为操纵和客户保护方面有什么重大的监管问题（见表2）。以下几个部分描述了一些具体结论。

表 2

联邦储备委员会的研究结果

（联合研究获得的总体结论）

1. 新的金融期货和期权市场能够起到为经济服务的作用，主要是通过风险转移的方式实现这一目的，即把经济活动的固有风险（例如市场风险、利率风险和汇率风险）从不愿承受这些风险的商业公司和个人转移到那些更为愿意承受这些风险的商业公司和个人那里。随着这些新型市场获得更多的经验，以及使用这些市场的法律限制不断改善，这种良好的风险转移功能很有可能在许多其他商业公司和金融公司广泛应用，数量也会相应增加。

2. 金融期货和期权市场对资本市场的形成看起来还没有可以测量出来的负面效应。相反，金融期货和期权市场似乎具有提高相应的现货市场流动性的作用，而不会降低这些市场的流动性。

3. 金融期货和期权合约具有不同的重要特征。然而，无论如何，它们都有许多共同之处：具有相似的经济功能，都与它们建立在基础上的现货市场紧密相关，参与者都具有类似的特征，在非正常运行情况下，两个市场都有可能产生危害后果。因此，需要对这些市场进行统一的联邦监管。

4. 在证券交易委员会或商品期货交易委员会的监管下，用相似功能的交易工具交易并没有对公众客户，或这些衍生产品，或相关的现货市场产生重大危害。一些指数市场的失常现象是由指数期权和组成指数的证券的价差交易所致。这些指数市场上具有破坏作用的潜在问题需要证券交易委员会和商品期货交易委员会继续监管。

5. 关于该研究报告中所涉及的问题方面，我们认为，现阶段没有必要设立另外的立法条款形成适当的监管框架。目前，证券交易委员会和商品期货交易委员会都有类似的、较为到位的监督和管理程序，在某些方面需要政府监管。而且，这两个机构应该共同合作，建立相互协调的监管框架，有效地处理所有需要监管的活动。

资料来源：《期货和期权交易对经济影响研究报告》。

经济效率

根据与机构投资者的面谈,作者得知,采用买卖期货或期权合约处理一般的价格风险比直接在现货市场交易成本低得多。用他们自己的话说,就是"……就像是任何节省成本的技术革新那样,期货和期权使单位资源产出率提高成为可能"。这就意味着,基金管理者,包括养老基金、股票和债券的共同基金以及银行资金,在任何给定的风险水平条件下,使用我们的市场能够获得更高的回报率。或者说,如果更多地强调规避风险的话,那么,可以在更低的风险水平条件下获得与之相同的回报率。不管是谁,养老金持有者、投资者、银行存款人,都能够得到这些市场提供的更好服务。

资本的积聚和分配

研究结果否认了一个长期的错误概念,即期货或期权市场的持有部位把可投资的资金从其他经济中转移到这两个市场上了。研究证明,事实远非如此。不幸的是,这种误解根深蒂固,很难消除。

市场流动性

研究报告提出:"……一般来讲,金融期货和期权市场能够提高现货市场的流动性,也许,最明显的例子是国债市场"。从联邦储备委员会的角度看,这意味着"……新的期货和期权合约似乎提高了联邦储备委员会实施公开市场运作的能力,以一种有序的方式使政府证券不断成熟"。这也意味着"……财政部进行债务管理运作的能力也相应地提高了"。

研究表明,投资大众也从金融期货交易中获得了利益。政府债券市场流动性的改善意味着由联邦政府的负债纳税人支付的利率低于如果没有金融期货市场的情况。同时,根据与投资银行企业的面谈,很清楚地表明,对公司债券进行套期保值的能力导致私营部门也降低了基金总费用。

现货市场价格的稳定性

研究发现,"大多数正式的、有关期货和期权市场对现货市场价格的实证研究以及有关现货市场价格行为的直接研究都表明,期货和期权市场具有稳定现货价格的作用,至少不能确定它具有破坏稳定性的作用"。尽管如此,联邦储备委员会也不愿做出结论,即期货和期权交易肯定有益于相关的现货市场。研究得出的结论是"……一般来讲,投机能够稳定市场价格这一作用仍然需要讨论"。

保证金

在一个附带的关于联邦保证金的规定中，联邦储备委员会全面回顾了保证金的理论与实证，发现联邦政府对保证金的干预力很微弱。沃尔克主席在他给国会报告的信中竟然提出："……国会认真考虑采用新途径加强对保证金的监管。一种途径可能是取消现行的监管方式，有效地将设置保证金的责任转移给不同的证券交易所和其他保证金借贷机构……过去的经验表明，这些实体机构，不论是独立的，还是自律组织管理的，一般都能够收取足够的保证金，保护自身免于遭受损失……"（沃尔克给赫尔姆斯的信，1985年1月11日。）

尽管这不是主席的首选，但这是唐纳德·里根的首选，他曾是财政部秘书长。他对研究报告的研读使其深信，联邦政府可以完全不插手保证金监管事务。

尽管研究报告在许多方面都值得称颂，但其中有两个方面的不足需要指出：

期货合约与远期合约的区别

对期货合约与远期合约的区别问题应该作更多的研究。期货合约是在商品交易所交易、由交易所保证交易双方履约的标准化合约；而远期合约是传统的、在交易所之外签订的合约，买卖双方之间没有中间担保人。两者的区别有点模糊不清，但是，其差异是很重要的。

涉及未来交割交易的多数金融灾难都发生在远期合约市场上，而不是发生在期货市场，例外的情况很少发生。政府债券交易商在过去几年所面临的问题均出自回购市场上，即场外交易市场上。例如，美国的弗兰克林国家银行、德国的赫斯塔特银行、东京的富士银行，都是在远期合约市场上陷入危机，而不是在期货市场上。区别的原因主要是结算方式。在期货市场，所有的损益都是在每个交易日收市时以现金形式结算：如果交易赢利，资金进账；如果交易亏损，资金付出。进行期货交易，银行交易员不能向管理层掩盖亏损的部位或未实现的亏损。因此，从控制风险的角度看，期货交易优于远期交易。银行监管者，如联邦储备委员会，应该充分认识到这种差异。

监管者的成绩单

就像预期的那样，涉及这一研究项目的各种机构都给自己打了很高的分数。然而，我认为，他们给自己打的分过高，因为在证券和期货市场的许多领域监管过于严格。除了唯一的一个例外——沃尔克主席向联邦保证金研究项目传递的信中给了一线希望外，我发现在总报告中，有关机构没有提出任何计划放松那些他们自己发明的、不必要的监管政策（一般都是为了应对想象中可能会发生的问题，而不是现实中出现的问题）。

总之，既然有了事实，既然国会的调研任务已经完成，那么，我们应该怎样看待这些结果？我们又应该怎样评价其成就呢？它将有助于为期货和期权市场提供一个使之繁荣的环境呢，还是无法应对那些在发展历史上抑制期货和期权市场发展潜能的担忧呢？答案是很重要的，总体来说是肯定的。

坦诚地说，对于这些深信我们的期货和期权市场是魔鬼之子的人，联邦储备委员会的报告将被视为垃圾。这份报告的结果与其他所有的报告一样，不会对这些非信徒、诽谤者或者无知者有任何作用。这些否定论者不会轻易被事实说服，他们也不经常考察证据。因此，大多数持有否定思想的人不会改变，而是坚持其信念，继续攻击我们的市场。

另一方面，对于那些负责立法和市场监管的人来说，联邦储备委员会的研究报告具有非常重要的意义。一般来说，它为几乎每一个针对期货和期权市场提出的现实问题都提供了正面的答案，为期货和期权市场有益的作用提供了基本原则。实际上，该报告提出为什么不能阻止市场继续成长的原因，也为培育市场环境提供了动力，使市场能够继续扩展，继续为那些有意参与交易的商业部门提供服务。

最后，对于我们这些把日常生活与期货和期权交织在一起的人来说，联邦储备委员会的研究报告代表着一个信号般的里程碑。它为我们提供的具体无误的证据表明，我们多年来所坚持的事业是正确的：即我们的金融市场发挥了重要的经济功能，为交易者提供了有用的服务。更为重要的是，它并不破坏现存的现货市场结构，也不损坏资本形成。相反，我们的市场能够提高现货市场的流动性，并且能够提供重要的风险转移工具，把内在的经济风险转移给那些更加愿意承担风险的一方。其实实在在的结果就是加强了美国的经济结构。

一只理想的替罪羊

期货市场的致命伤是其存在的神秘性。那些对我们的市场产生许多不良观念的根源令市场从远古时代至今一直痛苦不堪。自从远古以来,人们就对我们的市场充满轻蔑,对市场的不信任给我们带来了灾难。

这并不是说我们的市场没有缺陷,乌托邦时代远没有抵达期货市场的交易厅。违规、贪婪、敛财是普遍存在的人类特征,无时不在发生,期货市场也不例外。然而,期货市场及其交易者遭受的冲击常常是那些很粗暴的偏见以及简直是根本没有事实依据的指控。

在期货市场发展的整个历史过程中,批判这些毫无根据、自相矛盾的诽谤至少可以说是困难的。人们必须从对谣言曝光和揭穿错误理念做起。

> 为美国企业研究院所作的政策演讲,刊载于 1985 年 12 月期货业联合会(FIA)快报,华盛顿,1985 年 10 月 31 日。

"把外汇委托给一群交易猪腩、玩掷骰子赌博游戏的人是多么可笑的事啊!"一位很有名望的纽约银行家在 1972 年国际货币市场开市前夕的晚上如是说。

"新的货币市场,专为赌徒而开设。"《商业周刊》(1972 年 4 月 22 日)也附和着评论:"如果你幻想成为国际货币投机商但又缺乏资源的话,那么,你的机会来了。"

贬损性的评论、诽谤性的影射、煽动性的笑话、错误的指控、误导性的言论以及半真半假的陈述,彻头彻尾的谎言,这些描述代表着期货市场的命运和重负。有史以来就是这样,因此必将持续无疑,因为预测未来永远都是有风险的职业。好消息当然受到普遍欢迎,但是,如果不能做出具体预测或是得到相反的坏消息的话,就不会受到什么好待遇了。砍掉传递坏消息信使的头并不罕见。

期货和期权市场是几乎不被理解的商业活动的角落，是有着深奥经济理论的复杂领域，是一个充满神秘、错综复杂的地方，是金融领域的远亲，不知远至何时起，就已经成为一只理想的替罪羊了。为什么？看一看那喧嚣的、色彩斑斓的、吵闹的交易厅，观察一下那些粗野的、喧闹的、没有任何尊严的会员和经纪人。很明显，这种地方能有什么好事儿？显然，这儿的交易都是非法业务！更糟糕的是，投机正在进行中。可以断定，投机的窟窝怎能是严肃的投资场所呢？读一下消息的标题吧："交易所的会员总是一夜暴富。"这些市场对资本形成没有任何关系。相反，这些市场制造波动性。期货市场——一只理想的替罪羊。

这种状况有一丝改变吗？1973年，一群芝加哥家庭主妇团团围住芝加哥商品交易所，抗议食品价格太高了。几年之后，在1977-1978年的农产品危机中，美国农场主开着他们的拖拉机围住了位于拉塞尔大街的芝加哥期货交易所，抗议他们的农产品价格太低了。

这种状况有一丝改变吗？在1812年的战争使美国农业经济陷入混乱之后，反对投机的情绪四处蔓延。购买远期合同是可以接受的，但是，所有允许销售远期合同的市场是不被接受的。纽约立法机构使出绝招，即禁止销售所有的远期合同。

这种状况有一丝改变吗？170年后的1985年1月，美国农业运动的领袖要求禁止期货卖空，因为卖空压低了农产品价格。同年后期，美国农业政策失利而市场遭受挫折，过低的农产品价格，创纪录的农产品过剩以及地价下降，激发了农业发言人找到了一只替罪羊，即公开谴责芝加哥期货交易所是"农业百慕大三角洲"。一位美国参议员也同意这样的说法，矛头直接指向市场，谴责道："从来没有这么少的人做这么少的事，就能殃及这么多人的劳动。"

这种状况有一丝改变吗？1976年，在建立美国短期债券和长期债券期货市场的时候，报刊发表了无数的文章，旨在警告这些新发明的市场具有极大的负面影响，声称新市场能够引起价格扭曲，使其对现货市场产生不利影响；宣扬交易员的欺诈行为将对市场产生破坏性影响，并担心新市场对美国财政部债务管理产生不利后果。如果那时就知道后来美国有2000亿美元的财政赤字的话，那么，期货市场肯定是产生这些问题的原因的首要候选者。

著名的《经济学人》杂志在 1976 年 1 月 17 日的期刊上报道关于新利率市场时评论说："就像扮演《深喉》的小姑娘琳达·洛夫莱斯那样①，芝加哥商品交易所的国际货币市场用比其竞争对手更为无耻的手段赚取金钱。既然其货币期货市场已经于 1972 年由身着奇装异服的妇女成功建成，国际货币市场的美国财政债券期货交易池本月开张。政府财政债券期货交易与猪、活牛、三月期鸡蛋期货同场竞标。"

当然，期货和期权市场对批评没有免疫性。当然，它们不是乌托邦（到底是什么呢?）；当然，它们是"刁民"（制度的违反者），充满欲望和贪婪；当然，如果没有罪过，就没有它们。我们赞同这些说法。但是，它们绝不是恶魔的作品。作为一个行业，它们比其他优秀的行业好得多。

下一次，当你听到一个故事或者看到一个标题，或者听到关于期货和期权的谣言、诽谤的时候，可以问自己几个问题：如果没有这些市场的话，世界金融体系能否在 20 世纪 70 年代和 80 年代初的经济压力严峻状况下生存下来？如果期货市场不能提供更新、更有效的资本利用方式，如果这个自由世界未曾经历金融骚动，私营部门的资本萎缩能否等于公共部门的资本需求？如果期货和期权市场不具有缓冲器和释压阀的作用，在前所未有的通货膨胀和高利率创纪录之后、又出现前所未有的通货紧缩和利率暴跌的经济环境中，难道狂热的投机不会对世界金融构架造成重大破坏吗？东南亚银行近得就像市中心的一家银行对手一样，阿布扎比事件发生地近得就像身边的电话一样，在这个日益缩小的世界里，难道我们就不需要一种像我们的市场所提供的方式，让我们随时参与重大的国际事务，并保护我们免受重大国际事件产生的金融影响吗？

---

① 译者注：大洋彼岸的美利坚，一个名叫琳达·洛夫莱斯的 23 岁女人连同她的成名电影《深喉》（Deep Throat）获得了色情电影的巨大成功，但在主流范围内则声名狼藉。完全真刀真枪的纪实演练，在已经较为开放的 20 世纪 70 年代的美国还是引起了轩然大波。此片更是以 2 万美元的微薄投入狂赚 3 亿。琳达与《深喉》均成为一种现象——琳达自曝是在前夫的威逼下拍摄了该片，色情电影业对艳星们否定自己以前作品的行为称为"琳达综合征"（"Linda Syndrom"）。

如果没有期货和期权市场的话，难道它们到现在还没有发明出来吗？如果金融期货找不到什么经济理由的话，那么这些市场怎么可能在过去的13年里获得如此显著的增长呢？它们又怎么能够在世界范围内吸引这么多的金融机构、这么多的银行、这么多的基金经理、这么多的外汇交易者和养老基金经理呢？这么多世界最负盛名的机构名称怎么能在交易所会员名册上迅速膨胀起来呢？除非这市场需要现代化的商业、金融和风险管理工具，否则，它们怎么会有这么大的交易量？如果这些市场真的就像那些诽谤者所宣称的那样邪恶的话，那么，全世界的重要金融中心为什么相继效仿这些新市场呢？

这些市场又怎么能够完全愚弄四家美国联邦机构（即联邦储备委员会、商品期货交易委员会、证券交易委员会和美国财政部）呢？这四家美国联邦机构最近发布了期货和期权交易对美国经济影响的研究报告。该研究项目由美国国会授权，联邦储备委员会牵头，涉及期货和期权市场的方方面面。最终的文献，包括联邦储备委员会的另一份关于证券和期货保证金的报告，是迄今为止关于期货和期权市场问题最为全面的研究报告。

问问自己，为什么被冠以"邪恶"之名的市场可以在联邦储备委员会笔下变成了可以接受的事物。金融期货和期权市场通过提供更为有效的风险管理方式，发挥其有用的经济作用；期货和期权市场的出现，使相关现货市场的流动性（如美国财政证券和普通股的流动性）得到完善；在政府债券发行成熟度方面，期货和期权合约提升了联邦储备委员会以有序方式实施公开市场运作的能力；财政部进行债务管理的运作能力也相应提高；因为金融期货市场的设立，国债券市场的流动性得以提高，意味着联邦政府为债务支付的利息降低了，最终令纳税人受惠；公司债券套期保值能力的提高，降低了私营部门的基金总成本；在市场操控和客户保护方面，似乎也没有什么重大监管问题。

如果你自己问问这些问题、并思考一下答案的话，坦诚地说，你就会怀疑你所听到的那些关于期货和期权的贬损性的评论、诽谤性的影射、煽动性的笑话、错误的指控、误导性的言论以及半真半假的陈述，那都是彻头彻尾的谎言。

现在，我们能否因此而期望情况有所改变呢？既然国会已经满意了，既然我们对那些从远古时代至今一直使市场痛苦不堪、限制市场发展的问题已经有了可信的答案，那么，我们能否期待国会还市场一个更为公平的评价呢？我们现在能否期待期货和期权交易成为广泛接受的综合性的风险管理工具呢？

算了吧，看看《商业周刊》1985年9月16日的封面标题吧："玩火者：投机代替投资，经济未来危在旦夕"，听听其内容报道吧："唉，进步。在放松监管的刺激下，金融投资者在加班加点工作，艰难地创造出一系列新的金融工具和全新的市场。现在，每个普通公民或公司都几乎可以随时、随地地持有任何金融部位。仅在15年前，那个沉闷的、处处受限的金融体系已经一去不复返了……由于迫切希望在这场博弈中胜出，创新和放松监管使金融体系变质，从投资转为投机。美国也因此卷入洛德·凯恩斯所谓的'赌博社会'——国家卷入了高风险、一夜致富的漩涡。"

想象一下，《商业周刊》在向洛德·凯恩斯致敬。奇观永无止境！

或者听听《巴伦》（Barron's，财经杂志）在《细条的猪腩：为什么股指期权如此火热》中所说："就像其减速的视频游戏一样，根据你的欲望准确性和反应迅速，股指期权能给人以瞬时的决断：满足，或者毁灭。"

有些事情永远不会变。因此，我们告知而又告知，揭穿而又揭穿，主张而又主张，自然传承，永无止境，这些事情都是势在必行的。

愚蠢的固定汇率

《浮动利率的好处（文选）》1987年由乔治梅森大学出版。我作为编者，其中一章是我写的，即关于国际货币市场的创建。我把下面的想法作为该章节的开头："很少有什么事件比芝加哥的国际货币市场的建立更能代表浮动汇率的开始。"实际上，1972年5月16日建立的这个期货交易所与布雷顿森林体系的瓦解不可避免地联系在一起，就在数月前，美国总统尼克松正式关闭了黄金之窗，结束了固定汇率体系。

因此，固定汇率呈周期性的回潮现象，但是，不论这个被抛弃的幽灵何时抬头：国际货币市场和其他所有理解该问题的人都有责任大胆地批驳它。实际上，该文选是所有学术界和商业界领导特殊的联合产物，他们享有的共同理念就是通过坚持自由市场原理，更好地获得全球的经济稳定性和经济生存能力。美国浮动汇率联合会于1986年组成，当时，越来越多的有关回归固定的国际货币体系的呼声再次响起。

国际浮动汇率联合会以下述主张为基础而成立：

1. 自由市场是供给和需求最好的仲裁者，它提供最有效率的价格决定机制；

2. 自由市场汇率体制反映了各国经济运行的基本因素，但并不导致这些基本经济因素发生；

3. 一个国家的货币价值取决于对该国与其他国家间自由市场进行复杂的分析，以得知它们在价格水平、通货膨胀率、利率、国家货币供给、国家收入、贸易和投资流动情况、政府和私人债务以及政治风险等方面的区别；

4. 通过灵活的自由市场汇率体制更好地检验和平衡这些复杂因素；

5. 用市场驱动的汇率体制培育稳定的国际货币体系。

国际浮动汇率联合会成功地击退了当时的反自由市场的力量。下面的华尔街期刊文章就是我们公开的反击。这类相同的问题经常回到我们身边，困扰着我们。这是非常有教育意义的、也是令人恐惧的事情。1992年后期，当时的国际浮动汇率剧变使得本文所反映的观点像当时写文章时一样恰如其分。

> 刊载于《华尔街日报》，1986年4月24日。

1985年，我们见证了一场在自然力量与人类诡计之间的关键较量。在这一年，在如何决定合理价值的问题上，自由市场展现了昔日少见的、无可匹敌的力量。同样在这一年，人类对摆在眼前的铁证视而不见，再一次策划了徒劳无功的计划，妄想超越供求关系而得出公正的估价。

一方面，曾经是全能的国际固定价格的卡特尔——欧佩克（OPEC，石油输出国组织），发现它自己很难在无情的市场力量作用下再继续维持其长期的人为定价体系；同样，伦敦金属交易所在由国际锡金属协会（ITC）人为地支撑锡价而产生大量违约的环境中极力求生。另一方面，美国财政部与其他国家的财政部长（五国集团，G5）联合举起了由委员会代表人为定价法则的火炬。

他们告诉我们，这一回与以前将会不同，需求和供给的普遍法则在外汇市场上与在油市、锡市上是不同的。实际上，他们自豪地指出，他们最近在人为定价方面获得成功，而且通过坚持他们的动机是很纯净的，试图消除我们的疑虑。同时，我们一些原则性很强的自由市场倡导者可耻地丢失了立场，含含糊糊地说什么有些时候实用主义比理想主义好。

错！决定货币价值最基本的规律与决定其他所有商品的规律没有什么不同。战胜人为制定油价的市场力量最终将消除五国集团的人为操纵，以及任何试图确定美元相对价值的人为体制。在今天的世界里，国际资本市场的货币固定汇率或目标浮动范围只有当其与市场力量相顺应时才能够维持。

1985年9月22日，五国集团（G5）快速固定利率的成功只是顺应了市场的结果。美元在4年牛市的减压阶段已经建立了最高点。到9月早期，美元对德国马克已经下降了23%，对英镑下降了33%，对日元下降了

10%。当五国集团（G5）抗议的时候，美元已经处于下跌调整的最后阶段。他们的时间掌握得真好，在已经预期美元汇率要下跌的情况下，美元对这个时刻增加的压力做出了反应。如果部长们不行动的话，那么，自由市场力量也会达到一个相似的结果。

但是，如果走到另一个极端的话，那么，这与相信任何错误的信仰一样是危险的。我们将被迫用越来越多不好的结果一次次地求助于新的干预者。更大的不确定性、更高的波动率以及越来越严重的价格错位，将是我们预计的结果。最终，当参与的部长们意见不再一致，或者当市场完全拒绝遵从我们的口令的时候，真理会自然显现，这会不可避免地发生。石油生产者的经济卡特尔和国际锡金属协会就是见证。实际上，在人类历史上，极少的决策者比市场中买卖双方的集合判断更聪明的例子几乎没有，今后也不会有。如果说，我们接受新的宗教为的是防止我们的命运更糟糕，这是没有什么重大意义的。风行美国的保护主义政治风气威胁了世界贸易的圣洁，因此，有一点干预远比有一点贸易大战好多了。哎，就像是怀孕的情况一样，你不能说那只是"一点儿"的事。干预，就像是所有醉人的"长生不老药"一样，有着巨大的吸引力。

顷刻间，要求重新回到第二次世界大战后西方世界直接实行的以固定汇率为主要内容的布雷顿森林体系又成了流行之势。顷刻间，许多专家开始赞美旧体制的诸多优点，尽管他们从不同的哲学角度研究问题。但是，他们都指出，较高的美元价值是浮动汇率失败的证据。结果，他们发起一个新的国际布雷顿森林体系会议，目的是重新确定固定汇率体系。

1985年的世界在运行方式、形态或形式上都不是1944年的样子。而这场战争完全破坏了世界商业贸易的各个方面。美国金融体系和美元是自由世界经济结构的唯一幸存者。布雷顿森林所达成的协议今天不会再重演了，而当时，美国实际上能够规定任何经济决议。

美国倡导固定汇率的主要目的是要重新回到更为固定的货币体制。他们都致力于全球化的远景，修改那些处罚储蓄和投资的免税代码，减少预算和贸易赤字，排除国际贸易壁垒。不幸的是，他们都误以为这些有价值的目标可以依靠重新恢复固定汇率的布雷顿森林体系完成。他们首先应该认真检验是什么打破了世界秩序。尽管自由市场的经济学家米尔顿·弗里德曼早在1950年就提倡自由汇率了，但是在银行业，关于反对固定汇率的舆论直到20年后才发展起来。直到那时，布雷顿森林体系已经不再能够应对每日供给需求统计数据所产生的内在价值变化了。

自从放弃固定汇率后，自由市场力量正确地反映了经济现实。从1973年到1980年期间，在美国处于高通货膨胀和低迷的经济状况的时候，美元价格大跌。当我们的政策在联邦储备委员会领导下发生剧烈变化的时候，美元从1981年开始增值。这个记录肯定不是自由汇率失败的先兆。

产生恢复固定利率的期望这个问题出自美国的巨额贸易逆差。贸易不平衡的主犯是高价美元使进口比出口更便宜。尽管这是显而易见的，但是这并不是事情的全部。美元价格并不是起因，相反，只是问题的"症状"。价格只是市场基本价值的反映。争论高价美元对我们的经济起负面影响并没有解释美元价格这么高的原因，也没有证明浮动利率体系失败了。而事实恰恰相反。

庞大的联邦预算赤字只能通过以下三个渠道融资：限制投资，增加储蓄或输出债务。我们拒绝第一个渠道，第二个并未充分利用，几乎完全依赖第三个渠道。因此，美元的强势不是我们贸易逆差的原因，而只是一个结果。事实上，美元强势是主要的平衡因素，它能够对贸易进口和出口进行必要的调整，以便满足我们的巨额债务需求。

理解和正确地评估现阶段浮动利率的实际作用是非常必要的。如果确定了对国外资本的需求以及国外资本所带来的不可避免的贸易逆差，那么，允许用浮动利率价格机制决定如何处理贸易逆差所产生的问题，这是最公正当然也是最有效地解决极为困难问题的方法。当然，对事实如此评价并不意味着否定美元价格过高而产生很大的经济成本，这样的结果也不能允许我们因恐慌而采取任何不健康、无保障的行动。尽管浮动汇率远非完美，但是，它却提供了一种解决包含像货币相对价值这样复杂性问题的最好的体系。

正如经济学家戈特弗里德·哈伯勒指出的那样："汇率的政治化是一场危险的游戏。它已经导致了许多外汇市场的骚乱。自由市场确定汇率机制比政府制定汇率体制运作得更好。"又像纽约储备委员会主席杰拉尔德·克里根最近对日本社交界演讲中所说的："……对现阶段浮动汇率体系普遍受挫的感觉是可以理解的,而且我们肯定敏感地意识到加强这一体系的机会,而不是考虑恢复固定汇率,或是用类似黄金或商品标准作为一种没有疼痛的神奇方案解决问题,这完全是愚蠢的。"

  1985年,我们已经实实在在地认识到,干涉自由市场价值是徒劳的、愚蠢的。奇怪的是,我们又这么快地要重复我们的错误。这是圣塔亚那①的警言吗?还是他的咒语?

---

① 译者注:见99页译者注。

对指数参与合约的争论

期货交易所和证券交易所之间的冲突周期性地爆发。这种冲突经常是由于一个特定的问题而产生的结果：究竟哪个行业有权交易给定的交易工具或产品系列？这个问题有很多答案。答案不仅决定着究竟是哪个联邦监管机构——证券交易委员会（SEC）还是商品期货交易委员会（CFTC）将有权监管有争议的产品，而且，更为重要的是这将涉及行业的发展方向。

由于期货交易工具与证券交易工具之间的区别很复杂。加之它们常常模糊不清，所以，随着时光流逝，确定二者的区别更为困难。很难把明明白白的定义写进法规里。因此，国会周期性地与这些问题较量着，但是，这类问题也常常诉诸法庭。

指数参与合约由一些证券交易所创立，创建该合约的目的是为了与芝加哥商品交易所和其他期货交易所极为成功的指数期货合约进行竞争，而期货业内几乎没有人认为指数参与合约能够对我们形成竞争性威胁。我们认为，证券交易所应该与期货交易所在同一层次的博弈领域开展竞争。我们的观点是指数参与合约只不过是在模仿期货交易的工具。因此，这些交易工具应该在商品期货交易委员会的监管下，按照期货市场规则进行交易。我们一定要保护我们的经营领域。

> 发表于《纽约时报》，1989年8月25日。

有时候你恰好不能赢！

1982年，当期货市场构思股票指数合约的时候，证券业告知我们，那是一个行不通的愚蠢理念。之后，当这个合约交易成功的时候，他们告诉我们，那是恶魔的作品，应该禁止。随后，当尊敬的联邦政府官员和学者赞美这些合约是创新的和有成本效益的，也是当今金融领域资金管理经理人必不可少的风险管理工具的时候，证券交易所下了决心，该合约可能是一个好想法。你是不是认为事情到此为止了？如果你回答"是"，那你就错了！

美国股票交易所（AMEX）和费城股票交易所（PHLX）将要创立他们自己版本的股票指数期货，即所谓的"指数参与合约"。这很好。但是，随后他们仓促声明，这些合约不是模仿的期货合约，而是他们自己最新的证券创新。你会那么愚蠢吗？每一个忠实的评论都会得出结论，那些合约就是期货合约。正如格特鲁德·斯坦（Gertrude Stein）① 所言，"期货，是期货，就是期货"。

但是，究竟是什么新理念？为什么技术性这么强？多年来，俄国人声称他们发明了福特T型车②，而当时的每一个人都知道他们真正发明的是脊髓灰质炎疫苗。③ 我们没有让像那样的一点技术性问题停留在公开化的道路上，是吗？

如果指数参与合约是期货合约的话，那么，它们必须在商品期货交易委员会的监管下上市交易。另一方面，如果指数参与合约是证券合约的话，那么，证券交易委员会具有监管权限。而且，美国股票交易所和费城股票交易所在各自的交易所内都有期货交易分部，他们能够在那里上市指数参与合约，不会受到任何法律限制。但是，这些证券交易所真正想要的却是一场法律激战，我把这叫作"放肆"。即使是俄国人，他们都没有勇气在世界法庭上编造其虚假谎言。

---

① 译者注：美国作家与诗人。

② 译者注：福特T型车（英文：Ford Model T，俗称：Tin Lizzle 或 Flivver）是美国亨利·福特创办的福特汽车公司于1908年至1927年推出的一款汽车产品。福特T型车的面世使1908年成为工业史上具有重要意义的一年；T型车以其低廉的价格使汽车作为一种实用工具走入了寻常百姓之家，美国亦自此成为了"车轮上的国度"。从第一辆T型车面世到它的停产，共计有1500多万辆被销售。它的生产是当时先进工业生产技术与管理的典范，为汽车产业及制造业的发展做出了巨大贡献，在20世纪最有影响力汽车（英文）的全球性投票之中，福特T型车荣登榜首。

③ 译者注：脊髓灰质炎疫苗（后称"索尔克疫苗"或"沙克疫苗"）最早由美国实验医学家、病毒学家乔纳斯·索尔克（1914-1995）发现，用以对抗脊髓灰质炎（小儿麻痹）。《时代周刊》将索尔克评为20世纪最具影响100人之一。

证券交易所恰恰得到了他们物有所值的东西。1989年8月18日,联邦诉讼法庭得出结论:指数参与合约具有期货合约的全部特征,例如,每日结算、到期日以及现金结算等。相反,它们并不具有任何股票产品的一般标志。也就是说,不像股票的股份,买方参与管理任何公司都不能分得利息,买方甚至连相应的股份都不能拥有。因此,法庭裁决,指数参与合约由商品期货交易委员会监管。

美国股票交易所、费城股票交易所和证券交易委员会高喊:"这是血腥杀手。这一裁决正在扼杀创新!国会必须干预!"

诉讼法庭的观念不仅在逻辑上、法律上是正确的,而且美国股票交易所、费城股票交易所和证券交易委员会的抱怨是政策面上的烟幕。这也是另一个尝试,为的是在不是同一层面博弈的竞争中捕捉期货业的创新利益。如果指数参与合约值得他们尊敬的话,那么,为什么美国股票交易所和费城股票交易所不是简单地在期货交易分部作为期货合约上市呢?在这种情况下,期货业将没有合法的抱怨。

事实上,正巧在美国股票交易所、费城股票交易所策划"俄罗斯行动"的时候,纽约股票交易所提出开发真正的一揽子证券产品的计划,即买方在实际意义上拥有一揽子中的股票。期货交易所没有异议。纽约证券交易所(NYSE)的产品正是那些分析1987年股票市场大崩盘的人所推荐的产品。

因此,美国股票交易所、费城股票交易所和证券交易委员会置法律于不顾,现在正在采取非常手段、貌似有理地喧嚣:法庭裁决扼杀了竞争,这必须由国会加以纠正;所采取的补救措施大概是,或者改变沙德-约翰逊协议(Shad/Johnson),[①] 使之进一步有利于证券交易委员会的监管(在我看来,证券交易委员会在这一问题上已经大大超越了商品期货交易委员会),或者创建一个单一的监管机构(换句话说,就是废除商品期货交易委员会)。

[①] 译者注:1981年沙德-约翰逊协议对商品期货交易委员会和证券交易委员会交易职责进行划分,明确股指期货流通权属于商品期货交易委员会,而证券交易委员会对股票期货(包括股票期权和股指期权)享有管辖权。

创建单一的监管机构有各种目的，一般来说都对证券业有利。芝加哥大学法律和经济学项目主任菲谢尔博士（Dr. R. Fischel）就这一问题对布雷迪（Brady）报告进行了分析，他摒弃了建立一个监管机构的概念，他宣称，没有证据能够说明监管者之间的竞争是有害的，或者说，在理想的情况下，如果没有一个单一监管机构的话①，就不会有监管合作。

同样，证券交易委员会委员爱德华·弗莱西曼（Edward Fleishman）指出：证券与期货的主要区别就是不要授予证券交易委员会对金融衍生品监管权力的充分理由。他也得出结论，即监管竞争是"非常健康的发展……（它）……将有利于两个监管机构。"②

你只需要简单地回顾一下历史，就能够领会两个监管机构的概念有利于美国金融业的原因。例如，是谁意识到，金融风险的现代技术将需要一系列的新产品？是谁在1972年就意识到，固定汇率的崩溃将产生对货币期货市场的需求？是谁理解了利率风险暴露将产生对套期保值机制的需要？是谁构建了股票指数的概念？上述任何问题的答案都是期货市场。如果在证券交易委员会监管下，能发生这种事情吗？证券交易委员会会鼓励这种创新吗？肯定是有疑问的。交易所交易的期权，即唯一发生在这一时期的新的成功证券产品，还是由期货交易所发明的。

就到这儿吧，让我们休息一下。要像优秀的交易者认赔那样，承认法庭裁决吧，否则，就自己发明一些东西吧！

---

① 丹尼奥·R.菲谢尔，"应该只有一个机构监管金融市场吗？"，《黑色星期一和金融市场的未来》，1989年出版。

② 在商品法律学院的演讲，伊利诺伊，芝加哥，1988年10月12日。

第四部分　1987年的大崩盘

以我的判断来说，芝加哥商品交易所经历了三场自然灾难，很多观察家将它们描述为严重危机。有两种情况说明突发的紧急情况或多或少只是当地的问题；另一种情况是涉及行业的问题，影响到美国各个期货和期权交易所。

第一个事件纯粹是本地问题。在19世纪50年代后期和60年代早期，这一事件发展到关键时刻用了好几年，那时我只是交易大厅的一个初学者。芝加哥商品交易所的主要品种（储藏的冷冻鸡蛋）正在垂死挣扎。鸡蛋生产周期正在消失，相伴而生的是对鸡蛋期货市场的需求也在消失，交易量持续下降，交易所年年亏损。会员席位价格下跌至3000美元，在这个价位上，交易所建立了支持项目。在交易大厅，空气中弥漫着死亡气氛。芝加哥商品交易所的日子似乎屈指可数。

尽管我没有涉入这次危机，也与引发这一事件的历史没有关系，但是，它对我起到了深刻教训的作用，即为了能够生存，交易所不能只靠单一品种，也就是说产品必须多样化。在随后的岁月里，这一教训成为我为芝加哥商品交易所制定长期策略的主题。持续地开发新产品，使期货交易工具多样化是重要的基本原理。

最近出现的危机是在1989年1月。它是由对芝加哥的交易所内的交易大厅发生的交易行为进行联邦调查而引发的。不幸的是，由于条件限制，我不能全面评论这一事件，因为涉及我们几个会员的法律问题仍悬而未决。然而，我并没有被限制对媒体以错误和失实方式报道这一事件进行陈述。令我们失望的是，许多媒体错误地假定，调查就如同针对证券市场的内幕交易丑闻产生的规模和意图那样而进行的。结果，由于任何交易违规都未成立，所以随后对期货交易者的审理显示，即使有违规行为，涉及的数量也很少，而且多数是技术违规。

在这些过程的进程中，交易所及其行政官员都发现，他们的处境都很困难。他们有义务与联邦调查组进行全面合作，而且他们也确实这么做了。交易所有责任监控交易过程，防止会员违规。只要达不到这样的要求，就是没有对公众尽到交易所的责任，就会导致国会对其信任程度的减少，还会导致相应的自我监管权限的减少。因此，由芝加哥的交易所的行政官员承担的一些行动似乎表现出对其会员因受调查而承受困难没有同情心，甚至漠不关心。这个令人遗憾的印象不合实际。交易所及其行政官员坚信其多数会员都没有不道德行为。实际上，我们的头脑有着强烈的意识，即芝加哥的期货和期权交易者的道德规范、行为做法以及交易活动都能经受任何检查和考验，可以和世界上的任何市场作对比。

此次调查有一个明显的、具有建设性意义的结果，即促进交易所实施更为严格的管理规定，加快交易所在订单执行过程中开发运用先进技术。交易所的技术创新将为其会员产生巨大利益，使市场更为有效，成本效益更好。在我们跨入高度竞争、技术推动的21世纪的时候，这注定会为芝加哥开发更多源源不断的业务量。

危机是全球性的。那是1987年的股市大崩盘。在我看来，这次危机是到目前为止，我所领导的芝加哥商品交易所的20年间面临诸多问题中最为危险、最为重要的问题。因此，在本书的此部分，我将分析大崩盘及其反映的问题。尽管这次紧急状况是由世界事件引发的，尽管期货和期权市场并没有发生错误，尽管我们的市场在危机中的表现没有漏洞，尽管事实印证了我们的说法，但是，极其危险的是，我们的市场差点儿被贴上罪犯标签依法取缔。

1987年的重要性与其对期货和期权市场的影响具有同等意义。这一史无前例的事件在全国产生的公开影响以及我们的市场因此接受的调查表明，这是把我们的市场看成是世界金融结构的重要组成部分的结果。更重要的是，联邦储备委员会主席艾伦·格林斯潘在对国会证言中指出，股票指数期货具有其内在价值，是资产风险管理的重要工具。加之美国财政部部长尼古拉斯·F.布莱迪也指出，股票市场、期货市场以及期权市场都是整体市场的组成部分。他们都把期货市场的作用提升到超越我们远大志向的新高度。

武装起来的号角

随着过去每周的标准普尔 500 期货交易量的上升，对它们的攻击也相应增多。这种消极论调是对一种新的投资方法，即对指数投资扩大攻击范围的一部分。"指数增强投资"的趋势在增长，并被看作是对正统资产投资策略的威胁。它是这两种力量相互冲突的开端。

"指数增强策略"利用的是指数期货和期权。因此，我们的市场成为标靶。由于指数期货是新生的、神秘的，还没有建立其支持者。所以，它们首当其冲受到攻击。没有人为我们说话，没有人帮我们防守。没有人为我们解释"指数增强策略"的作用和必要性。

我们开发了一项长期策略。然而，我们需要金融公司帮助，启动包括即时反应机制在内的短期计划。我们寄希望于那些以资产交易为背景的会员，因为他们是指数期货的使用者和套利者。他们理解指数市场和期货的作用，他们利用我们的市场，为其顾客和公司获利服务；他们明白，指数期货是现代投资策略的副产品，已经成为资本市场整体的组成部分。这些会员公司与媒体保持着良好信誉，我们要激发他们的声音。我们恳求他们在反击战斗中帮助我们。

> 在指数交易协调委员会会议上的演讲，纽约，1986 年 9 月 30 日。

要是有人没有意识到指数投资和指数期货市场正在遭受攻击的话，那么，他要么是死了、睡着了，要么就是像爱丽斯[①]一样在梦游仙境。在过去

---

① 译者注：《爱丽斯梦游仙境》是 1951 年的美国迪斯尼动画电影，该片剧情根据路易斯·卡罗所著的同名童话小说改编，描绘了一个金发碧眼的小女孩"爱丽斯"因无心上课，看到一只带怀表的兔子先生而不小心进入到奇幻梦乡，结识到一群好朋友等一系列的故事。

的两周里，我所听到和看到的关于指数策略、程序交易、三重魔力①和股票市场波动性的负面诽谤比我在过去两年里听到和看到的都多。好像每个可以写字的人，甚至那些只是很少与金融领域有关联的人，都已经感觉到不得不解释一下由指数投资策略和利用指数期货所产生的罪恶了。让我们面对它吧，这些新策略经常与被怀疑是魔鬼交易工具的期货和期权相关联。上市这些神秘交易工具的交易所主要位于芝加哥，而不是位于那些与善良的金融关联的地方，或是那些能够激发信心的地方。所以，为什么不攻击这些市场的信誉？为什么不质问它们的必要性？为什么不怀疑它们的存在价值？

我不需要为在座的任何人解释这些问题。我不需要解释指数投资方法论被认为是对正统投资策略的威胁。我不需要例证这个冲突归根结底是收入在两个不同的利润中心流动的问题。我不需要阐明期货市场已经在这次攻击中首当其冲。不论何时，只要股市下跌，我们的市场就会遭受谴责，而当股市上涨时，却得不到良好信誉。甚至连美国证券交易委员会前主席约翰·沙德（John Shad）最近都承认：程序交易在到期日的波动性和价格涨跌众所周知，而程序交易良好的本质效应却无人关注。

想一想吧！在长达 4 年的牛市里，伴随着我们从未见过的那样大的预算赤字，而且看起来没有任何减轻迹象；伴随着创纪录的贸易赤字；伴随着很坏的经济预测和数据；伴随着逐渐上涨的利率；伴随着表明一些生活信号的通货膨胀；伴随着惩罚 18.5% 的持有投资资金的一揽子税收改革，仍然需要找到一个矫正市场的罪犯。如果需要找到一个罪犯的话，为何不指责指数期货呢？

在座各位都是我们业内成员，你们理解并且关注这个问题，我们也相信你们能够帮助我们为解决这些问题做些什么。我们把你们召集在一起，因为我们感到你们是指数期货和期权的主要使用者，因为你们知道这些工具在指数投资策略中的价值，因为你们能够成为使媒体和公众了解我们信誉的发起者。你们是媒体尊重的专业人士和专家。我们今天请你们加入我

---

① 译者注：三重魔力是指当股票指数期货合约、股票指数期权合约和股票期权合约的到期日相同那一天所发生的事件。三重魔力日一年发生四次，即 3 月份、6 月份、9 月份和 12 月份的第三个星期五。该星期五的最后一小时的交易称为三重魔力时刻。此间由于交易者抢在收市前快速平仓，所以，市场极度波动。

们的行列，就是要强调问题的严肃性；就是要为你们提供实质性的事实和统计数据，用它们向这个问题作斗争；恳请你们帮助我们教育媒体，并积极地保卫你们所利用的市场。

事实上，"指数增强策略"是代表资产投资领域有成本效益的一种相对较新的方法。我们的市场允许你们以一种快速方式实现这些创新策略。简单地说，我们的市场代表了现代交易策略、现代投资组合管理和现代技术的结合。传统的投资机构与我们所代表的有所不同。他们把我们视为对现状的威胁。要是为了满足他们的利益，或是为了满足那些害怕变革的人的利益的话，我们就不得不抛弃现代投资理论，把计算机芯片毁坏，把阴极射线电子管扔到窗外，让电子通信革命流产，回到"摇把电话"是世界上主要联系方式的时代。

指数投资，就像大额交易、共同基金、期货、股票期权、国库券期货以及过去20年产生的许多创新的革命想法一样，都是时代变革的标志，这些创新都是现实的结果。我们肩负历史责任，因为我们见证和参与了这些变革，我们理解这些变革及其原因的必要性。

我们在这里请你们帮助解释一下我们市场的优点。我们需要的帮助是教育媒体对期货在现代投资技术中的作用的认识。我们需要你们讲的话是为什么我们的市场对于市场体系如此重要。我们需要你们帮我们把话讲出来。否则，在公众看来，我们将要拥有的市场创新都是不负责任的，是误导的，是虚假的，有时是故意的恶毒描述。一些人确实向金融版的记者说了一些恶毒语言，而这些记者其实对市场也知之甚少。不幸的是，问题并不是到"媒体"就结束了。记住，很多人在阅读这些不实之词。如果读者是选民，选民就会影响立法者，而立法者就会影响到监管。不论你的喜好如何，多数人还是相信他们读到的东西。如果像俗话说的那样，"比如说我有偏执症的话，那么，它并不必然意味着我是错的。"

记住，市场的敌人是存在的，他们反对变革，反对创新，总体上是反对自由市场体系的，尤其反对指数投资策略。传递错误信息的新闻媒体就是他们手中武器里的重型炸弹。如果有人认为我在夸大其词、过分高估危险的话，那么，请允许我为你驱逐这种想法。我不是金融领域的初来乍到者。你们正在聆听一个已经在火线上呆了20年的人说事儿。我以前已经见过这些敌人了，他们用的是真枪实弹，绝不可小视他们。

我们有包括长期计划和短期计划在内的综合防守策略。我们的长期计划包括主要集中在学术机构的大规模教育项目。我们需要学院和大学把现代投资策略以及利用我们市场的方法纳入其学术研究项目。我们也将授权和鼓励他们开展一些关于期货方面的研究，包括期货对流动性、期货对投资、期货对资金形成的影响，以及开展一些有关证券市场的研究。但是，这些研究是需要花时间的。

在短期计划方面，我们提出立即利用媒体向他们反击。对于这一点，我们想让你们、你们的同事以及你们能够影响到的任何人都来帮助我们。我们向你们建议，不要再躲避记者提出的问题了，不要再隐瞒了，实施阳光工程吧！我们甚至想让你们寻找负责金融报刊的人士，把你们的意见告诉他们，教育他们，并让他们能够把你们的观点登出来。

你们可以向他们解释三重魔力（一年中只发生4天）和利用期货进行指数投资策略（发生在其余的361天）的区别。你们可以向他们解释我们的市场。你们可以向他们解释套利交易和人类一样由来已久，其目的是拉平不同市场间的价格差距。尽管根据定义它是无风险的，但是，实际上是有风险的，它需要技巧和资金。请你们帮助我们教育媒体，使其了解我们的市场为大小投资者提供的好处。请你们向他们解释专业的货币管理者如何利用指数市场增加投资者投资组合的收益。

你们可以向他们展示中小投资者利用这些策略投资于共同基金而赢利的情况。你们可以告诉他们，世界已经改变了，我们就代表了这种改变。你们可以告诉他们，你们不能再走回头路了。你们可以向他们解释，我们的市场如何为想要卖出的卖方提供买者，反之亦然。你们可以讨论影响市场变动的基本因素，并向他们解释，我们的市场像现货市场一样，都对供求做出反应。你们可以帮助我们向他们解释，我们的市场代表了具有效率和成本效益的当代技术与股票市场的协调运作。你们可以向他们解释，我们是一个完整的市场，我们唇齿相依，唇亡齿寒。

如果你们都能够卷起双袖，勇敢地站出来，让别人听到你们的声音的话，那么，你们现在就要立即反攻。这与我们旨在教育金融报刊的短期计划不谋而合。更重要的是，如果你们立即行动的话，就会为我们实施我们的长远策略提供时间，该策略旨在永久地保护我们市场，保护你们使用市场的权利。

与现实融合

1987年的股市大崩盘是一个令人震惊的事件。它引发了不利于期货市场的情绪和指责，公众把矛头指向期货市场，形成一股不协调的洪流。有一段时期，形势那么糟糕，以至于我们不知道我们的市场能否经受住那些投向我们的消极否定看法。攻击期货市场的形式既有削弱我们生存能力的立法提案，也有高度不利国家形象的其他形式。我们需要勇气、技巧、智慧和谨慎的策略击退这样的攻击，并使我们的市场继续生存下去。

我们有四个策略：应对眼前的攻击；摆出事实（事实对我们的市场非常有利）；解释导致这次大崩盘的重要原因；指出解决问题的途径。因此，我们撰写并出版了大量材料。在许多国会委员前举证，做了无数次演讲，尤其重要的是来自我们会员的理解和支持。正如前述众多例子一样，我用芝加哥商品交易所的年报作为教育会员和建立统一战线的方法。之后，我强化了材料的主题，扩大了对外影响。

我们面临的冲突绝不是简单的问题，它持续了将近两年。最后，我们的策略不但被证明是成功的，而且，把期货市场一下就推到金融领域的最前线。在许多方面，芝加哥商品交易所可以和纽约证券交易所相提并论了，获得的这一重要地位和威望在若干年前看来是不可想象的。

这段讨厌的历史片断不经意地成了期货市场新发展阶段的建设性开端，并且启动了全球化发展的新时代。

> 发表于1987年芝加哥商品交易所年报。

当美国国会开始决定调查10月19日股市大崩盘原因的时候，我怀疑要发生什么事儿了，但我并没有失望。

国会听证、监管质询、媒体压力以及大量（官方的和私人的）的研究把国会和全国的注意力集中于股市是怎样崩盘的，而不再考虑为什么崩盘。很明显，市场为什么崩盘是一个更为基础的问题，尽管它更难解决。出于对最终决定投资价值的相关经济状况和因素的关注不应降到次要位置，对这些经济状况和因素的确定进行调查是没有必要的。确定调查哪些内容有很多考虑余地。

在这一系列考虑的一端，我们发现，创纪录的预算赤字和贸易赤字是重要而复杂的孪生问题，因这些问题导致的可怕后果而产生的影响力无处不在。而在这一系列考虑的另一端，是对5年连续牛市之后、市场早就应该进行调整这一观点的简单解释。牛市过多，本益比达到历史新高。

当然，也有人关注以下这类问题，例如，联邦政府的货币紧缩政策；人们对美国领导者丧失信心；联邦立法反对因大量借贷而减息，直接影响作为美国股市动力的市场行为；对保护主义的贸易立法极度恐惧；以及股票收益与固定收入投资收益间不断增长着的不利差异。

在这些基本背景之外，还有一些心理问题。例如，伊朗不断增强的敌意使波斯湾局势不再平静；对通货膨胀和经济萧条存在着可怕的预期；美元贬值；美国财政部和德国德意志联邦银行开放性政策的分歧为卢浮宫协议①（以汇率为目标）画上句号，打破外汇价值由政府法令确定的神话；国外股票市场价格不断下降；最后，大量文章把1987年10月大崩盘与1929年10月相比较。这些因素的组合比充分的理由更能真实地从心理上说明市场是怎样崩盘的。

也许联邦储备委员会主席艾伦·格林斯潘在1988年2月2日递交美国参议院银行委员会的报告作了最好的总结：

最终，股票价格使提高实际收入和减少贴现因素达到难以置信的预期水平。肯定要出事儿。如果10月份不发生大崩盘，那么，以后很快还会发生。导致大崩盘的直接因素是偶然的，市场跳水是早晚的事儿。

---

① 译者注：卢浮宫协议是1987年2月，美国、英国、法国、德国、日本、加拿大、意大利七国账长和中央银行行长在巴黎卢浮宫达成协议，采取联合措施，在国内宏观政策和外汇市场干预两方面加强紧密协调合作，以阻止当时的美元币值下滑，保持美元汇率的基本稳定。

因此，在我们急于寻找责任并对大崩盘作出解释的时候，在我们需要找出一个罪魁祸首的时候，在我们充满雄心地防止大崩盘再次发生的时候，我们不仅需要把注意力从表面问题转移，我们还需要关注我们怎样走向错误的方向。实际上，对于市场为何下跌得这么快的答案没有什么神秘可言。高估的市场会变得令人痛苦；当每个人都想卖出的时候，市场上绝不会有足够的买者。换句话说，我们可能对这一现实无能为力。

然而，我们可以从10月大崩盘学到一些东西。这次事件为我们提供了不敢再次忽视的基本洞察力。我们知道，我们的技术能力在何种程度上已经领先于我们的市场机制。坦率地说，我们大多数的传统市场还在运用与蒸汽轮船相当的技术水平进行操作，而做市场决定的人已经在用喷气式飞机了。

正如美国最大的银行花旗集团前任董事会主席沃尔特·里斯顿最近写到（《福布斯》，1987年12月14日）的那样：

今天，在众多的国家里，数以百计的交易室内超过20万台的计算机屏幕在闪烁着，没完没了地传递着各类新闻。在总统或总理宣布一项声明后，交易者根据此项政策对市场产生作用的评价进行货币、股票或债券的买卖，时间只需大约两分钟。

尽管里斯顿先生对于计算机终端的数量估计太低，而他对反应时间的估计太快，但是，他的观点却精确无误。技术革命为我们提供了他所称谓的信息标准，该标准比黄金标准或布雷顿森林体系标准严厉得多。有了信息标准，我们试图建立何种市场法规就没有关系了。显示屏将继续闪亮，传递信息，市场参与者将继续对其认为合适的信息做出反应。正如里斯顿指出："全新的全球性电子构架对摆样子的政治定位进行了末日审判。"我赞同这个观点，并将其进一步扩展，全新的全球化现实对我们的市场提出了不能由目前交易机制满足的要求。

10月19日问题的解决途径既不取决于新的联邦权力监管机构的建立，也不取决于禁止程序交易或其他交易策略的禁令。这些摆样子的政治性定位可能会满足感觉需要，但是，它将延误我们采用真实的解决方案。实际上，这些办法充满危险，而且方向是错误的。市场间或联邦机构间更好地合作也不是问题的答案，尽管这个观点明显会受到欢迎，而且是必需的。

解决问题的途径可能在于不仅在内部结构上,而且在外部结构上如何构建世界市场,使其在运行程序和交易机制方面更为有效,更能反映专业化、全球化和技术革命的现实。

我们引以为豪的是,芝加哥商品交易所已经认识到信息标准的现状,并且在去年10月事件之前很久,就接受了信息标准提出的技术挑战。实际上,我们已经为这些问题奋斗很长时间了。与我们建立国际货币市场和开展金融期货革命时的精神相同,与我们建立芝加哥商品交易所与新加坡国际金融交易所之间的双向对冲系统的创新模式相同,我们准备与现代技术融合,应对全球化的需要。

芝加哥商品交易所决定迎接将要到来的挑战。正如我们的会员知道的那样,1986年9月份,以大胆而远识的精神,芝加哥商品交易所和路透集团共同签订了一项长期协议,旨在为期货和期货期权交易建立一个闭市后的全球电子自动交易系统。芝加哥商品交易所的会员以压倒多数通过了1987年10月6日的提案。

包含在闭市后交易(P-M-T)系统(Post Market Trade-its working designation)①之中的理念明显是期货交易发展过程中的一个历史里程碑,它融合了近年来技术进步产生的现实,并且向统一世界相互分离的金融中心迈出了一大步。

这就是我们对由技术革命和全球化挑战产生的需求而采取的应对措施。我们相信,无论你是东京的银行家,伦敦的风险管理家,还是美国的投资者,它都将为你转化成为机遇和成本效益。它与未来市场发展途径同步。因此,芝加哥商品交易所再次处于领先地位。尽管闭市后交易系统并不是作为10月股市大崩盘的结果而产生的,但是,它体现了解决那段历史事件的途径的正确方向。

受制于机构资本的市场需要一个回应需求、运用以及专业经理人决策的交易系统,受制于全球信息的市场需要一个应对24小时交易的市场机制,受制于现代技术结果和约束的市场需要平等竞争的体系和程序,这些条件缺一不可。简单地说,解决10月19日事件的办法已融于现实之中,并将在现实中被发现。

---

① 最终其名称定为"全球24小时电子交易系统"。

谁杀害了知更鸟？

1987年股市危机之后，一种寻找危机肇事者的巫术在高速运转着。调查结果是：肇事的罪魁祸首是期货市场。毕竟，如此多的国家级金融奇才、纽约的所有居民都站在纽约证券交易所的屋顶上，道貌岸然地向西指向芝加哥。难道还会有其他的判断吗？

期货市场难道就没有一缕希望了吗？难道我们失去了最后改变人们对期货市场看法的机会吗？有无渺茫的希望，是否有人能够尊重事实、听取合理意见，并做出理智的逻辑判断？或许没有人会这么做。但是，悲观绝望将一事无成。我们一定要继续战斗到最后一刻。

在一片失望的氛围中，我来到美国律师协会这一由鼓动者和撼动者组成的神圣殿堂。我这样做不是出于工作职责，完全是勇气使然。

> 在美国律师协会委员会关于期货监管会议上的演讲，墨西哥，阿卡普尔科，1988年1月23日。

无论谁为我的演讲选择"谁杀害了知更鸟？"[①]这一主题，那么，他肯定是一个有头脑的读者。这一主题充分反映了我想讲的内容。标题的完美之处在于它证实了1987年10月19日之前现实生活中存在的狂躁。因为没有人杀害知更鸟——至少在19日那天没有人这么做。股市的狂热笼罩着美国的公众、国会、媒体和金融界，实际上包括所有的人。知更鸟已经处于垂死状态数年了。实际上，到1987年10月19日，真正的知更鸟已经死去很久了。知更鸟和他的后代一样，只是丢失脑袋的躯干在长跑。

知更鸟患的是慢性病，经过多年积累，终于发作。这是一种伏都巫

---

① 译者注：一首童话诗歌的名字。

术，伏都经济给予我们在西方世界的记忆中最大的预算赤字。正是中了魔的经济使这个欣欣向荣的国家在其历史上首次由债权国变为债务国。完全颠倒了国家财务收支结构，使得美国与其贸易伙伴之间产生了巨大的贸易缺口，美元价格创历史新低，可能出现更高的利率预期和高通货膨胀率预期。这些结果并没有发生在1987年10月19日。而在那一天真正发生的事情却是——世界金融奇才意识到——知更鸟可能丢失了它的脑袋。

顷刻间，股市的狂热结束了。顷刻间，现实被揭晓了。顷刻间，股市价格狂跌到荒谬的程度。顷刻间，恐慌接踵而至。顷刻间，人们像知更鸟一样丢失了脑袋而狂奔。一时间，寻找股市危机的罪恶根源变得如火如荼。就是那个告诉国王没有穿衣服的人，他是个可怕的家伙。罪魁祸首就是他，我看见了罪犯。他就是投资组合的保险人！不对，罪魁祸首是纽约证券交易所的投机者！不对，罪魁祸首是期货市场！不对，罪魁祸首是程序交易者；也不对，罪魁祸首是计算机。

当然，真正的肇事者太多了，我们对他们却束手无策。我们都熟知那些肇事者是谁。他们是那些愚蠢地认为19世纪80年代股市的"郁金香热"绝不会终止的人，他们是那些愚蠢地认为股市将永远攀升的人，他们是那些愚蠢地认为经济发展与股市毫不相关的人，他们是那些愚蠢地认为道·琼斯工业平均指数将可能突破3600点大关的人，他们是那些愚蠢地认为任何人都会在牛市的顶部逃出，或是至少在股市崩溃之前逃之夭夭的人。就像人体碰撞玩游戏一样："我们已经找到罪魁祸首了，他就是我们自己。"

考虑一下这个问题。假如你开了一家有六七个律师的律师事务所，经营得很成功，每年都有100万美元的收入，公司前景一片光明。接着，来了一个满袋子都是钱的乡巴佬，他打算出以你年收入22倍的价钱买下你的公司，你卖不卖呢？敢打赌，你肯定卖，并且想立即成交。但是，你可能是在1987年10月19日以后才有这种想法。在10月19日以前，你非常了解你会怎样回答！你会说：见鬼去吧！不卖，绝不卖！你这个家伙会这样想：如果我现在可以卖2200万美元，公司的价值以后肯定还可以升值100万或200万美元，我要继续等它升值！

当股市的狂热塞满我们的耳朵时，我们会反思和批评一下自身的愚昧和贪婪吗？不要再犯傻了！我们四处奔走，到处搜寻危机的肇事者。我们需要调查一下，看看到底是谁杀害了知更鸟？让我们上刑处死那些狗崽子。让我们开一些听证会，让我们进行一些研究。

我们可以雇用一下老卡曾巴赫①。卡曾巴赫是一位聪明的老律师，他将为我们找到真正的肇事者，肯定会。果然，他找到了答案。天哪！期货市场就是真凶，他说。就是那些在芝加哥交易池里的人。它们是恶魔，它们是投机者的巢穴，它们是无目的的，它们是邪恶的。这些交易池应该立即废除，它们应该迁到纽约，否则，我们将请热心的老布雷迪②帮忙。他非常熟悉股票市场，他将会找到答案。布雷迪确实这样做了，这是一个令人震惊的发现。他发现所有的市场都相互关联。这是一个多么与众不同的观点呀！毕竟，这是一个大市场，真令人惊异。否则，我们可以求助老鲁德③来研究一下此事。这样是对的。这是证券交易委员会（SEC）分内的事情，他们的结论比较可靠。毕竟，他发现，多年以来，我们一直认为是一座圣洁殿堂的纽约证券交易所居然内幕交易大行其道。

你能猜到鲁德和证券交易委员会有什么发现吗？我可以告诉你我的预测。结果可能是另一个新发现。在过去的10年间，金融市场已经改变。多新鲜！金融机构及其交易者目前非常强大，它们主导着市场。你感到吃惊吗？好，这是对的。布雷迪和鲁德先生都是正确的。世界已经发生了变化，金融机构发挥着主导作用，如今的市场是一个统一的市场。更有甚者，期货市场恰恰就是金融市场的核心部分。

实际上，期货市场比其他金融市场更早地感觉到即将来临的变化。我们注意到，由于世界日益融为一体，经济变得更加不稳定，所以，各种金融工具的价值即将出现剧烈波动。我们知道，不确定性孕育着风险，而风险寻求保险。因此，我们创造出新的工具更好地管理风险。我们创造的市场对于饱受不确定性折磨的资金管理者来说尤为重要，而这些市场比他们

---

① 尼古拉斯·迪彼·卡曾巴赫是美国法律顾问，他应纽约股票交易所要求，于1987年12月21日写了一篇文章："程序交易研究及其对当前市场实践的影响"。

② 尼古拉斯·F. 布雷迪是美国狄龙-李德财团主席，随后是美国财政部长。

③ 戴维·S. 鲁德是美国证券交易委员会主席。

对应的1987年12月市场更富有效率。但是，这些市场并没有更多的投机性。这一点是正确的，这些市场的投机性并不比纽约证券交易所大。

也许你会有不同的看法，请允许我稍作解释。当股票在纽约证券交易所上市交易的时候，该交易所在资本形成方面的作用并未发挥出来，到了约翰·Q.帕布利克提供资本认缴股本的时候，初始资本形成过程才结束。在资本形成的过程中，纽约证券交易所的作用在于为股票认购人或初始投资者提供一个市场，以确保其投资能够分散给大众。简而言之，纽约证券交易所将起到安全防护层的作用，这一作用不可低估。而金融期货市场恰恰与证券市场一样，发挥相同的作用。

卡曾巴赫也是正确的。期货市场的确充斥着很多投机。但是，他忽略的一点是，在股市中也存在大量的投机。其实，投机就是保持股票市场和期货市场运行的燃料。但是，投机并不能改变证券市场和期货市场都是资本形成过程中的综合部分这样一个事实。不要只听我的一面之词，你可以查一查联邦储备委员会的研究报告。

不管我们怎样监管期货市场，也不管由谁监管，我们对期货市场的需求将不会消失。如果期货市场不是当今世界上非常重要的风险管理工具的话，那么，它们就不可能像今天这样运作得如此成功。这里举几个利用期货市场功能的例子：投资银行使用利率期货为新承销的债券套期保值；证券交易商利用利率期货为保护因制造市场而获得的库存部位进行套期保值；基础证券交易商利用利率期货为购买的国库券和风险暴露进行套期保值；大额交易商利用股票指数期货减少其持有部位的系统风险；银行、储蓄和信贷机构利用期货交易方便快捷地调整其利率暴露风险；金融机构对其在期货市场上的短期负债进行套期保值，而且可以达到互换交易的结果；养老基金和保险基金利用金融期货管理债券投资组合风险，并可以调整其风险暴露；上市公司可以利用金融期货管理其运营资本，对现金投资组合进行套期保值，均衡现金流的收益；跨国公司和银行可以利用货币期货高效地降低外汇暴露风险。银行间市场的参与者可以利用货币期货减少他们的最高贷款限额的风险暴露；各种各样的基金经理可以利用股票指数期货快捷地承担或者减少其投资风险暴露；在承销新发行的证券时，利用股票指数期货可以减少投资银行的大部分市场价格变动风险，等等。

即使我们对期货市场做了些傻事，但是，期货市场的必要性依旧存在。只不过像美国的其他行业一样，我们会削弱期货业的竞争优势。国外的竞争者就在我们的家门口，没有一个金融中心不羡慕我们在期货行业所创造的业绩，他们正计划拷贝或者煞费心机地获取与我们一样的成绩。在当今的技术世界里，期货市场在任何地方都能够存在。与外国竞争者在钢铁、汽车以及美国经济的许多其他部门的尴尬处境相比，他们在期货领域将不再感到更为难堪了。

或许你会发问，知更鸟怎么办？知更鸟之死可能会少些痛苦。我们能否避免在未来发生类似10月19日的灾难呢？我不知道。郁金香热时常发生，人类对此无能为力。下一次狂热的投机可能不会发生在股市，也可能再次降临股市。

但是，我们确实认识到我们的市场体系存在着不少弱点，我们可以让市场运行得更好。期货市场将为我们提出一系列市场运作方式和金融保险方式的变化，以使我们的市场更为安全有效。在芝加哥商品交易所，我们首次自愿实施每日价格波动限制制度，以防范将来发生的市场风险。这就是所谓的"布雷迪断路器"。我们将不断地完善这些制度，使它们能够永久地发挥作用。同样，纽约证券交易所也将试用一些类似"断路器"的思路，它们还将改进其电子化委托传输系统（DOT），以便能够处理更大的交易量。

这些都是知更鸟之死的正面效应，但是，远非如此。尼古拉斯·布雷迪强调的主题是：所有的市场是一个整体，我们拥护这一观点。但是，正如布雷迪所言，这并不意味着市场只需要一个监管机构。实际上，这将产生相反的效果。不同的市场具有不同的功能，其运作方式也各不相同。不同的市场需要具备不同经验的监管者，布雷迪的目的是促进不同市场更好地协调。对此，我们完全同意。然而，达到上述目的的方法可能不止一种，我们的意见是通过民间方式建立自律监管机构。现在已经有相应的组织结构协调市场，没有必要再建立新的联邦监管机构。

我们也相信，协调监管、保护市场所必需的专业性存在于市场自身。我们认为，这种思路比重新设立联邦监管机构好得多。就像芝加哥商品交易所和纽约证券交易所在没有监管机构参与的情况下成功地解决三重魔力问题那样，我们能够找到正确的办法协调市场间的相互作用，我们已经做好向该目标努力的准备了。

请允许我把我的想法告诉你。我们生活在一个需要做些事情的应对性社会，这是一个必须在每一出戏剧中找出反面角色的社会，一个相信总有好家伙和坏家伙的社会。我认为，此时此刻我们应该用正确的判断调节我们的需求。如果我们在寻找知更鸟杀手的过程中以扼杀我们的市场为结局的话，那么，我们将会扼杀我们自己。

往事再访

我曾经多次拜访过位于东海岸的纽约证券交易所第一证券公司的执行官。拙作的写作灵感主要来自于其中一次与他会面的经历,这时,1987年股市崩盘事件余波犹存。

坐在返回芝加哥的飞机上,我感到震惊,因为美国金融领域那些很聪明、很成功的人士倔强、伪善和盲目地拒绝接受指数套利只是一种市场作用机制,而不是那种目的在于降低股票价格、具有内在邪恶的交易策略。

> 为芝加哥商品交易所指数和期权市场的纽约会员所作的演讲,纽约,1988年2月。

当我刚开始作为一个跑单员为美林公司在芝加哥商品交易所原来的交易池内工作时,我是一个无比生涩的新手。我对期货一无所知,同样也对市场的各个方面一无所知。但是,这对我的新工作来说并不是不称职。作为一个跑单员,我不需要了解各方面的知识。但是,我应该不断学习才是。换句话说,我的学校就是我周围的一切,即我所看到和听到的一切。

这种学习方式是可行的。那些比我在交易池至少早一天工作的职员和跑单员是和我同时代的人,他们都是我的老师。我崇拜他们当中的每一个人,并专心地听着他们所说的每一句话。

我们小组的组长是一个名叫彼得的职员,他的年龄比我们大得多,比我们在那里工作的时间都长。事实上,回忆起来,我一直想知道彼得为什么一直是一名跑单员。但是,我忽略了事实上我并不懂得交易系统如何运行这一基本思想。我的运气很好,这一点并没有成为问题,彼得成了我的朋友。他是一个非常严肃的人,说话很有威信,而且懂得很多事情。简而言之,彼得的话就是真理。

有一天，彼得对我泄露了他为什么一直是一名跑单员的原因，并让我发誓保守秘密。"这是一个最适合学习的地方。"他低声对我说，而且解释道，一旦他掌握了所有的知识，他将成为一名交易员，并且能赚到100万美金。

当彼得认为我是值得信任的时候，他告诉我另一个秘密，用他的话说是一个发现，"这个发现一定可以使我赚到很多钱。"

他用一种骄傲的语气告诉我，"我叫它市场动态的粉红色法则。"

"噢！"我喊道，我被打动了，"它是什么意思？"

"意思就是，"他看了看周围有没有人在偷听，然后低声说道，"意思就是颜色控制着市场变化的方向。"

"市场方向？你在愚弄我。"

"不，我不是那个意思，"他强调说，"是颜色控制。"

"你的意思是颜色能够决定市场涨落走势？"

"对，"他严肃地点点头，"这是我做的关于市场动态变化的一个发现。我发现了一个事实，那就是粉红色能使市场走势下跌。"

当我对于这个新发现沉思时，有一阵尴尬地沉默。然后，我羞愧地承认我是差学生，不能完全领会他的意思。

彼得微笑着，像父亲一样拍拍我的背，告诉我不要着急，"到时候你就会明白。"

事实上，几年以后我确实明白了。

看来彼得是为一家大经纪公司工作，而这家经纪公司恰好雇用了一位新的场内经理。这位场内经理是一位非常具有创意的人，为了使经纪人能够快速地执行公司业务，他采用一种独特手段。新手段要求所有的"买入"指令都必须用蓝色指令形式写下来，所有"卖出"指令都用粉红色指令形式写下来。

在彼得头脑中，这个手段有着更深的涵义。毕竟，一旦他传递一个粉红色的指令给经纪，市场趋势就会下跌（卖出指令对市场确实有这种奇妙的作用）。随着时间的推移，对于彼得来说，颜色就成了控制市场的要素。粉红色不再仅仅是一个信号和媒介，而是承担了一个实质性的角色。粉红色成了市场下滑的动因。

几年之后，不管相信与否，彼得独特的逻辑思维没有妨碍他在期货市场上取得成功。今天，彼得是一个管理上亿美元资产的基金经理的首席职员。出于偶然的机会，几天前我碰到他，在我们回忆昔日美好时光后，我开玩笑地问他是否还记得他的市场动态粉红色法则。

他的眼中闪过一抹会意的神情，"那个精彩的法则，"他降低声音说，"除了我当时告诉你的，它的适用性比我那时想的还要宽泛，它比红颜色意味着更多。"

"怎么讲呢？"我问，此时我已经准备要结束我们的讨论。

"就像指数套利。"彼得深信不疑地说。

"等一下，让我猜猜。你的意思是指数套利就像粉红色所起的作用一样会使市场趋势下跌？"

"你猜对了。"

我踌躇了，"彼得，你不会是认真的吧？"

"我当然是认真的。"

"可是，彼得，这简直是胡说八道。套利仅仅是两个或更多市场之间的转移。纯粹的套利本身并不会给这个过程施加任何新的压力，它只是一个零和收益的反应过程。"

"信不信由你，"彼得有点生气了。

"彼得，"我再次尝试跟他解释，"我讨厌打击你的观点，但是，套利像粉红色一样都不是市场下滑的原因。这是自市场出现就存在的实情。事实上，指数套利对市场是有利的，它可以增加流动性，并能平衡价格差异。"

我本想说得更多一些，但是我看了彼得一眼，意识到这个话题不宜再继续下去，否则，它会演变成一场暴力冲突。

你看，彼得从来就没有忘记他年轻时在业务中学到的经验教训。在彼得的脑海深处，他的市场动态粉红色法则始终存在。他只是简单地把颜色换成了指数套利，原理相同，它的简易性是无可否认的。毕竟，一旦有了指数套利（作为"卖出方案"的结果），股票市场就会走低（事实上，反过来作为"买入方案"的结果也是同样正确。但是，彼得的逻辑认为，价格上升并不需要烦恼，因为他们喜欢价格上升，所以，不需要分析特殊的诱因)。

在彼得的脑海中,指数套利已经成为控制市场的要素。对他而言,指数套利已经不只是一个信号或媒介,而是承担了一个实质性的角色。指数套利,就像粉红色一样,成为市场下滑的原因。

如果你仍然感到理解彼得的关于市场动态粉红色法则的逻辑存在困难的话,那么,请允许我提一个谦虚的建议:你可能需要学习关于市场的更具体的内容。我建议你从四眼天鸡①的故事学起。认真阅读它,用不了多久,你也会很快明白为什么天会塌下来。

---

① 四眼天鸡(Chicken Little)是西方童话中一只小鸡的名字。一天,一粒种子掉到它头上,它便大叫"天要塌了!"喻指经常小题大做、大惊小怪的人。

1987年股市大崩盘相关证言摘录

国会证词是交易所管理者的一项重任，它需要一个措辞谨慎和小心权衡的表述。这个证词中包含了交易所的恐惧、希望和在特定的历史时点在国会面前对特定问题表述的策略。准备这种证词通常要与交易所高级职员和法律顾问进行磋商。

书面证词全文很少在国会委员听证会前宣读。而是在问题发生之前进行口头公开陈述。然而，书面证词总是作为官方记录的部分，经常受到国会委员、媒体以及有代表性意见的反对者的审阅和审查。因此，国会证词是机构生存的高度重要性因素，是维持其信用程度和生存能力的关键。

1987年股票市场大崩盘在美国金融史上是令人记忆犹新的重大历史事件。对于被人们直接指控为大崩盘原因的期货市场来说，意味着其发展潜力和进一步增长的结束。正如预期的那样，此后便是接二连三的国会调查行动和没完没了的国会听证。而这些事情变成了新闻媒体关注的焦点，也变成进一步争论和无数新闻报道的缘由。在这一行动中，我们所提供的官方证言是我们反驳错误指控、改变由我们的市场引致大崩盘结果而造成负面形象的策略的重要组成部分。它与我们在金融期货历史中承担的任何努力同样重要。以下是对国会两院口头陈述有关股市大崩盘证言中的两个例子的摘要。

> 一、口头陈述：美国参议院的银行、房产和城市事务委员会，1988年2月4日。

主席先生，这是我们第二次站在委员会前对10月19日的事件进行陈述。当我们第一次出现在您面前，也就是股市崩溃的10天后，我们证明，我们提供的基本资料证实芝加哥商品交易所完美地履行了职责。自从证词发布以后没有出现任何情况，也没有任何证据或报道与这一事实相悖。实际上，我们关于芝加哥商品交易所为众多投资者对其股票风险进行套期保值的事实已经得到证实。我们已经看到很多相关报告，每一报告都出自不同的看法和动机。在我们看来，在所有的报告中，仅有三个报告是真正独立的，一个是由总统授权的、所谓的"布雷迪报告"，还有美国审计总署（GAO）以及美国联邦储备委员会的报告。这些报告有很多共同点，三份报告中没有一个把矛头指向期货市场。

在我们看来，最值得您关注的报告应当是"布雷迪报告"。芝加哥商品交易所很高兴接受其中心议题，即股票市场、股票期权市场和股票指数期货市场实际上是一个大市场的几个组成部分，我们热切赞同，这些市场需要更好地合作。

就像我们的书面证言所阐述的那样，不止一种方法能够达到合作的结果。我们认为，市场更好合作的方式取决于市场自身。因此，我们建议，解决问题的最好方式是通过民间组织而不是通过另设监管机构。芝加哥商品交易所已经做好与其他交易所一起为此目标而努力的准备。

"布雷迪报告"建议联邦储备委员会充当主要的市场间的超级协调者。在这一方面，芝加哥商品交易所的证言与联邦储备委员会和商品期货交易委员会的意见一致。我们的建议是建立一个市场间协调委员会（IMCC），其构成包括所有的证券和期货交易所以及商品期货交易委员会、证券交易委员会和联邦储备委员会的代表。这一目标可以通过扩充目前在证券交易委员会支持下创建和运作的市场间监管集团（ISG）而实现。

到那时，我们所提议的市场间协调委员会可以成为共享各商品和证券交易所现金流和交易数据的协调平台。它将有能力为贷方提供有关结算公司的综合信息，因而方便银行融资，并减少类似此次股市大崩盘中一些公司所经历的流动性压力。这种集中的信息共享将大大提升各个交易所的金融信誉，也将易于发现市场间的违规行为，如先于客户成交的违规行为。

此外，芝加哥商品交易所已经向商品期货交易委员会提交了一个包含内部交易、运作程序和金融规定在内的综合性管理提案。这些建议与下面所描述的"布雷迪报告"是一致的。

暂停交易

芝加哥商品交易所已经提出一系列永久性的每日价格限制以及新的"开盘"价格限制的概念。应该提到的是,芝加哥商品交易所是第一个自愿实行暂停交易规定的交易所,这比"布雷迪报告"得出"暂停交易规定是保证不发生10月19日崩盘的关键"这一结论早得多。

与股票专业人士保证金相一致的期货保证金和股票保证金的合理性

由于期货保证金的作用与股票保证金完全不同,所以,在明确反对这一提议的时候,我们提出以下完善措施:

● 芝加哥商品交易所建议采用新的、高度准确衡量期权风险的系统。

● 芝加哥商品交易所已经向商品期货交易委员会提出申请,增加以控制风险为基础的资本金规定,对承担的风险在平均风险之上的公司实行更高的资金要求。

● 芝加哥商品交易所提议,大幅提高会员的流动资产水平,保证其结算公司正常运行。

● 芝加哥商品交易所将继续把初始投机股票指数保证金维持在合约价值的15%左右的水平上。这一百分比使期货保证金大体上与股票专业人士保证金一致。

加强清算系统和结算过程

芝加哥商品交易所将迅速采取行动解决在大崩盘中用快速资金转移方式干预市场的具体问题。我们尤其要完善日内收付结算程序,并加强与其他期货交易所以及期权结算公司的(OCC)合作。

主席先生,请允许我进行另一方面的讨论,即我们的金融市场的本质特征、金融市场与传统市场的区别以及全球金融市场的重要性。芝加哥商品交易所、芝加哥期货交易所以及美国其他交易所认为,世界已经进入一个金融不确定性极大的时代,而不确定性孕育着风险,风险需要保险。因此,我们建立了满足各类投资者需求的市场和程序。如果不是这样的话,那么,我们不可能取得显著的增长或成功。不幸的是,由于这些市场代表着对金融工具的复杂运用,由于这些市场较好地迎合了现代技术,由于这些市场发挥的功能与旧式传统市场不同,所以,期货市场的本质和重要性有时被误解了。

也许提一提这一点很重要，即期货市场的特性之一是其对市场监管和市场使用有显著影响，对所有的期货交易持仓部位都要逐日盯市，也就是说，任何价格变化引起的期货部位浮亏必须至少在下一交易日开始之前以现金形式支付。这一金融制度在本质上比以信贷为基础并允许多天积累亏损的传统制度安全得多。

然而，在我们这个复杂而又不确定的世界里，期货市场很容易成为攻击的目标。有人嘲笑期货市场是投机的贼窝、赌场甚至更难听的词。如果这还不好笑的话，那么，还有一个在这方面更好笑的嘲讽。多数非资本化社会都对我们所有的金融机构持有类似的看法，尤其是对纽约证券交易所（NYSE）。

主席先生，事实上，美国的期货市场是自由世界里每个金融中心的骄傲。没有一个现有的资本市场（如伦敦或日本、巴黎或新加坡、悉尼或苏黎世）不在寻求模仿我们美国的成功模式，或者希望夺取我们的市场份额。在电子信息化时代里，没有无端的威胁。即使我们对当前股票市场崩溃的原因以及有效的期货市场的生存权利有争论，但是，日本政府还是骄傲地宣布，日本将继续建立东京期货交易所。

实际上，我们的市场已经被学术界赞誉为过去20年中最为重要的金融创新。它们提供了一个最有效的风险转移机制和有效的价格发现机制，大大节约了交易费用，并成为资本构成的组成部分。

投资银行和经纪商使用我们的市场，基础证券交易商和大额交易商使用我们的市场，银行和存贷款机构使用我们的市场，企业和各种金融机构使用我们的市场，养老基金、保险基金和共同基金使用我们的市场。在我们的交易业务中，超过1/3的业务来自海外，对我们平衡支出具有积极意义。

主席先生，我们迫切要求国会避免对这些市场采取不必要的限制政策，避免把美国期货业推到国外的竞争者那里，就像那些经历不幸的其他美国产业一样。

我们迫切要求的简单理由是：我们的市场是不同的，我们不能强制性地把这些不同的市场都变成相同的。由于我们已经进入了技术的时代，所以，就不能使我们倒退到缺乏技术的过去。由于我们的市场是有效的，所以，就不能使我们变得平庸。由于有人错误地认为我们只是在纽约范围内取得了成功，所以，我们就不能出让我们取得的市场份额。

> 二、口头陈述：美国参议院的银行、房产和城市事务委员会，证券市场小组委员会，1989年5月18日。

主席先生和各位委员，早上好。我们很高兴有这个机会向委员会陈述1987年10月19日全球股票市场大崩盘以及这一事件的后续影响。首先，请允许我向委员会致意，因为你们在可怕的10月事件之后数周内展现出远见卓识和审慎态度。这应该成为所有国会委员会和国会委员的范例。在先是近乎恐慌的市场状态、随后是铺天盖地的媒体报道氛围之中，在要求对市场进行改革的众多呼声当中，在一些人凭借感觉瞎指挥、妄加指控大崩盘的罪犯、不负责任地胡言乱语的状态下，委员会始终保持惯有的冷静态度，出台政策避免感情色彩，也未仓促实施无正当理由的立法行动。如今，历史允许我们评价委员会深思熟虑地不作为行动，任何法律性的应对措施都可能错位，并产生相反作用，从而因干预行为致使市场遭受内伤。

大约一年前，委员会听取了白宫工作组的证言①。证言分析了1987年10月的股市大崩盘事件，并阐明了"布雷迪报告"中关于清算和结算程序、信息流、保证金要求、金融安全以及跨市暂停交易的建议。这些复杂的难以理解的领域促使格林斯潘主席向委员会建议："股市大崩盘最重要的结果是市场参与者能够学习和实践。他们已经这样做了，而且还将这样做。"

实际上，到目前为止采取的所有行动表明，目前的监管环境已经适应面对因大崩盘引发的问题，适于制定一些完善措施，应对未来市场猛烈的波动性。我们看到，没有发现任何监管"缺位"的迹象和不必要的重复监管，也没有任何必要考虑建立期货业和证券业的政府联合监管机构。

影响证券市场和资本构成最重要的潮流是不断加快的国际市场化进度。资本跨国流动变得越来越容易，反映出投资者在寻找投资机会的过程中，不仅概率增加，而且复杂性加大。随着外汇与欧洲美元期货和期权交易的发展，芝加哥商品交易所很早就意识到这一现象的重要性。最近，我

---

① 联邦储备委员会主席艾伦·格林斯潘、财政金融部副部长乔治·D.古尔德、证券交易委员会主席大卫·S.鲁德、商品期货交易委员会主席温迪·L.格拉姆。

们的全球电子交易系统,即全球 24 小时电子交易系统的发展,例证了不仅交易工具要反映国际趋向,而且交易机制必须适应国际期货业的需要。

为了使我们的经济处在利于这一潮流的地位,我们必须采取行动步骤,否则,美国将失去在国际资本市场上的卓越地位。美国的私营公司已经证实它们在这一环境中具有迅速而有效的变通能力,但是,某些主要机构的管理包袱和制度惰性应当立即着手改善。

在国际上,对证券和期货市场的监管已经表明,不同国家有不同的监管模式。虽然监管应当适度,但是必须认真注意我们的监管不要对美国的证券和期货业强加限制。很多金融工具都在世界不同的地方进行交易,不适当的监管将迫使美国的资本业务转移到国外市场。

制度的改变需要随着上述的快速发展而相应改变。传统上,银行体系的定位主要是国内业务,但是,为了保持其竞争力,有必要做适当改变。1990 年开始的允许美国银行持有国外存款货币的政策是一个非常积极的举措,但是,我们需要做更多的完善。目前,我们的中央银行仅在营业日内营业,而把清算、结算和国际资金流的监管等重要任务留给其他国家的银行。这很可能使一些国家的银行把其银行业务扩展到营业时间以外更多的时间里。如果美国联邦储备委员会率先朝这一方面行动,那么,就能使目前全世界关注的美国机构和政策保持其主导地位。如果其他国家的中央银行获取了这一角色的话,那么,我们在国际上的影响力就会减弱。

过去几年的发展表明,我们的证券和期货市场与国际接轨的程度不断加大。这一趋势是不可能逆转的。美国的私营公司动态性很强,并能随着这些挑战而相应调整。国会的目标应该定位在提供有助于有效竞争并使美国经济屹立于国际舞台前沿的管理和制度构架方面。

我们认同,不论美国国内还是其他国家的金融机构和市场的监管者,都应当协调监管,互换信息。然而,我们认为,没有必要在这一领域立法。商品期货交易委员会和证券交易委员会已经开始或正在与其他重要金融中心的同行商议签订谅解备忘录等事宜。

芝加哥商品交易所在与其他海外交易所的合作方面具有丰富经验。1984 年,芝加哥商品交易所和新加坡国际金融交易所(SIMEX)建立了双边对冲同盟,即在一个交易所执行的交易能够在另一个交易所对冲。最近,在我们申请交易日本、英国和世界股票指数期货合约的过程中,芝加哥商品交易所与东京股票交易所和伦敦证券业协会建立了共享监管信息的协议。

1988年9月,商品期货交易委员会、芝加哥商品交易所和其他美国期货交易所同意与英联邦的三个监管机构交换在对方监管范围内的、有相关分支机构的公司的金融信息。

芝加哥商品交易所意识到金融市场日益国际化的趋势。在伦敦或东京进行交易已经与在芝加哥或纽约一样方便。在过去的5年里,在伦敦、巴黎、香港、悉尼、多伦多、新加坡、新西兰、巴西、大阪、苏黎世、东京、都柏林都有新的交易所相继建立或宣布即将建立。每个金融中心都知道伦敦金融时报100指数(FTSE100)和东京的日经指数发生的实际或可能的变动是影响当天标准普尔500(S&PS00)变动的先兆。

实际上,为了顺应市场全球化的需要,芝加哥商品交易所在两年前就与路透集团签订了长期协议,建立了对期货和期权进行自动化的闭市后交易系统。全球24小时电子交易系统有助于海外投资者在其正常交易时间进入已经关闭的芝加哥商品交易所交易厅。

然而,全球24小时电子交易系统不仅仅是对芝加哥商品交易所这一市场的闭市后交易系统。芝加哥商品交易所也与其他的国内、外期货交易所合作,把建立的全球24小时电子交易系统作为国际通信的共享网络和指令撮合系统。运用这种形式,全球24小时电子交易系统能够使每个参与这一协定的交易所的会员在其交易所闭市后交易期货和期权合约。全球24小时电子交易系统允许来自世界任何地方的期货、期权和有选择的国外金融工具在相同时刻下单成交,并能够确保其金融信誉的完整性。

为了使全球24小时电子交易系统工作得更有效率,其指令下单渠道的终端必须建立在世界各主要金融中心,如伦敦、巴黎、日内瓦、东京和中国香港等。芝加哥商品交易所正在考察这些金融中心的管理法规,判断是否存在任何限制其下单终端进入该领地的法律或监管问题。一个潜在的担忧是:某个或更多国家的政府可能阻碍全球24小时电子交易系统的下单终端进入其领域,但这种干预行为并非因为法律监管的限制,而是为了保护当地交易所免受竞争冲击。如果我们确认全球24小时电子交易系统正是由于保护主义的原因而被排斥在外的话,我们将立刻告知美国贸易代表,并寻求各种帮助,以排除任何限制我们提供国际化服务的障碍。

深刻的教训

1987年股票市场大崩盘最令人惊诧的结果是期货市场"自食其果"。

金融界最初的反应是:期货市场是大崩盘的罪魁祸首。但是,事实和结果并未证实这个错误观点。实际上,有关大崩盘的77个研究中,没有一个认为期货市场是祸根。

相反,期货市场最终得到各地学者的高度赞扬。许多资深专家实际上认为:期货市场具有当代全球市场风险管理重要机制的特征。

> 在美国期货交易顾问协会上的演讲,伊利诺伊州,芝加哥,1988年7月22日。

1987年的股票市场大崩盘是一件可怕的事件。它为我们提供了许多教训,说明了许多问题。请允许我至少说明5个问题。

第一,它是对全球市场狂热的残酷惩罚,不仅横扫了人们的良知,而且把世界股票价格抛升到超过理性界限的水平。美国联邦储备委员会主席艾伦·格林斯潘在1988年2月2日递交美国参议院银行委员会的报告作了最好的总结:

最终,股票价格使提高实际收入和减少贴现因素达到难以置信的预期水平,肯定要出事儿。如果10月份不发生大崩盘,那么,以后很快还会发生。导致大崩盘的直接因素是偶然的,市场跳水是早晚的事儿。

第二,这是一个代价很大的教训,它验证了我们的科技能力把我们的市场机制抛到后面有多远。坦率地说,我们多数运用科技标准的传统市场就像是轮船,而做市场决策的人却在使用喷气式飞机。换句话说,市场与其参与者之间的差异在扩大。这主要是金融事务决策力量本质改变的结果。科技进步使世界变得高度专业化和职业化,这是一个不会削弱的趋势,在金融领域表现得尤其明显。

在美国,投资经理目前代表超过3300万美元的共同基金股东和超过6000万美元退休金的计划参与者及其受益人。这些资金大约相当于2万亿美元的资产,而仅仅在10年前,这个数字为4000亿美元。原因是明显的,巨大的资本基金提供了进入职业化管理的通道,即使小投资者也能得到等同于机构投资的获利能力。结果,无数的专家、技巧、策略发展起来。此外,成熟的技术使这些专业人士以极快的速度应用其策略。不幸的是,传统市场机制,尤其是股票市场机制很简单,其结构不能使突然涌现的大量资金按照投资经理的要求流动。1987年10月19日,我们以一种真实而痛苦的方式认识到上述事实。持有并控制大量市场部位的金融经理企图同时建立类似的市场决策。股票市场不可能处理这些订单所代表的巨大资金浪潮,加之伴随着全面卖出手头股票的洪水,局势一发不可收拾。

第三,1987年的股票市场大崩盘清晰而有力地证明,**市场全球化已经来临**。10月19日早上,太阳从东河(East River)升起前数小时,甚至在纽约股票交易所开盘的铃声响起之前很长一段时间里,从东京、伦敦和其他地方传来的可怕消息在电脑屏幕上闪烁,它们传遍了美国。一些投资组合经理人预期大事不好,他们在纽约像雪崩一样大量卖出他们在伦敦的股票。全球化对市场的少有的影响被充分证实。

第四,令人懊恼的是,我们此时才意识到,我们对金融领域,包括总体市场和独特的期货市场的理解,是多么浅薄。从一开始,人们就认为,1987年10月的股票市场大崩盘是由于某种具体事件出错而引发的。毕竟,告知其客户持有原有投资或买进更多股票的金融顾问不可能铸成大错。肯定有一个解释:一些特殊因素的干扰,或者一些罪恶阴谋阻止了牛市上涨的通道。10月大崩盘是一个全球性事件并不重要,所有的投机泡沫必将爆裂并不重要,那些在经济和心理方面过多地累积起来的、能够导致大崩盘的基本因素也不重要。所有的这些都不重要,让我们在其他方面寻找那个罪犯,我们找到了。大量的官方和非官方研究着手寻找问题的答案:谁?也就是说,是什么原因引发了大崩盘?只要去找恶魔,就会发现恶魔。

没过多久，有了答案。矛头指向了技术。其言辞令人费解，没有头脑的计算机成为罪魁祸首。技术已经把其产生的效果远远地抛在后头。效率需要一个刹车板！因此，搜寻的目标锁定了：程序交易；甚至可以再具体一些：指数套利。此时，矛头又向西指向期货和期权市场的方向。

在搜寻恶魔的过程中，媒体就是媒体，可以使用，也可以滥用。由于10月大崩盘非同寻常且令人恐惧，因为问题错综复杂，因为金融界如此多的人似乎都认为应该找到一个罪犯，所以，在总体上，媒体以表面价值接受了这些前提。同时，国会也提出：有没有一个确实需要确定的问题？或者只是有问题而已。不管媒体和国会怎样考虑，两条道路已铺就，联邦调查要进行，公众论坛来了机会。

有些人别有用心地寻找罪犯。随着交易量和经纪人佣金的减少，某些人和某些事件必须为使投资者丧失信心而受到谴责。波动性成为每日倍受关注的词语。波动性使投资者缺乏信心。波动性应当受谴责，而不是简单的推理方法应当受谴责，即逻辑上，市场大幅下跌后，只有鲁莽的人才会盲目地返回市场。波动性应当受谴责，而不是一些人得出的结论应当受谴责，即他们认为，市场为熊市，交易业务和交易量可能受挫，犯罪行为可能是危险的。

运动势头确实很大，并获得了一群感人的跟随者。煽动和误传是一对有力的组合。1988年5月10日，声望最高的美国投资银行公司屈服于这种荒谬的压力，并且宣布他们将金盆洗手，不再持有指数套利。在美国金融史上，这是非常悲哀的一天。这一运动可能发展得很快，除非达到出台政策禁止指数期货的歇斯底里程度。对大多数金融机构来说，这个运动进行的时间太长了，它像一剂突然急剧冷却的滋补品，把大多数金融机构抛回现实。出台禁令确实太过分了。

那是金融期货出现之前很久的年代，那是期货受到关注、成为风险管理必不可少的工具之前很久的事情，那是我的孩提时代，我站在早期的芝加哥商品交易所的交易厅，一位曾在市场上大赔大赚过的老交易所会员埃尔默·福克纳把我带在身边，他有不祥预兆："不要让我们的期货市场太成功了。"他还不时地在空中摇动着他手中的大雪茄（埃尔默是个矮个子，身高不到 5 英尺，所以，雪茄看起来几乎和他一样大）。

"为什么？"我天真地问。

"因为，"他回答道，"期货市场说的是事实，而没有人想知道事实。如果事实太糟糕或影响力太大的话，他们就会把我们的市场关掉。"

我完全清楚地知道埃尔默的观点对于 1987 年 10 月 19 日大崩盘来说是多么明智，那时，期货指数市场首先揭示了事实真相。这个事实真是太糟糕、太有影响力了。

埃尔默·福克纳是何许人也？为什么他如此重要？请允许我离题一点，告诉你一些有关这个小个子的事情。人们常常问我是谁发明了指数期货。我不知道答案。很明显，不会是我。而这个想法在我为美林做场内跑单员之前很久就有了。但是，这个想法是埃尔默·福克纳第一个告诉我的。

"最终的期货合约，"他向我透露说，"是股票市场期货。"

当时我并未直接理解他的意思，他轻声说，"你应该知道，就像道·琼斯期货那样，但是，"他又摇晃着雪茄马上补充道，"这绝不会发生，因为没法交割。"

我绝不会忘记埃尔默本人以及他对我这个年少无知弟子的教诲。大约 30 年后，我们开发了现金结算的概念，使埃尔默的终极合约成为现实。

今天，就像在大崩盘以前一样，芝加哥商品交易所的标准普尔 500 期货合约是世界上最成功的股票指数期货合约。它的成功主要来自于一个事实：即它是当代资产风险管理工具，并提供最具流动性和最具成本效益的全新交易环境。

最后，1987 年 10 月大崩盘带给我们的第五个教训是：它证明了一个绝无例外的真理——黑夜漫漫有尽头。在最后的分析中，事实终于水落石出。该做的研究都做了，该提交的证据都到位了，该进行的分析都做完了，该出笼的谣传都尘埃落定了，结果不仅证明期货市场是无罪的，而且学识渊博的专家高度赞誉期货市场，维护了期货市场的信誉。事实上，这些专家并未被看作是芝加哥各交易所的同路人，他们是华尔街金融团体附属的一流产物。请允许我引用联邦储备委员会主席的相关陈述：

当我们的经济和金融系统发生改变的时候，无需回避的事实是我们金融市场的行为方式也将与以往不同。我们不可能期望时光倒流，重复以前的行为。然而，我们需要很好地了解现行的系统是怎样发展过来的，以及这些发展变化产生的后果。我们的努力应集中于确定金融系统对于发生的震荡是否富有弹性，而不是从事那些人为地限制波动性的徒劳。

那些资产衍生物的批评家没有认识到使用这些工具的市场变得这么大，不是因为熟练的促销活动，而是它们为使用者提供了经济价值。这些衍生工具能够使退休基金和其他机构投资者进行套期保值，并能及时地、低成本地调整其部位，这些工具对投资组合管理起到了非常重要的作用[1]。

请允许我再引用来自财政金融部副部长乔治·D. 古尔德对期货市场同样强有力的支持：

导致当今市场对股票价格基本面反应更快的因素很多。首先，在过去20年，股票所有权性质彻底发生了改变，主导因素是私人和公共退休基金。庞大的个人资本的集中和发展在早期形成的规模是未知的。因此，股票指数期货市场是作为最低成本、最有效地应对这些变化而发展起来的。"在市场交易"以及套期保值对于他们自己不是要么好、要么坏的事情，而是不可摆脱的经济事实。

许多对指数套利的公众谴责是想要"射杀报信者"的典型案例，因为它把在芝加哥商品交易所卖出的坏消息带到了纽约证券交易所的交易厅。如果卖出效应达到使价格急剧下降的程度，那么，即使消除了指数套利，现货市场也仍然会受到影响[2]。

---

[1] 联邦储备委员会主席艾伦·格林斯潘，对美国众院能源和商业委员会的通信和金融小组委员会的陈述，1988年5月19日。

[2] 乔治·D. 古尔德，财政金融部副部长，对美国众院能源和商业委员会的通信和金融小组委员会的陈述. 1988年5月19日。

对于那些指责期货市场是投机巢穴的人来说,芝加哥联邦储备银行如是说:

> 期货市场经济作用的本质是风险转移。期货合约提供了一种把风险从寻求减少风险的套期保值者转移到愿意接受风险并期望从中获利的投机者的途径。通过提高期货交易保证金企图限制对这些合约的投机行为,并未注意到此种限制也会降低投资者通过套期保值廉价卖出不想承担的风险的能力[①]。

强大的支持,有力的陈述,信服的论据,你也会表示赞同的。因此,确实存在着光明。10月大崩盘的这些深刻的教训加强而不是削弱了世界各地的期货市场。对于我们来说,证据就是一切。

大多数股权交易的重要问题都发生在芝加哥商品交易所和纽约证券交易所。两家交易所近期同意采取一些新措施:设计一个协调"开关电路断路器",即暂停交易系统;开发一个"防震器"系统,很小的预先设定的价格变动就会触发"防震器";完善现行的"领子"规则(在道·琼斯指数移动50点后,限制使用纽约证券交易所电子化委托传输系统 DOT),使其成为一个协调系统,可以暂时在道·琼斯指数浮动大约100点时,把程序交易从电子化委托传输系统中转移;以及确定"先于客户成交违规行为"的一般定义。

我们的期货市场只有在金融市场上的餐桌上占有应得的、受到尊重的一席之地,这些协议才能很好地实现。实际上,这些行动是发展过程的直接结果。该发展过程把注意力集中于一个事实:那就是各种金融市场(包括股票市场和期货市场)是紧密联系着的市场,它们在当代充满竞争的全球环境中是同等重要的。

这个成就是芝加哥商品交易所和芝加哥期货交易所共同努力的直接结果,证明期货市场代表着当今市场需求的先锋,并且是现代风险管理工具不可缺少的工具。这些协议还有力地证明:美国金融市场能够通过协同合

---

① 赫伯特·L. 贝尔,莫林·V. 欧尼尔.《芝加哥联邦快报》,芝加哥联邦储备银行,1988年5月,第1页。

作达成必要的解决方案，而联邦立法不仅是不必要的，而且还会对当今错综复杂的市场起反作用。

1987年10月大崩盘的教训起到加强期货市场作用这一证据，以全球眼光来看，更为明显。即使美国还在商讨期货市场在10月19日市场崩盘中的作用的时候，伦敦国际证券交易所公布其结论，即解决方案是更多地开展指数套利，而不是限制其发展。同时，日本财政部宣布，决定在日本建立两个期货市场。世界各大报纸的商业版大字标题证实："卢森堡正在考虑建立期货和期权交易所"；"日本市场的交易范围将覆盖国内市场、美国利率以及股票指数合约"；"伦敦国际金融期货与期权交易所游说支持德国债券合约"；"芬兰期货交易所即将开业"；"斯德哥尔摩外汇市场受欢迎"；"中国计划筹建期货市场"；"法国继续股票指数计划进程"；"德国股票指数将确定"……

今天，每个重要的金融中心都必须拥有期货和期权市场，或者与之建立联系，就像必须拥有股票市场或主要银行、或者与之建立联系一样。正如财长尼古拉斯·布雷迪在给总统的报告中总结的那样，"世界上有一个市场，而且仅有一个市场"。而期货市场是这个整体市场不可或缺的组成部分。

胜利的鬼门关

1987年股票市场大崩盘的辐射余波持续了近两年时间。在形势好转之前,争论变得更激烈。指数套利,随后是期货市场,几乎被指责成股票市场的罪恶根源,甚至有过之而无不及。期货市场是无辜的。关键问题不是指数套利或者程序交易,而是现代资产投资技术及其对传统投资策略的影响。

利用"指数增强策略"的投资组合管理是最新趋势,也就是说,是技术方面的需要,才对投资组合进行不断地调整,进而需要利用股票指数期货市场。不幸的是,这些投资组合的调整导致与基本价值无关的个股的价格波动。其结果是,人们认为期货是引起市场波动的原因。这个问题变得越来越严重,而且威胁到股票指数期货合约的生存。

> 在第五届芝加哥商品交易所(伦敦)金融研讨会年会上的演讲,英国,伦敦,1989年11月13日。

程序交易这个主题,尤其是从叫作指数套利这个方面来讲,非常不幸的是它成了美国金融业多少有点过热的主题话题。尽管这一在美国争论的主题对于金融界以外的人来说,听起来可能有点古怪,而且无足轻重,但是,它却比一个表面检查揭露的问题更为深奥。非常不幸的是,这些问题包含了一些严重的反自由市场的内涵。我无可奈何,唯有沉思。我想,我们美国人选择了在一个相当奇怪的历史时刻质问我们成功的市场哲理。我们站在资本主义胜利、自由市场无可置疑地几乎遍及全球的历史关口。或许,这场争论正是美国将从胜利的鬼门关走向失败的标志。

这有四种程序交易[①]。前三种并不需要股票指数期货交易,只有当它

---

① 作者感谢由芝加哥商品交易所高级副总裁和首席工程师托德·佩哲提供的帮助。

们满足成本效率目标时才使用期货交易。

第一种程序交易，也是形式最普通的程序交易，由纽约股票交易所定义为"同时或买或卖至少 15 种总价值超过 100 万美金的股票订单"。经纪人使用纽约股票交易所股票订单自动下单系统，即电子化委托传输系统（DOT）执行这些交易。电子化委托传输系统要求使用计算机，大大提高了股票执行效率。

第二种程序交易，是投资组合保险，也被称为动态套期保值。这一技术有时需要利用期货市场，只要现货市场价格指数跌至预期水平之下，就要启用这一技术。尽管 1987 年发生股灾时发现这一交易策略有不足之处，但是，它正在开始卷土重来。股灾期间，这一交易策略的不足就像房子主人在失火后打算买火灾保险一样，代价是非常昂贵的。

第三种程序交易，策略是战术性的资产分配。它主要考察股票、债券和现金等价物的相对价值。一个预先确定好的公式做出交易决策，试图通过一种资产与另一种资产交换的投资组合而取得最高收益。这一策略已经在世界范围内的许多基金经理中获得良好声望。程序化的计算机，包括纽约股票交易所电子化委托传输系统以及期货、期权市场经常利用这种交易策略。

最后一种程序交易，是指数套利。这是常常被质疑的交易策略，也是现阶段有争议的热门话题。传统的套利行为（请不要与风险套利相混淆）与市场本身一样古老。这种套利行为不仅没有什么罪恶可言，而且它可以通过增加流动性和平衡价差的相互作用而大大有利于市场发展。简单地说，套利的运作方式是：如果纽约商品市场的价格比芝加哥高的话，那么，套利者在计算运费之后，可以买进芝加哥商品，运到纽约卖出，反之亦然。

在指数套利中，套利者同时观察纽约交易所的股票现货市场和芝加哥商品交易所的股票指数期货，比如说标准普尔 500 合约。在期货合约到期日，其价格将向标的股票现货价格靠拢。然而，在期货合约的生命期中，其价格常常与现货市场价格存在差异。无论何时，只要期货价格与现货指数价格偏离到可观的数量，套利者就可以通过在低价市场买进、在高价市场卖出而锁定利润。这是一个很古老的交易行为，也是完全合法的行为，即通过开发两个或者更多市场间的价差而获取套利利润。在资产和期货市场上,价差的产生是因为期货市场对于市场信息的反应更快。这就是期货市场比相应的现货市场更有成本效益的原因。

通常,当基金经理想要更快地调整其投资组合的时候,他们会选择在期货市场建立象征性的交易部位。这将导致期货市场与现货市场价格水平不同,这个短暂的价差为指数套利者提供了获利机会,套利者的套利行为拉平了两个市场间的价差。当这种交易行为导致股票市场价格相对偏低时,现实的问题发生了,即导致与套利相关的卖出程序启动。对某些现货市场的人们来说,似乎套利交易行为对股票市场产生消极影响。然后,反对程序交易的叫嚣响成一片。相反,当这样的套利交易行为导致股票市场价格相对偏高时,几乎听不到一丝抱怨。就像财政金融部副部长乔治·D. 古尔德解释的那样,"期货市场是信使"。当好消息来临的时候,一切都是可爱的;但是,如果信使带来的是坏消息的话,你知道会发生什么事情。

在1987年,作为导致股灾主要原因之一而对程序交易进行的攻击具有某些政治迫害的成分,已证明没有任何价值。77个关于股灾后的市场研究中,没有发现一个能够证实该论断的证据。目前,这种攻击又有了不同的目标:程序交易导致了波动性,而波动性把个人投资者推出市场。不论目前的波动性增大与否,不论波动性的自身性质是好是坏,不论波动性把个人投资者推出市场与否,无论能否使波动性停止变动,那都是从其他角度所考虑的重要问题。从另一个角度来说,它是不是能被阻止才是重要的问题。实际上,有很多证据表明,当我们长期测量波动性的时候,它并不比数年前更大。然而,摆在我们面前的问题是,程序交易,尤其是指数套利,它们是否就是产生市场波动性的主要原因。

波动率与流动性是相关联的,这大概没有什么争议。市场流动性越大,波动性越小。人们由此可以假定,由于纽约股票交易所和其他市场的交易量在过去数年里增长得非常快,所以流动性也很好。但是,在给客户的一封信中,萨洛蒙·布拉泽斯公司副主席斯坦利·B. 肖普科恩解释说,情况并非如此。肖普科恩先生集中论证了那些几乎不被讨论、而可能对市场产生结构影响的波动性因素。肖普科恩说,股票市场的流动性有两个传统根源:专家做市商和大额交易公司。

作为20世纪70年代中期取消固定佣金的结果，专家做市商和大额交易商都承受了佣金和场内代理费下降的巨大损失。60年代可以给经纪人带来每股40美分收益的交易，现在每股只能收取不足4美分，这种状况摧毁了流动性效果。据肖普科恩说，20年前较高的佣金提供了一种保险作用。例如，大额交易商，"曾经愿意报出能够稳定市场的买卖价格，因为在以前的佣金水平上，他们能够在困难时期承担提供流动性的任务，即使这意味着在个别交易上赔钱"。现在可不是这样了。现在的佣金价格表"没有为承担重要的大额交易部位风险提供足够的鼓励作用"。

同样，专家做市商佣金的下降迫使他们严重地依赖于交易。在20世纪70年代早期，肖普科恩解释说，"一位典型的专家做市商收入中，大约2/3来自于场内代理佣金，剩下的来自交易。"今天，这个关系倒过来了。另外，专家做市商日益增长的对于交易的依赖程度是其市场竞争日益激烈、导致买卖报价价差越来越小的环境造成的。买卖报价的价差变小，使专家做市商每手交易所产生的利润减少。

这些商业业务巨大变化的综合效应增加了风险，减少了以传统方式提供流动性的积极性。因此，肖普科恩指出，"大额交易商和专家做市商的低佣金水平不允许他们发挥缓冲作用，不足以在流动性差的时期为股票市场提供流动性，而这种流动性对于稳定股票市场、发挥股票市场功能尤为重要"。如果是这样的话，肖普科恩先生已经指出的流动性不足的结构性原因，也对市场流动性有基本影响。

但是，到现在为止，这并不是可能引起现代波动性的唯一原因。今天，大型机构投资者控制着大额资金。这些基金的决策权不仅掌握在大量的投资者手里，而且被一小部分投资组合经理控制。这一小部分投资组合经理的投资决策通常很快，而且形式相近，对市场形成的突然影响比成千上万个分散的投资者形成的各式各样的交易决策对市场的影响大得多。不论我们是否喜欢，不论它们对市场的影响是好是坏，这都不是问题所在。科技进步已经使世界高度专业分工，以技术为主导以及专业化。这一趋势无可争议，体现在金融领域，则比任何地方都更为明显。在美国，投资经理人目前代表超过3300万美元的共同基金股东和超过6000万美元的养老金计划参与者及其受益人。这些基金等于2万亿美元资产，而10年前只有

4000亿美元。

进一步说，新科技已经孕育了无数的新技术，并具有很快地应用新技术的能力。就像肖普科恩先生指出的、大多数专家都知道的那样，今天，大多数的交易行为已不再与基本价值评估关联。现在的投资组合经理时常运用"指数增强策略"，"指数增强策略"要求对导致个股价格变动的投资组合进行调整，其实个股价格变动与基本价值没有什么关系。全国最大的200只养老基金现在已经把其30%的资产转化为某种形式的指数了。

波动性与全球化多少有点关联的一个因素是外国投资者对我们市场的影响。不论从长期看，还是每天对市场的影响看，它们的力量都很大，而且对我们是新挑战。1988年在美国购买股票的外国投资为1800亿美元，其中，仅日本投资者就占30%。而1983年，外国投资总量为700亿美元，其中，日本投资者所占比例不到3%。实际上，美国证券市场不再像数年前那样是主导力量了。1975年，美国占世界证券市场的75%，而今天它只占25%。

我们也不能低估当今其他金融工具所产生的波动性后果，例如，利率和货币的波动，或者融资买入的流动，高风险垃圾债券的流动，或者当前大规模的全球化负债结构的变化。实际上，对今天地球村里价格稳定性的影响与几十年前美国市场完全与竞争的金融中心隔离的时候全然不同。

今天，美国以及世界的金融版图已经完全不同了。当前的美国股票市场更加波动的假定可能归因于很多真实原因。把程序交易归结为是单一的、甚至是最突出的原因，这种结论从正面说，最多称得上是简单化，从反面说，就是蛊惑人心。唉！该问题已经朝着不利方向发展了。实际上，当前美国的环境是一个危险的环境，如果不加以阻止，它将会把指责的矛头对准指数套利，进而指向期货市场，把股票市场的不良病态，甚至是莫须有的罪名，强加给期货市场。这种政治迫害具有难以拒绝的吸引力，并且能够为各种严重问题附加罪名预先做好准备。

已经存在着一种明显的观点，即程序交易正在弱化公众对于市场的信心，进而干扰资本形成。已经有一个被接受的事实，即与期货市场结合一起执行的卖出程序压制着股票价格。已经存在着一种观点，即这种行为是操纵行为，它有利于那些利用个人投资者的少数机构投资者。已经存在着一种运动，即停止与指数套利的公司和个人开展业务的运动。已经提出了一种证言和提案，即建议限制甚至禁止这些新的交易程序的证言和提案。在这样的大气候条件下，如果股票市场转为熊市，不测事件不可能轻易扬长而去，我们很容易明白，指数套利是如何成为罪魁祸首的。果真如此的话，什么时候总统将采取如下行动？请看：

已经引起我注意的是，有些人正在商品市场卖空……在过去的数月当中，这些交易一直在持续进行。我指的不是那些正常的套期保值交易，因为它们是我们市场系统中的合理部分。我指的也不是那些合法的……交易。我指的是那一小撮投机商。我表达的观点不是针对正常情况下卖空的经济意义而言，而是在这些行为有公共利益的此刻。它只有一个目的，就是压低价格。它趋于破坏公众信心的恢复。这一目的就是从别人的损失中获取利益……结果可能是直接剥夺其正当收入。如果这些绅士们有一点放弃眼前利益的爱国主义情操，愿意看到国家复苏的话，那么，他们就会立刻停止这些交易，终止其操纵市场行为。

此段文字是赫伯特·胡佛总统 1931 年 7 月 10 日的演讲。难道不可怕吗？

然而，美国常常都是只有走到了灾难的边缘的时候，睿智才获得胜利。实际上，近来《华尔街日报》的社论就是贤明人士正在参与这场讨论的见证。社论告诫说：对于这些复杂的问题，我们不应该陷入基于普遍误解之上得出的结论的泥潭。谴责计算机是有代价的。《华尔街日报》的编辑正确地陈述了在解决这些问题方面，交易所的任务是很艰巨的，而且有义务在维持有序市场和允许市场自由表现其功能这两者之间达成平衡。就像《华尔街日报》社论所说的那样，让我们期望着：即使我们错了，也要错在自由市场一边。

第五部分 全球化与世界新秩序

对于世界新秩序来说,至少有一个没有预想到,而且令人震惊的结果,即全球化引发了芝加哥期货交易所和芝加哥商品交易所这两个世界上最大的期货交易所,也是主要竞争对手之间为了共同目标而奋斗的新时代。

当然,这是可预测的。有史以来,无论何时,在遇到共同危险的时候(一般来说,这包括司法或监管当局不断地侵占或加大自由市场负担的企图),这两个庞大的芝加哥市场,都装得像联合起来的样子。多年来,在摆脱不必要的、繁重的司法限制方面,芝加哥期货交易所和芝加哥商品交易所联合起来,共同工作,有着良好的记录。

突然,又有了一些新的共同危险——全球化。竞争者不再是芝加哥的其他交易所,而是国外的新生交易所。由芝加哥的期货交易所发明和开发的合约并不具有版权或专利权。全球化意味着,国外交易所能够使用这些金融工具的合约条款,在其自己的交易时间内进行交易。这意味着,在国际竞争领域,芝加哥的期货和期权市场不再具有安全的环境了。我们产品的市场份额成了国外竞争者的目标。实际上,作为国际竞争的结果,到1990年,世界期货交易总交易量中的美国市场份额已经下降了35%。

首先,芝加哥商品交易所和芝加哥期货交易所分别行动,为了一个大致相同的目标,保护其基本的金融产品。芝加哥商品交易所与另一时区的新加坡国际金融交易所共同前进——芝加哥期货交易所启动了美国国债券的闭市后交易市场。但是,到1987年,芝加哥商品交易所的战略规划委员会[1]已经得出革命性的结论,即全球竞争性现实的最终答案就是要有能够

---

[1] 为了尊重历史的目的,记录那些开发全球 24 小时电子交易系统概念的芝加哥商品交易所战略规划委员会的成员的名字是很重要的,我当时主管着:副主席布赖恩·P. 莫尼森、约翰·盖勒曼、菲利普·L. 格拉斯、M. 斯克特·戈登、理查德·J. 卡普斯克、拉里·B. 伦纳德、巴里·J. 林德、劳伦斯·M. 罗森堡、路易斯·G. 施瓦茨、史蒂文·E. 沃勒克、罗伯特·E. 泽勒那以及芝加哥商品交易所主席约翰. F. 桑德那。

提供闭市后交易和全天候交易能力的技术途径。随后，芝加哥期货交易所也得出同样结论。

这段历史说明了"联合"的不可思议的原则。芝加哥的交易所之间的残酷竞争说明，更大的危险来自外部，而不是内部。当前，在芝加哥期货交易所和芝加哥商品交易所交易的合约并不能直接相互竞争，交易所并不能决定未来竞争的产品，只能让市场做出决定。另一方面，芝加哥的这两家交易所都非常清楚，当前竞争的危险来自世界其他交易所在其自己的时区交易芝加哥期货交易所和芝加哥商品交易所的传统产品。世界各地的每一家交易所都有这方面的担心。全球化意味着，不论期货或期权工具交易的原始地在哪里，也不管它们是在哪里开发的，它们都能够移植到其他的金融中心。

这是一个普遍关注的问题，乃至随后它成为促使芝加哥商品交易所在实质上改变其原来的闭市后电子交易概念的重要原因。交易所同意，为了使全球24小时电子交易系统满足全球化的要求，为了扩大其应用范围，我们邀请世界其他交易所用该系统上市他们的特色产品。国际化的这一目标，使我们把全球24小时电子交易系统呈现给了其第一个合作的交易所，即法国国际期货交易所（MATIF）。该交易所主席杰勒德·普福瓦德具有长期的信誉，他不仅理解参与电子交易系统能够使法国国际期货交易所的产品全天候地在世界范围内进行交易的巨大价值，而且他的勇气和远见使其交易所成为我们史无前例的合作伙伴。

前述的全球化现实是芝加哥商品交易所和芝加哥期货交易所步调一致行动的充分理由，但是，还有其他的令人注目的原因。全球电子交易系统的开发成本很大。当一个系统就足够用的时候，如果开发两个这样的系统，那就会格外地浪费资金。而且，在两个闭市后交易系统的各个系统交易不同的上市合约，那就使美国的期货业必须保持两个系统为全球客户提供服务，这样，效率就很低，而且浪费大量资金。正如预期的那样，期货业联合会（FIA）总裁约翰·达姆哥德，前主席大卫·J. 沃格尔以及现任主席哈尔·T. 汉森，他们都是代表性人物，是促进芝加哥期货交易所和芝加哥商品交易所电子系统联合的积极力量。最后商定，芝加哥商品交易所与最大的国际通信商路透社股份公司联合开发这两个交易所的电子交易系统。由于他们不必进一步扩大研究和开发资金，所以，这种安排对交易所非常有利。该计划对路透社同样有利，它具有长期的盈利潜力。

可是，两个交易所历史上一直是激烈的竞争对手，它们各有传承，双方的会员都自视甚高，而且彼此长期以来互不信任。在敌对气氛如此浓厚的背景下，单凭理念并不足以说服双方展开合作。如果两个机构处理不好领导关系的话，这种系统工程的整合可能绝不会发生。这就需要芝加哥期货交易所在任主席卡斯滕·马尔曼及其总裁托马斯.R.多诺万的智慧、勇气和远见卓识。他们亲切地对芝加哥商品交易所发起的倡议做出了积极反应。当时是由我作为交易所执行委员会主席、约翰·F.桑德纳为高级政策顾问，首先提出的建议。加之当时的董事会主席约翰·T.盖勒曼、总裁威廉姆·J.布罗德斯基的祝福，我们开始了全球24小时电子交易系统与奥罗拉系统整合的协商。但是，直到芝加哥期货交易所现任的主席威廉姆·F.奥康纳出现并提出协商意见后，芝加哥期货交易所才对这一困难的任务形成最后承诺。他对系统整合的支持起到了巩固两个交易所之间当前共同环境的目的，他也成为芝加哥期货交易所技术创新最有实力的倡导者。

完成最终的协商结果，即成为全球24小时电子交易系统的同等的合作伙伴，并不容易商定。开始于1989年夏季的谈判是艰辛、激烈的，花了18个月，中途常常几近夭折，并对与路透社签订的原始规定和条款进行了反复核查。信任协商小组成员也是很重要的，除了两家交易所的领导外，他们坚定不移地推进这一项目：芝加哥期货交易所方面有主任大卫·P.布伦南、大卫·J.费希尔、马克·什莱斯和杰伊·S.索金以及技术分委员会的伯顿·J.格特曼、尼尔·E.克特基；芝加哥商品交易所方面有约翰·T.盖勒曼、M.斯克特·戈登、巴里·J.林德、戈登·J.麦克伦登和威廉姆·R.谢泼德。同样，信任路透社的安德列·威伦吾和约翰·赫尔也是相当重要的，因为他们为了这个目标不知疲倦地努力着。然而，如果没有这两家交易所的高级职员[①]的才华和奉献，这个独特的、艰难的成就是

[①] 全球24小时电子交易系统：格瑞·金特；芝加哥期货交易所：乔治·斯莱多杰、格伦·W.贝尔登、卡罗尔·A.伯克和斯克特·E.厄尔利；芝加哥商品交易所：杰罗尔德·E.萨尔兹曼、T.艾里克·基尔卡伦、肯尼斯·R.科恩、唐纳德·D.瑟皮克、约翰·P.戴维森，III、卡尔·A.罗亚尔和詹姆斯·R.克劳斯。

不可能取得的。

　　1992年6月25日，全球24小时电子交易系统成为现实。芝加哥商品交易所和芝加哥期货交易所里没有人期望它会立即成功。全球24小时电子交易系统象征着对期货行业变化的革命，就像20年前引进金融期货那样，这一革命可能要花10年工夫才能成功。不论花去多少时间人们才能接受它，全球24小时电子交易系统启动了期货和期权市场的新纪元。在不远的将来，如果全球24小时电子交易系统能够起到保护我们的金融期货合约免于全球竞争的话，那么，它就达到了其主要目的。从长远来看，全球24小时电子交易系统就是21世纪的一个例证。

应对全球化：芝加哥商品交易所的前途

芝加哥商品交易所官员发布的闭市后交易系统（P-M-T）是一种闭市后电子交易系统，其固定的名称后来变成全球 24 小时电子交易系统（GLOBEX），对整个期货业产生了剧烈震动。它代表着对原有传统的重大突破，可能使人感到畏惧和痛恨。

但是，对于我们这些设计这一革命未来的人来说，它却代表着另一面。对于我们来说，技术的应用代表着对现实的认知。它包含着：在与国外竞争的过程中，以及在国内竞争和敌意给我们施加压力的过程中，如何应用机制保护我们的市场份额。对于我们来说，技术进步是不可抗拒或不可忽视的强大力量。

但是，我们如何使业内人士信服地接受技术进步？因为有些人如此信奉公开喊价交易机制以致于提起电子化交易的任何想法就会全身颤抖。接受技术进步？推广技术的工作并不容易。因此，机会是极不相等的，机会对我们是不利的。

下面我要讲的内容就代表了我们行动的基本原则。这个基本原则已经成为芝加哥商品交易所全球 24 小时电子交易系统的宣言。让我们的会员理解和接受这一理念势在必行。让全世界都能听到这个基本原则势在必行。让我们倡导的新机制成为期货、期权市场唯一的国际运作系统势在必行。今天，全球 24 小时电子交易系统的基本原则代表了世界期货业的主流观念。

> 本文由《全球投资管理》杂志登载，1987 年。

在一个大胆而深远的合作项目中，芝加哥商品交易所和路透社股份公司达成了一项长期合作协议，即为期货和期权市场的交易创造一个全球电子自动交易系统。这个被叫作闭市后交易的系统可以在正常的美国交易时间之前和之后在全世界范围内正常运作。闭市后交易系统将允许期货、期权交易直接与芝加哥商品交易所的开仓部位进行撮合，并通过芝加哥商品交易所结算系统结算。在1987年10月6日，该系统已经通过芝加哥商品交易所会员集体投票，并以绝对优势通过。闭市后交易系统隐含的新概念在期货交易发展史上无疑是历史里程碑。它代表着近年来技术革命产生的客观存在，意味着相对独立的世界金融中心走向统一所迈出的一大步，它使芝加哥商品交易所的竞争大幅度超越发展。

出于芝加哥商品交易所和路透社股份公司议定的基本原则包含了一个重要的出发点，即已有的期货业哲学，所以，讨论的起点有必要放在电子交易对现今美国期货市场采用的公开喊价体系的影响上。

公平地说，大多数期货市场的观察家和使用者都以钦佩与赞同的态度对待芝加哥商品交易所的合作开发通告。而在此问题上某些人持不同看法并不奇怪。在对待任何趋向自动化的进步，或是在一些极端的情况下甚至对于采用先进技术的问题上，我们这个行业里有许多人都会毫无顾忌地表达其批评意见。这些批评认为，这样的改进使暗箱操作更加恶劣，而且加快结束公开喊价的命运。很明显，芝加哥商品交易所并不这样认为。尽管我们也认为公开喊价应受到尊重和保护，但是，我们认为，这样的理念并不需要盲目坚持。

期货和期权是动态变化与持续发展的。当我们的市场成为一种世界性的标准风险管理工具进行运作的时候，当其应用性逐渐地扩展到新产品、新技术和新客户的时候，我们的交易量从1976年的大约3700万张上升到1986年的21600万张。今天，期货业在发展方式上、交易规模上或是在运行形式上已不同于1972年金融期货革命时期。同时，期货业与其形成时期奋力证明其优点的时代也没有什么雷同之处了。虽然我们的确是那些给予我们生命的鼻祖的远亲，虽然我们必须尊重我们的传统，但是，我们并不应该因其局限性而止步不前。

通过剧烈的演变进化和长期发展，执行期货交易的公开喊价系统是能够证明它是取得产生和保持活跃市场必需的流动性的唯一体系。现在情况仍然如此。任何人质疑这一点都毫无意义。然而，如果盲目地认为这种状况将永远保持下去的话,我们就会被错误的安全感所麻痹,从而失去提升和推进我们的运作业务的机会。这样的方针政策是愚蠢的,也是危险的。

由于种种原因,公开喊价系统不断地受到攻击。不管这是因为公开喊价系统固有的局限性、新的和更多的高效技术、新用户和新用途、竞争性的证券交易所、来自国外的压力,还是因为竞争激烈的场外交易的发展,客观事实表明,公开喊价系统正在受到认真审查,对其有效性和必要性的质疑越来越多。那些对这些事实视而不见的人就是对公开喊价系统的严重伤害。

实际上,为了保护公开喊价系统,我们有必要根据当前市场的需求,联系那些对公开喊价系统生存能力进行攻击的激烈竞争和技术压力,对我们的行业状况进行检验。我们不仅要调研这些问题,而且应该采用与调查结果相一致的解决方式应对这些问题。至少,这意味着我们应该做好接受这方面的技术的准备,接受那些能够与公开喊价系统相结合,并应用于公开喊价系统,而在本质上并不削弱其固有价值的交易制度的改进。虽然这样做可能不能保证公开喊价系统的生命继续延续,但是,它将肯定能够增加公开喊价系统的生存机会,有助于保护未来通向我们交易厅的交易业务。

建立闭市后交易系统的建议源自于芝加哥商品交易所战略计划委员(该机构负责研究期货业的基本事务和问题)实施的一个全面、长期的研究项目。不足为奇,战略计划委员认为,期货业面临三个关键问题,即全球化、自动化以及场外交易的扩张。他们推荐的解决办法是用闭市后自动交易系统作为集中的应对措施。

电脑芯片与电话联姻把世界由独立运作的金融市场变成一个连续性市场。欧洲、北美和远东不再是三个分割的时区,也不再有三个遭受外部压力、自为中心、独立运作、相互分离的市场。现如今,各个市场的客户来自全球各地,因为信息的传播可以同时跨越各个时区。当这些信息流需要市场作出反应的时候,金融经理在采取应对措施之前不再等待当地市场开市了。这是因为他们具有立即建立市场部位的能力,而这种能力就来自于所谓的全球化。因为有了全球化,所以,每一金融中心相对于其他金融中心都是直接竞争者,并为每个人提供了新的机会和挑战。

在过去的几年里，交易所试图通过寻找不同的途径来保护当地的业务量，并努力吸引外来业务，以此满足全球化的挑战。它们取得了不同程度的成功，所采取的措施或是与国外交易所电子联网，或是最近出现的延长交易时间。尽管目前全面评估这些措施的长期有效性为时过早，但是，它们都没有对 24 小时交易时间的机遇和风险做出适当应对。

由双向对冲系统构建的电子联网是在 1984 年由芝加哥商品交易所和新加坡国际金融交易所（SIMEX）首先试点的。它表明，不同时区的市场能够相互连接，安全进入相互的持仓部位，因而使两个市场都能利用对方正常交易时间以外的时间开展交易业务。虽然试点成功了，但是，芝加哥商品交易所和新加坡金融货币交易所的实验以及其他随后进行的类似联网交易表明，联网交易的整体效应存在一定的局限性。一是联网交易并不是对每种金融工具都有用处、都能成功的；二是监管和法规的复杂性使得电子联网交易能否在全球范围内应用具有不确定性；三是不同交易市场间的竞争因素使得在世界范围内实施联网交易系统更为复杂化；四是一个单一的电子联网交易系统不能够覆盖全天候 24 小时交易时间。

延长交易时间的概念已经不是新鲜事儿了，各个交易所都不时地重建和延长其正常的交易时间，以期适应新的交易业务。过去这些扩展交易的措施基本上被证明是成功的，可是，超越延长交易时间的扩展措施与以往的延长交易时间大相径庭，最近新加坡国际金融交易所、芝加哥期货交易所和费城股票交易所建立的电子联网交易，还有一些准备步其后尘的其他交易所就是如此。这些新的延长交易时间的联网交易，问题是相当严重的。

有些是关于人的问题。例如，有无能力吸引足够多的通宵达旦的做市商、人员的过度疲劳、对传统生活习惯的破坏等问题，还有担心市场流动性的问题：能否使国内的晚场交易保持足够的市场流动性，直到所期望的国外交易业务开始加入？还有资金方面的担心：在联网交易盈利之前，如何考虑会员公司维持晚场交易和后台管理运行的成本问题。尽管如此，表面看来晚场交易看上去是成功的，交易量也很好，正像有些人说的比预期好。更进一步说，当发生在正常交易时间之外的事件需要随时采取市场行动的时候，这些晚场交易就会从这些随时发生的大量交易中受益。

然而，与晚场交易有关的一些基本忧虑还没有得到答案：

1. 作为全球化的应对措施，晚场交易的扩展只是致力于国外交易日的一小部分时间。

2. 几乎不可能把晚场交易时间成功地延长到能够覆盖其他两个主要金融时区所需要的 16 个小时的时间。

3. 晚场交易最多只能应用于可选择的几种交易工具，而应用于传统产品合约的设想变得越来越困难。

4. 很值得怀疑的是，在美国时区，晚场交易是否能够阻止外国金融界放弃他们在自己时区的正常交易时间建立他们自己的交易所。

5. 一旦国外交易所成功地建立了，那么，它很可能成为当地的主要交易中心。而后，它将成为在正常交易时间吸引各种交易业务的强大磁体，因此，它将妨碍其他远距离交易所晚场交易市场的发展。

因此，尽管现在决断为时过早，除非一些无法预料的事件发生，但是，在美国发展晚场交易市场的思路似乎有一定局限性。然而，毫无疑问，这种思路在未来几年里将会遇到一些机会，最终，它仅有希望成为一个以套利和小量交易业务为主的二板市场。

很明显，闭市后交易系统是芝加哥商品交易所应对全球化需要的产物。它是一个利用路透零售商交易系统的闭市后自动交易系统。闭市后交易系统的概念把电子联网交易与扩展交易因素结合起来，并与公开喊价系统加以综合。实际上，它筛选当今最好的系统，并将其与未来技术融合在一起。这一新的交易系统的组成将包括所有能够活跃交易环境的必要因素：芝加哥商品交易所金融市场的流动性和空盘量，象征着构成芝加哥商品交易所的多种交易工具以及可选择的外国金融工具；其通信组织具有国际上最大的通信硬件网络和能够研制自动交易系统的技术能力，以及芝加哥商品交易所结算系统的能力、信誉和已经建立的金融诚信度。

闭市后交易系统的国际含义是显而易见的，而且它将很快出现在世界金融界面前。不管你是东京的银行家，还是伦敦的风险管理经理，或是世界上任何地方的投资者，它都会为你提供机遇，对你具有成本效益。闭市后交易系统意味着芝加哥商品交易所的金融市场与其运作能力、流动性和安全性一起，不仅在交易厅的正常交易时间可以交易，而且可以全天候交易。与电子联网交易不同的是，闭市后交易系统能够同等地应用于每一个市场。当它与其他可选择的电子联网交易的运作和法律复杂性相比较时，其在世界范围内的推广实施是简单易行的。

显然，闭市后交易系统具有普遍应用性和吸引力。自宣布开发这一系统以来，我们已经接待来自全球的各个金融公司的成员询问如何参与我们设计的全球交易系统。这些问题提得都很好。因为把闭市后交易系统概念扩展到每一个金融交易中心完全是芝加哥商品交易所的思路。

我们计划设计一套方法学，使它能够适应全世界所有机构直接进入和参与该系统。我们并不打算使闭市后交易系统只是适应我们自己的需要，而排斥那些对这一构想的成功运行做出重要贡献的参与者。相反，我们已经告知那些所有自愿嵌入闭市后交易系统的参与者，允许其机构和个人参与该系统交易。我们邀请世界各金融中心的代表参与这一革命性构想，帮助我们创造一个真正的全球交易系统。

闭市后交易系统是对由全球化导致的机遇以及自动化和场外交易带来的危险做出的大胆而全面的应对策略，它象征着全球交易时代已经来临。当闭市后交易系统与芝加哥商品交易所的正常交易时间结合起来的时候，它将为世界提供第一个真正的24小时交易系统。

第三个里程碑

自动化电子技术交易体系的实现无可争议地将成为对期货业会员产生根本性威胁的缩影。这个错误的观点代表，众所周知的达思·韦德，他将毁坏其爱不释手的公开喊价领域，铲平交易池，用计算机这个"黑匣子"驱动市场。但是，同样无可争辩的是，自动化、电子竞争以及技术进步是一股无情的力量，它将扫除前进道路上的一切障碍。那些忽视技术进步的人很快就会作为失败者被扫入历史垃圾堆。换句话说，不接受它就失去它。

上述理念冲突对许多业内人士而言，似乎是一个霍布森式的无可选择的两难困境。这使得许多人只是简单地回避这一问题，因为他们认为交易过程中的技术自动化就是自杀。然而，对于我们中的一些人来说，挑战是不可回避的。只是因为害怕变革而苟且于现状是不可接受的。对我而言，创新并不是一个敬而远之、无意义的概念。实际上，市场创新对我们的生存就像氧气一样重要。正是市场创新，才使我们与众不同，它赋予我们无限力量，使芝加哥商品交易所成为世界期货市场的先驱。

因此，全球24小时电子交易系统的理念由此诞生了。因为我们无法忽视现代技术引发了竞争性需求这一现实；因为我们意识到，如果没有自动化的电子交易能力，期货合约的交易时段将只能局限于传统的美国交易时区；因为我们的市场份额受到外国竞争者的威胁。所以，我们选择了用计算机技术为基础的闭市后电子交易系统面对我们遇到的挑战。我们的目的就是要使我们的会员面对这一现实。

在1987年10月6日举行的一次投票中。芝加哥商品交易所的会员以3989票对526票的压倒性优势支持全球24小时电子交易系统。下面的分析就是我们所以取得胜利的基本道理。

> 载于《1988年芝加哥商品交易所年报》。

金融期货在其短暂的历史进程中曾有过两个里程碑。这两个具有革命性质的里程碑全都产生于芝加哥商品交易所的交易厅。第一个里程碑的意义就是创造了金融期货。传统期货以上百年的农产品期货的基础起步，跨入对期货方向和历史产生重大改变的金融领域。根据定义，如果没有期货理念的开端，就不会有随之而来的金融期货历史。今天来看，芝加哥商品交易所17年前提出的金融期货的革命性理念注定改变整个金融界，成为全球金融行业必不可少的风险管理工具。实际上，芝加哥大学银行金融专业教授默顿·H.米勒博士曾将金融期货的产生描述为过去20年最重要的金融创新。

然而，在1972年情形则大为不同，几乎没有人将萌芽中的金融期货视作重要的事情。实际上，几乎没有人认为金融期货将会产生什么结果，金融期货也不可能获得成功。当时的权威专家和批评家对此嗤之以鼻，认为它不过是一个搞笑的东西；最多是一个荒诞离奇、不能实现的梦。一些人甚至简单地将它贬为"一群猪脑似的赌徒"妄想撞入外汇交易的圣地一样可笑。但是，我们成功了。什么原因？非常简单！维克托·雨果解释到：当时机来临时，任何聪明智慧的将军、多少强壮勇猛的士兵都没有能力压制一个伟大的思想。

第二个里程碑是9年之后出现的现金结算制度。1981年，芝加哥商品交易所的欧洲美元期货合约第一次引入现金支付的结算方式，而不再使用合约标的交割。一旦金融期货摆脱了实物交割，就拉开了以前不可想象的交割工具和交割理念的幕布。现金结算不仅为后来的指数产品打开了前进之门，而且也为金融期货发展提供了无限潜力。

今天，金融期货做好了迎接第三个里程碑的准备。毫不奇怪，芝加哥商品交易所再次成为这一趋势的开拓者。正如前两个里程碑产生的情况一样，第三个里程碑同样引发了大量的讨论，甚至是争论。所有的重大历史性事件都有一个共同特征，即对传统模式的扬弃。全球24小时电子交易系统是我们提到的第三个里程碑，它是由芝加哥商品交易所和路透社联合开发的全球自动交易系统，它代表交易过程自动化的发展方向。它的诞生，触及了期货业传统交易模式的中枢神经，招致了那些反对交易自动化和采用技术进步的人士的批评。对于他们而言，这些改革将会打开一个黑匣子，加速公开喊价交易模式的消亡。

期货业的发展是动态的、持续不断的，这是千真万确的真理。自满是期货业发展的敌人，创新和变革是我们成功的关键。当我们市场的适用性拓展到新产品、新技术和新用户的时候，当我们的市场变成风险管理的标准工具的时候，我们引发的变革就是引人瞩目的，就是革命性的。

1977年，我为霍夫施塔大学的《法律评论》写了一篇关于商品期货交易所运行机制的文章。文章得出结论，自动交易程序并不能取代交易厅交易，也不能代替公开喊价交易。尽管得出上述结论的背景不同于现在，但是，全球24小时电子交易系统的出现也不违背这个结论。全球24小时电子交易系统的设计目的不是替代当前的交易程序，而是提升其交易功能。10年前，我的结论并没有表明我们的期货业将一直一成不变。实际上，我们必须根据期货市场发展的需求状况和面临的竞争压力，同时考虑我们周围的现实世界的科技进步的影响，持续不断地对期货业状况作出评价。

毫无疑问，在期货业的巨大变革和发展过程中，有一件事情保持不变：在美国，公开喊价交易制度一直是我们成功的发动引擎，目前仍然如此。同美国其他交易所一样，芝加哥商品交易所有责任保护这一交易体系。然而，芝加哥商品交易所也认为，盲目地信奉公开喊价交易制度在任何时候都是完美的交易体系将会使我们进入一个安全误区，我们也会错失增强或提升我们开展业务方式的机会。这样的思路是愚蠢和危险的，它将使我们走向灾难。尽管我们应该尊重过去长期发展起来的传统，但是，我们绝不能固步自封，为其所限。我们必须清醒地认识到，那些忽视和害怕接受现实的人将很快成为历史。

历史学家巴巴拉·塔奇曼明确地告诉我们："人类将不会相信那些与他们的计划或预先的安排不相适应的东西。"花旗集团前任董事会主席沃尔特·里斯顿更直截了当地指出，"当变革的主导潮流冲刷过世界的时候，权力机构几乎不可避免地会逃避现实世界正在真实改变的观念，他们仍然会沉醉于陈旧的信仰当中。"

信息通信革命，包括综合应用的人造卫星、计算机芯片和纤维光缆，已经改变了我们周围的世界，把我们从多个分割的区域性金融市场联结成一个一体化市场。我们的市场不再明显地分割成欧洲、北美和远东三个时区。三个时区分离的市场不再像以前那样与外界竞争压力独立，各自维持其单一的市场中心、产品体系、交易时间和客户群体。今天，各种信息同时传播到各个时区。当信息流对市场行为产生影响的时候，金融管理经理不再等待当地市场开市就可以对市场变化做出反应。传统的交易格局曾为我们的金融市场提供了具有地理意义的安全阀屏障，使金融市场在一定程度上免受国际竞争带来的风险。这种格局已经成为历史，由通信革命引发的全球化导致信息化的来临。每个金融市场现在已成为其他市场的潜在对手。全球 24 小时电子交易系统认同和接纳这种变革，全球 24 小时电子交易系统是已经深入我们生活的技术革命的象征。一个全球闭市后电子交易体系已成为现实，它将改变我们安于现状的现实基础。

还有两种现象：第一，成功的公开喊价交易体系主要发生在美国。其他世界交易中心在其应用方面没有很久的历史，也没有太多的成功。因此，许多非美国的期货交易中心从一开始就部分或完全采用自动交易执行系统。第二，尽管期货市场的交易池是目前流动性最重要的来源，但是，它们已不再是唯一的来源。目前，有一大群交易者，其交易手段不再停留在交易池面对面地接触交易，而是利用计算机和电话这两种技术工具进行交易。利用这些工具，这些交易者与交易池内的交易者一样，可以在全天候条件下以快捷的方式进行买卖交易，为市场提供持续不断的交易订单。

实际上，这些交易者创造了 10 年前并不存在的流动性来源。尽管在不远的将来，他们不能取代交易池的交易者产生流动性的来源，但是，不可否认的是，他们代表着一个具有无限发展潜力的领域。全球 24 小时电子交易系统不会对这些交易者带来任何不良影响。

1984 年，当芝加哥商品交易所与新加坡国际金融交易所建立双边对冲联网交易合作机制的时候，我们主要着眼于全球化的现实。这是首次成功地将两个不同时区的交易系统实现联网交易。这为其他交易所进行联网交易塑造了典范，使期货业向全球统一市场迈进了一大步。这一实践为芝加哥商品交易所培养了一支不可估量的专业队伍，用活生生的实践证实了世界市场可以安全而有效率地联系在一起，它也引导我们向下一步合乎逻辑的创新迈进。

全球 24 小时电子交易系统把电子联网的各个成分合为一体，并且把它们与公开喊价体系有机整合。实际上,全球24小时电子交易系统吸收了目前正在运行的交易系统的精华,并把它与未来技术融为一体。理解这一点是至关重要的。我们并不是开始重新创建公开喊价体系,我们是在寻求一个使之更为安全的路径,即一种将公开喊价体系与未来技术相融合的方法,一种延长其交易生命的方法,不是重新创建它的方法。尽管我们认识到公开喊价交易体系的价值及其产生的流动性,但是,我们还要做得更好。我们意识到公开喊价体系的不足及其内在的不公平性。我们知道,自动交易系统将为我们提供一个整合与完善这些不足的机会,使该系统更加公平。

同时,全球24小时电子交易系统象征着分散在世界各个地区的金融中心向着统一的大市场迈出了巨大步伐。全球24小时电子交易系统将为世界提供一个所能想象的先进程度,能够延伸至久远未来的交易能力。该交易能力将使世界各大期货交易所的期货品种处于同一系统上的同一荧屏上全天候运行。这里的每句话都是惊人的。

我们预期,在一个全球化的、相互作用的、具有共享机制的期货和期权交易系统中,没有哪家交易所会丧失其自主权;每个交易所将继续为自己的产品进行结算和保证;各自的政府监管像过去一样继续发挥作用。是的,我们预期,一个最终把世界上分散的交易市场统一起来的交易构架将会形成,这就是全球24小时电子交易系统的核心本质。

全球24小时电子交易系统是对传统交易体制的重大突破。结果,它受到那些恐惧变革的人以及那些认识到新系统将为我们提供高度竞争力的人的猛烈批评。而这正是芝加哥商品交易所创建全球24小时电子交易系统的原因。当然,没有完全成功的保证。需要克服许多障碍,一些是技术方面的障碍,一些是政府领域的障碍。不幸的是,我们的政府官员常常不能在他们自己的领域内赞扬那些倡导者。在美国,经常出现的情况却是创新思想或被忽视,或被肤浅地推理压制,或被官僚作风所扼杀。这样的例子比比皆是。然而,我们相信,对于全球24小时电子交易系统来说,情况就不会如此。我们相信,美国联邦政府官员将意识到全球24小时电子交易系统是所有跟随其后的后来者的先驱和楷模,是在美国的合作和鼓励精神指导下的创新产物。

里斯顿还说,"如果当代政府和商界领导者意识不到我们的世界已经发生了改变的话",按照塔奇曼的话说,因为他们的见闻"与他们的计划或预先安排不相适应",所以,他们将同犯类似错误的许多领导者一样被遗忘。而那些理解并把握变革的人将成为明天的胜利者。

芝加哥商品交易所建立的前两个里程碑提供的明确证据证明,我们理解变革,我们愿意而且能够融入变革所产生的现实中。第三个里程碑将在更广泛的意义上推进这一惯例继续发展。

全球24小时电子交易系统与世界市场

在1981年，芝加哥商品交易所是美国第一家认识到欧洲业务具有发展潜力的期货交易所，我们在伦敦开设了全职办事处，并为欧洲共同体创立了年度金融期货论坛。1987年，我们对日本采取了相似的做法。

1989年，我们在东京举行的首届金融论坛取得巨大成功。该年度论坛成为我们在日本建立强大期货市场的努力的重要组成部分。但是，随后出现了芝加哥商品交易所和芝加哥期货交易所的共同目标时代，改变了两家交易所之间的竞争策略，因为这些竞争政策关系到当时的国际期货开发项目。1991年，芝加哥商品交易所和芝加哥期货交易所合并了各自设在伦敦和东京的办事处，并在这两个金融中心把各自的开发项目结合起来。目前，作为这种发展变化的优势，伦敦和东京论坛是芝加哥商品交易所和芝加哥期货交易所的共同任务，也是我们合作的关键性标志。

芝加哥商品交易所召开的本次研讨会以及我的演讲主题与过去的主题是一样的，涉及全球化、保护主义、贸易赤字、期货功能以及全球24小时电子交易系统的这些问题仍然是当今的议题。

> 在芝加哥商品交易所第一届东京金融论坛年会上的演讲，日本，东京，1989年5月30日。

今天这一时刻是值得注目的，不仅是因为它象征着作为国际金融中心的东京的崛起，也不是简单地因为在这里强调芝加哥商品交易所是一个全球性机构。本次东京论坛和芝加哥商品交易所每年在伦敦举行的类似论坛都是对两个不可避免的事实的充分论证：一是金融期货、期权代表了当今商业领域不可缺少的风险管理工具；二是世界正在变得越来越小。

金融期货和期权已成为当今商业领域独特且不可缺少的风险管理工

具。我们可以从一些简单的统计数据中找到证据。自1972年芝加哥商品交易所的国际货币市场引进金融期货开始,它的交易量经历了足以与商业领域任何新产品相匹敌的爆炸式发展。去年,美国的期货和期权交易总量达到2.25亿张合约,而1978年的交易量仅为390万张合约。这表明,仅在过去的10年里,交易量就增长了近6000%。而这些交易量如果以交易金额表示的话,将以万亿美元计。

期货、期权市场的成功不仅以交易量增长来体现,而且从它们在全球范围内的迅速发展得到印证,试图具有相似功能的类似结构的市场曾经仅在芝加哥和纽约可以找到。在过去5年里,新的金融期货交易所在伦敦、巴黎、中国香港、悉尼、多伦多、新加坡、新西兰、巴西、大阪、苏黎世、都柏林、法兰克福或是已经成立,或是已经宣布将要成立,下个月东京也将成立一家金融期货交易所。几乎无人质疑芝加哥大学金融和银行教授默顿·H. 米勒博士把金融期货喻为"过去20年来最重要的金融创新"的说法。

第二个事实是世界正在变得越来越小,其内涵同样易于说明。一旦许多分散的国家的市场被坚实地连接起来,成为一个相互关联、相互依赖的世界市场的时候,我们的世界将会是什么样子(过去许多分散的国家的经济所形成的体系现在不可避免地联系起来,成为一个相互关联、相互依赖的世界经济体系)。世界金融市场必将紧随其后。事实上,许多情况表明,国际金融市场总是在起"领头羊"的作用,并向世界展示着资本的能力,即资本可以不受各国的时差和疆域限制,可以在全球范围内自由寻找投资机会。确实如此,最近中央银行试图控制美元价格的尝试遭到失败,充分证明当今的市场在以自由市场力量为基础决定市场价值方面所具有的无法抵御的力量是独一无二的。

在经济方面呈现出来的地球村现象在我们周围随处可见。过去曾经是国内经济问题的东西,现在我们都需要面对:美国预算和贸易赤字不仅仅是美国的问题,它们将会影响每一个与美国有经济往来的国家;第三世界债务危机不仅仅是不发达国家的负担,它们将成为我们共同的负担;"即将到来的欧洲1992"(Europe 1992)不仅仅是一个民族或是全欧洲的问题,而是影响所有国家的大事件;日本的新经济力量及其太平洋邻国高速发展的经济势力，不仅仅是国内的或是地区的问题，而是具有国际意义的重大事件。

要是处在危机时期的话，那就不再有国内市场了，唯一的市场就是应对全球性事件的国际市场。例如，当美国发布失业或贸易赤字报告的时候，欧洲或日本的交易者能否耐心等待，直到第二天他们国家的市场开市时再做出回应？当德国联邦银行或日本银行改变汇率的时候，美国的交易者能否只是打个哈欠就去睡觉了，舒舒服服地等待第二天早上再做出反应？当然不行。在一个片刻犹豫就会造成数百万美元损失的世界里，交易者等不起。任何怀疑这一事实的人只要看看过去10年发生的两个事件就会明白了。

我们可以回忆一下1984年，当美国一家重要银行发生危机的传言开始散布的时候发生了什么。日本的投资机构未等到美国银行开始营业就决定从伊利诺伊州的大陆国家银行撤出数十亿美元，而欧洲的账户持有者则没有这样做，直到大陆银行芝加哥总部在那个致命春日（fateful spring day）开始营业的时候，一场千里之外的暴风雨已迫在眉睫。

谁能忘记1987年10月？那时发生的事件不仅导致美国股票市场崩盘，而且使全球经济大幅倒退。日益国际化的投资组合经理都发现，当经济事件的综合效应使投资公众行为失常的时候，根本没有安全的天堂。

究竟什么东西主导未来世界？在未来的10年里，什么事件将为财务经理带来风险和机遇？这很难预测。我们只能肯定，一定会有出人意料的事情发生。然而，有些事情是显而易见的。我在早些时候已经略微谈到它们了。

毫无疑问，在未来几年里，困扰我们的主要经济问题就是涉及世界经济几乎每个部分的巨额债务问题。不管是日本，还是世界上任何其他经济强国，都不能忽视这一国际难题。

在美国，贸易和预算的双赤字仍旧使决策者感到烦恼，也给世界经济投下阴影。目前的预算折中只不过是在简单地回避有关难题，充其量仅仅是想象的账面芭蕾。《时代》杂志借用一个古老的西方国家的曲调"十六吨"暗指"征税契约"是"只会使政府陷入更长久和更深重的债务之中"。

据官方保守估计，1990年美国赤字额为1080亿美元。但是，经验丰富的华盛顿主管则预测实际数字可达1300亿美元。而且，国会已经在讨论一个高达500亿的紧急救援节约计划，这部分还未包含在赤字计算内。联邦预算如此不实在，将无助于稳定世界市场，更不用说解决困境。结果，公众已经开始为1991财政年度的状况担心。许多人认为，除非增税，否则，格拉姆—拉得曼法案（1985）的赤字目标就不可能实现。但是，任何小幅度的增税都会导致美国的长期经济增长状态突然终止。而且1991年已经处于经济萧条时期，税收的增加也会加剧经济不景气。

此外，我们也不能忽视另一种形式的美国赤字，即贸易赤字。贸易赤字的最大危害不仅在于它会对汇率或美元造成本质冲击，还在于它提倡保护主义。美国、日本、欧洲的理性商人还在坚持提倡类似于前一个时期贸易壁垒那样的、令人厌烦的措施。20世纪30年代贸易战造成的后果是对这种趋势能够引起金融浩劫做出的充分警示。然而，关税已不再是贸易保护者的主要工具，输入限额、市场限制等一系列表面看起来是制度标准而实际旨在限制外国竞争者进入的措施，是当今贸易保护者兵工厂的新武器。

1989年2月27日《财富》杂志的一篇文章指出，自20世纪70年代起，非关税贸易壁垒开始迅速发展起来。1989年2月6日《福布斯》有一篇文章向世人发出警告：世界正面临着被划分为欧洲、太平洋沿岸、美洲三个贸易保护区的可能性。它指出，在过去的8年里，遭遇美国贸易配额或官方限制的进口量已由12%上升至23%。近期，美国针对日本、印度和巴西采取的所谓"超级301"（super 301）行动可以看作是这种危险趋势的征兆。

即将于1992年统一的欧洲也可能附和贸易保护者的声音。欧洲共同市场自己的计划提到，欧洲内部各国间的贸易往来在未来的6-10年里将增长10%，而他们从非成员国家的进口量仅增长2%~3%。

不幸的是，在金融舞台上不乏潜在的危机。世界市场究竟应该如何应对这些日益弥漫的问题以及随时可能发生的意外事件？没有人知道。可以肯定的是，只要经济的不确定性因素存在，机遇和风险就存在。同时，抵御不确定性的需求也就存在。

一般而言，期货业（尤其是芝加哥商品交易所）在期望与国内经济建立联系方面是有远见的。早在 1972 年,芝加哥商品交易所推出外汇期货时,就是美国第一家期望废除固定汇率的交易所。由于其欧洲美元合约的推出,使芝加哥商品交易所成为第一家采用现金结算期货交易、超越商品领域扩展风险管理概念的交易所。我们也是第一个与处在不同时区的新加坡市场建立联系的交易所。随后,芝加哥商品交易所成为跟踪国内股票市场动向、创造股指期货合约最成功的交易所。

1987 年 9 月 2 日,芝加哥商品交易所成为第一家采用新观念建立闭市后电子交易系统的交易所。芝加哥商品交易所与路透社联合开发的全球 24 小时电子交易系统象征着技术革命已经占据了我们生活的各个空间,绝不仅仅是我们自己。

一旦全球 24 小时电子交易系统开始运作,它将反映并适应资本市场全球化的新进程。尽管在此之前,全球化可能已经从容地进行着,但是,如果有了全球 24 小时电子交易系统,金融管理人员将能够很快对全球任何时间、任何地点发生的影响世界经济的事件做出反应。通过为金融管理人员提供迅速对市场决策的能力、而不是浪费时间等待当地市场开市,全球 24 小时电子交易系统将为未来经济时期所存在的机会和风险提供理想的对冲工具。虽然全球 24 小时电子交易系统隐含了当前的现实,但它并不能引发现实或促进它们发生。

1972 年,国际货币市场并未促成未来 10 年所发生的金融剧变,然而,它的确因恰逢其时而受益匪浅。它的成功可以用维克托·雨果的名言解释:没有哪个将军如此聪明,也没有哪个军队如此强大,以至于可以阻止某个时代的到来。

同样,在 1989 年,全球 24 小时电子交易系统也没有促成全球化,但是,它的出现却表明世界金融市场已经联系在一起了。市场全球化是一个趋势,这既是不可动摇的,也是不容置疑的。全球 24 小时电子交易系统只是简单地承认这个现实,并拥有尖端技术能力为国际商业界提供能够对即将发生的金融变革做出迅速而有效回应的工具。

同样重要的是,全球 24 小时电子交易系统试图把世界上众多市场以电子化方式连接在一起。一体化的体系预示着那些各自独立的市场只对地区经济起作用的时代已经过去。要想在 20 世纪 90 年代之后继续生存,风险管理者必须迅速、有效而机智地对全球变化做出回应。

全球24小时电子交易系统将会满足这种需要，它将为世界提供一种交易能力，这种能力与人们可以想象的一样先进，与未来一样长远。这种交易能力能够使全球所有商品在同一体系内、同一交易平台上进行交易。全球24小时电子交易系统将提供24小时不间断交易。它将使各区域市场走向国际大舞台；它将使市场的应用、市场的策略、市场的实验与产品结合，这在以前是绝不可能的事情；它将使全球相互独立的市场最终统一起来。

今天，我可以确认在离开芝加哥前所作的历史性宣告。1989年5月26日，芝加哥商品交易所和芝加哥期货交易所同意开始进行针对我们各自的电子交易系统联合开发问题的讨论。这些讨论的巅峰最终将形成单一的、统一的、闭市后的交易系统，该系统将把芝加哥商品交易所的全球24小时电子交易系统和芝加哥期货交易所的奥罗拉电子交易系统的独特之处结合在一起。关键性的步骤源于一个在逻辑上不可否认的事实：两大交易所统一的电子系统将为我们的会员、我们的会员公司以及全球期货业创造无尽的利益。

不可能的梦：莫斯科的自由市场

这个演讲最有意义的地方在于这场演讲发表的地点。如果早在一年前有人建议我站在苏维埃共和国的开放论坛上发表关于市场驱动型经济秩序的演讲。我可能会建议这个人去看医生。

那种想法，即芝加哥商品交易所和芝加哥期货交易所这两个自由市场的象征的代表们在1990年应邀成为莫斯科城和俄罗斯联邦的贵宾，在当时看来不亚于科幻小说那样不可思议。

> 在期货和期权讨论会上为苏联食品和采购部长委员会所作的演讲，苏联，莫斯科，1990年11月1日。

两个月前，在1990年8月22日，芝加哥商品交易所宣布准备上市俄国卢布期货合约，这意味着始于18年前的改革历程现在呈现出新的戏剧性篇章。实际上，芝加哥商品交易所的国际货币市场在1972年6月16日成立，本身就是一种思想动力的象征，它象征着金融改革思想的时代已经到来。这种思想在全球金融领域引发了翻天覆地的变化，并与发生在苏维埃共和国及世界各个角落的种种金融风暴息息相关。这种思想认识到，由电信革命引发的金融市场结构变化将使传统市场概念显得过时，并将打破地理界线导致的市场壁垒，同时，这些结构变化对金融风险管理工具提出了新的要求。

事实上，1990年诺贝尔经济学奖得主、芝加哥大学教授默顿·米勒宣称金融期货是"近20年来最有意义的金融革命"。

分布在伦敦、巴黎、中国香港、悉尼、多伦多、新加坡、巴西、大阪、苏黎世、法兰克福和东京的期货交易所证明了金融期货已成为世界金融市场的内在组成部分。期货市场是经济制度的象征，并表现出凌驾于依赖中央集权控制的经济体系组织和功能之上的优越性。事实上，在自由的供求关系促进价格发现的例子中，几乎没有比通过期货和期权定价效果更好的了。米哈伊尔·戈尔巴乔夫总统本人比其他任何人都更快地认识到期货和期权对于市场驱动型经济结构来说是不可或缺的，因为他呼吁在苏联国内尽快建立证券和商品交易所。我们不仅赞成这一意见，也赞同贵国最近宣布在通往经济改革的艰难历程上的革命性举措。

不仅期货市场本身构成市场驱动型经济的基础结构，而且正是导致期货市场产生的技术进步使得改革创新不可避免。实际上，过去几十年的通信改革，或是前花旗银行董事长沃尔特·瑞斯顿所称的信息革命的出现，不可能继续伪装并掩盖颠扑不破的事实，即依赖政府指令的经济注定要失败这一事实。

如同科技贯穿人类历史长河一样，科技再次引导人类社会结构发生根本性变化，并重塑了全球政治和经济前景。科技对俄国和东欧大众的直接影响如今已成为历史现实。与联邦储备委员会主席艾伦·格林斯潘一样，戈尔巴乔夫先生和叶利钦先生对同一个事实都看得很清楚，即接受并发展金融期货是当今处于动态变化中的社会对能有效发现价格和规避金融风险的机制迫切需要的结果。

然而，如果苏联有人相信金融期货能立刻将你们目前的经济地位改造成生机勃勃、成功的市场驱动型经济，或者，如果苏联或东欧的那些宣布独立的国家中有人相信在你们各自国内一旦建立证券或期货交易所，就能马上从萧条的经济状况转变为全民富裕的生活水平的话，那么，请允许我立刻劝告你，事实并非如此。实际上，没有什么超越现实的灵丹妙药。没有什么比指望存在速成解决方案的错误想法更能造成经济成功之旅的障碍，因为这种速成方法是不存在的。通往经济复苏的道路是痛苦、漫长、极度艰难的，并且布满坎坷，这些陷阱将延长你的进程，将你引向错误的方向，或是带你走进死胡同。十分坦率地讲，其中的境况在得到改善前会比从前显得更糟糕，但是我们别无选择。

尽管戈尔巴乔夫和叶利钦之间存在分歧，但是，他们都认识到市场经济的高效以及实现市场经济的高效功能的先决条件中包括私有产权的问题、从国家公有制到私人所有制的转变问题、为建立一个独立于政府的中央银行进行的银行体系重组问题、建立独立于中央银行之外的商业银行的问题，需要建立能够发行单一可自由兑换的本国货币的商业银行的问题。这些都是成功构筑通向自由市场经济之路的基础。由于这些基础条件中没有一个可以在一夜之间完成，所以，发展就会存在阶段性。比如说，最近要确立4个卢布汇率的通告如果能够贯彻落实的话，那就非常令人欢欣鼓舞。

无论采取何种途径去实现，是循序渐进还是利用更痛苦的快速机制，最终必须达成一个唯一的、可自由兑换的卢布汇率，即汇率能够在国际竞争中承受公正市场的考验，因为只有如此，卢布才是真正可兑换的。

你们目前的计划意识到，处在危急时刻的苏维埃迫切需要国外资本投资。单一依靠国外政府的贷款支撑本国经济是一个严重的错误。事实上，由于今天的美国发现其自身的经济秩序紊乱，所以，美国政府对苏联的投资现金流将十分有限。因此，谋求国外私人投资资本是当务之急。为了达到这一目的，必须强制解除当前关于出口利润的种种限制并使国外投资者懂得如何计算它们的收益率。因此，上述已宣布的卢布汇率计划是通往市场经济的历程中的必要条件，虽然这些步骤伴随着巨大的通货膨胀的危险，并会给普通市民带来痛苦，但是，这些步骤是不可避免的。鉴于此，芝加哥商品交易所将通过建立一个切实可行的卢布汇率期货市场，试图确定哪一汇率水平有助于推动这一改革进程，并认真监测改革过程所产生的结果。

在与瑟奇尔·斯坦克维奇、甘纳蒂·波利苏克和弗拉迪密·帕普劳斯基的谈话中，我颇受鼓舞，并深信其聪明才智。我佩服他们对期货市场的基本理解。你们的市长、尊敬的加夫利尔·波波夫的声明爽快而振奋，因为他不仅是市场经济的倡导者，而且正在为促进市场经济的完善提供基础设施。莫斯科商品交易所只是他诸多努力结果的一个显著例子。虽然在开始的时候，莫斯科商品交易所看上去在交易方式上可能不同于芝加哥市场，主要表现在莫斯科交易所的实物商品与我们的金融指数和无形的期货标的物有很大差别，然而，该交易所是非常重要的开端，为了第一个里程碑，我向你们致敬。

1990年9月11日，苏联议会通过了"500天计划"，在举世瞩目这一计划的同时，我们也意识到，在关于预计的改革将以何种速度进行方面存在着一些哲学意见分歧，诸如分散耕地和由国有向私人所有转型的耕地所有制重构问题，以及征税和中央集权问题。这些问题体现了苏联内部政治和经济问题的困难。作为一名旁观者，我认为，这一改革进程开始的越早越好，因为无论你想多么快地实施必需的改革，所需的时间总比预想的长。几乎没有疑问，你们不仅将遭遇始料不及的重大困难，也将遭遇大的经济困扰。这将导致产生强大的民众压力，一些苏联民众可能呼吁恢复旧制。但是，这些反应是愚蠢的，因为旧制是没有希望的，是它造成了现在的困境。苏联有 1/3 以上的人口每月挣到的工资不到 100 卢布，人们的平均月工资只有 250 卢布，这只相当于黑市上 10 包美国香烟的价格。

显然，旧制度解决不了问题。唯一的希望便是通过未来几年的斗争，在个人自由理念和市场驱动型经济基础上建立一个新苏联。尽管未来的任务不仅艰辛，而且需要多年才能完成，但是，你们具有成功的资源。第一个资源，这也是最重要的资源，就是苏联人民。孕育了托尔斯泰、陀思妥耶夫斯基、普希金、高尔基、波罗甸和柴可夫斯基的国家是一个有着非常丰富文化底蕴的国家，是一个具备足够智慧走向经济胜利的国家。事实上，苏联在历史上曾遭受过巨大苦难，但是，它不屈不挠地走过来了。所以，它也应该能在经济改革中不屈不挠地前进。

在迈向市场经济的过程中，苏联一些最值得赞扬的特征需要做些调整。你们的心灵灵魂需要形成一种唯物主义的东西。犹如《俄国人》作者赫德里克·史密斯最近写道的："若要实现改革，必须在思想上先发生变化。人们的观念必须随社会变革而发生转变。这是一个推进式的渐进过程。它无法通过行政命令奏效。"

然而，在这个十字路口，关键在于领导者需要在意见分歧上做出让步，协调不同的观点，达成共识，并协助国家完成共同的目标。实际上，此时此刻对苏联最大的危害是领导者的内部分裂，这将导致国家无法致力于所追求的目标。因此，敦促你们的领导团结在共同目标的周围并联合起来，引导这个国家走上市场经济之路吧！

在改革的历程中，你们需要建立期货和期权市场，因为在提供价格发现机制方面没有其他市场能够替代它们。这些市场是开放式的平台，在那里，市场参与者，即买方和卖方、生产者和消费者、投资者和投机者，他们能够在拍卖过程中表达其关于产品价值的价格取向。通过这一途径，产品公平的价格得以发现。从确定价格的那一刻起，直到新的影响因素再次改变价格，产品价值就确定了。在确定价值方面，没有别的市场机制能够堪称是比期货和期权市场更为可靠的途径了。

现如今，在各个金融中心建立起来的期货和期权市场为我们提供了最为广泛的农业和金融工具，从大豆到债券，从活牛到原油，从股票到白银，从镀金到黄金，从欧洲美元到日元，从咖啡到消费者价格指数。期货和期权市场为我们提供了在其他地方寻觅不到的流动性，提供了一个无可比拟的、有成本效益的最小买卖价差模式，提供了一种快速形成各种策略、多种计划或是微调技术的能力，提供了在考虑成本效益基础上调整风险投资组合的能力，提供了一种在任何时候都能够选择价格最合理的替代品的灵活性，提供了一种在提供最高可信等级的体系中维持信贷限额的便利，提供了一条轻松自如地参与全球各个市场的流通渠道以及为难以重复的交易提供快速可靠的执行的能力，而且，期货和期权市场很快就可以进行全球 24 小时交易了。期货和期权市场的价格发现、套期保值功能及其获利潜力使其上市的金融工具与全球金融发展结构和市场驱动型经济紧密结合起来。

最后，1972 年在芝加哥发起革命的最新产物——全球 24 小时电子交易系统将再次为全球市场带来新革命。全球 24 小时电子交易系统是最近由芝加哥商品交易所、芝加哥期货交易所和全球最大的国际通信集团路透社合作研制的电子交易系统。当全球 24 小时电子交易系统开始运行的时候，美国的期货和期权产品就能够在全球范围内进行 24 小时交易了。它也允许全球所有重要的期货市场将其独特的产品种类加入这一系统。实际上，以巴黎为基地，当前在欧洲排名第一的期货市场——法国国际期货交易所已成为该体系的合作伙伴。全球 24 小时电子交易系统将最终成为全球期货和期权市场的交易中心。将来，当苏联也走上自由市场之路时，莫斯科商品交易所也可能成为全球 24 小时电子交易系统大家庭中骄傲的一员。

如果有那一天的话，请允许我祝贺这个国家目前已经迈出的开放莫斯科商品交易所这一具有重大意义的步骤。我代表芝加哥商品交易所的全体会员向你们呈送最美好的祝愿。我们将随时准备着为你们提供一切可能的帮助。

1990年10月底,芝加哥商品交易所和芝加哥期货交易所的一批高级官员应苏联政府的邀请对莫斯科进行了访问,旨在达成一项商品市场合作协议。

我从莫斯科到伦敦,参加芝加哥商品交易所年度国际金融研讨会。会议为我提供了一个在最佳时机作一场综合报告的机会。正像我运用语言技能陈述的那样,我为苏联经济的伤害程度和苏联经济重建的黯淡前景而感到震惊。

当时,由于人们对于苏联的真实经济状况几乎没有共识,使得我的悲观评估更非寻常,苏联面临的问题可能需要整整一代人的努力才能治愈。

维克托·雨果曾写道:"人们可以抵御军队的入侵,却无法阻止思想的传入。"历史已用许多实例对此智慧给出了注释,然而却没有一例比我们最近目击的事例更有说服力。

很明显,无论对人民还是对市场,有关自由的不屈不挠的信念是一种思想力量。

当"自由必定要规定人类努力的基本结构"这一光辉思想终于不再遭受压制的时候,当这一思想潮流终于决堤而出的时候,它的力量如此凶猛,它的速度如此惊人,以致没有任何将军、没有任何军队胆敢阻挡其前进道路。

美国联邦储备委员会主席艾伦·格林斯潘说道:"这看起来就像70年前开始的一场经济大试验。世界被分成两部分,一部分是市场驱动的经济制度,而另一部分是中央计划经济制度。今天,我们可以比较一下结果。"

戈尔巴乔夫先生知道,市场,尤其是期货市场,是他们的基本选择。在期货市场上不停地买进和卖出合约的参与者,实际上是在表达他们对期货合约相关产品未来价格的预期,不管它是猪腩,还是股票指数。这种宝贵的价格发现机制也有助于生产者、加工商、投资者以及一系列其他经济博弈人确定配置资源的地点和方式,也就是说确定种植什么,生产多少以及投资何处的问题。作为期货市场的一个功用,套期保值和价格预测机制在平稳过度生产的极端峰值和供给不足的极端低谷状况方面,有助于国民经济的发展。而苏联极度缺乏和迫切需要的恰是这种机制。戈尔巴乔夫先生同样深知，这种机制服务于农业的相同特性，随后可以转而服务金融业，1972年芝加哥商品交易所成立国际货币市场并开始交易外汇期货合约的情况就是如此。

从这一革命性的概念产生出包括政府债券、公司债券、欧元，最后是股票指数期货在内的一系列金融期货工具。这些市场的成功推动了期货和期权业的空前发展。仅在过去的20世纪80年代的10年中，美国期货和期权的交易量已经从1979年的7600万张急速发展到1989年的32300万张。我们的成功为全世界树立了典范，致使美国本土以外的期货和期权交易量从1985年前几近于零的纪录，发展到1989年的1800万张。目前，大约30家交易所坐落于世界各个金融中心，它们都交易金融期货和期权。1982年成立的伦敦国际金融期货与期权交易所就是欧洲第一家，接下来是1986年成立的法国国际期货交易所（MATIF）。

然而，尽管期货市场是市场驱动的经济体制的一个重要组成部分，但是，它们却没有魔法。苏联的领导者们持有错误的印象。他们认为，只要建立一些证券和期货交易所，宣称他们支持市场驱动的体制，那么，一切就会如愿以偿。事实上，他们所面临的问题和麻烦远远大于多数西方人所能够想到的。

几天之前，芝加哥商品交易所和芝加哥期货交易所的官员从莫斯科返回芝加哥。我们在莫斯科与莫斯科市、莫斯科商品交易所、俄罗斯联邦共和国签署了一项合作协议，旨在为其创建商品交易所提供帮助。就在那里，我亲眼目睹并评价了苏联的现状。确实，他们的经济状况为"令人沮丧"这个词增添了新意，而其存在的问题可能困扰数代人。

"改革"电视评论员弗拉基米尔·庞氏说道："必须作用于人们的思想观念。人们的面貌必须改变，随着社会的变化而改变。"然而，这并非易事。一位前任《纽约时报》的通信记者对此作了简要总结，"在美国，作为输者被认为是一种失败，但这种失败在苏联却被当作胜利者。"确实，苏联人在心理上不能容忍那些比他们赚取更多钱财的人，而不管他们是如何诚实地挣钱。

这注定了是一个缓慢而痛苦的过程。这个过程无法使用政府命令，建立制度性的市场并不是神奇的答案，甚至不能像俄国教皇祈祷的那样建立莫斯科商品交易所。黎明前将会更黑暗。根据政府的估计，从1985年至1989年，大概有300万人失去工作，另有大约1500万个工作岗位将会在这个10年中的大调整中消失。超过4000万的市民在低于标准收入水平的岗位上工作，甚至这种标准收入水平还得依照俄罗斯的标准计算。商店里空空如也，甚至连面包都缺。粮食唯一批存量的私人农产品市场的价格在今年前9个月中已经上涨了25%。自10月1日以来，政府支付肉类和其他农产品的价格上涨了50%。随着政府价格的提高，螺旋式的通货膨胀是不可避免的，据叶利钦的顾问格里格瑞·亚里斯克（Grigori Yavlisky）估计，零售商品价格能够在一夜之间飙升400%。

在俄罗斯一些地方可能会有饥饿，甚至饥荒，那将导致社会不安定。事实上，许多共和国都希望退出苏联，这一结果肯定会发生。没有人能够准确地预测这个丘吉尔曾经称为"铁幕"的地方目前正在发生的革命会有什么结果。根据经济合作与发展组织的报告，不仅由于从中央计划经济体制向市场经济体制的转变产生的内在风险，去年世界私人评估市场已将所有东欧国家的信用级别降低，而且苏联将很有可能不再被视为一个整体获取投资机会，国际投资者必须考察各个独立的共和国。

我叙述横亘在苏联人民面前的困难，是为了应对突然有一天你可能听到一些苏联人说他们想回到共产主义制度那美好的过去时光的可能性，他们说以往的日子比现在更好。很可能如此。因此，尽管通往市场经济的路途痛苦而漫长，但是，至少他们已经迈出了第一步，至少最终目标有一个确定的成功结果。

苏联之外的国家正生活在一个近乎完美的时代。人们生生不息追求的新思想继续激励着生活在这个世界其他地方的人们。在那里，已经证明亚当·斯密、米尔顿·弗里德曼以及艾伦·格林斯潘理论的实践是成功的。

技术曾经伴随了人类整个历史，如今它再次指导我们社会结构中的基本变化，并重塑了人类的政治和经济蓝图。卫星能够同步传输新闻，公文包里装着的是具有强大功能的计算机，遍布大西洋和太平洋的光纤电缆已经永远地改变了这个世界，更不用说巴黎通往伦敦的海底隧道了。

想象一下两个世界之间的差别吧。我是在克里姆林宫与俄罗斯第二号重要人物一起，试图为建立市场而给芝加哥商品交易所打电话。这样建市场是不可能的事情，从宾馆打电话，从大街上打电话，从公文包里打电话，甚至从克里姆林宫打电话，不论从哪里打电话都是不可能的。

是的，存在着两个世界。我们这个世界的任务是将期货交易的思想适应于这一崭新的、具有尖端技术的全球化世界。因此，我们开发了在全球范围内能够24小时不间断的电子交易系统（GLOBEX）。虽然这一系统的实施还需要时日，但是，它已经取得了一项最具重要意义的成就。最近，芝加哥商品交易所和芝加哥期货交易所同意将芝加哥商品交易所的全球24小时电子交易系统与芝加哥期货交易所的电子交易系统奥罗拉统一。在多数行业观察家打赌否定其可能性、并说这绝不可能发生的时候，他们低估了思想恰逢其时的力量。

当芝加哥期货交易所会员全民公投以压倒多数欢迎全球24小时电子交易系统的时候，芝加哥商品交易所与芝加哥期货交易所的成功洽谈达到顶点。一个具有单一交易结果、统一的闭市后（after-hours）交易系统注定成为世界惯例。这一重大事件的发生是一个无可置疑的逻辑导致的结果，即在两大交易所之间形成的联合电子系统将为我们的全体会员、会员公司以及全球期货业产生巨大利益。事实上，当全球24小时电子交易系统（GLOBEX）可以实际运作的时候，芝加哥商品交易所、芝加哥期货交易所和法国国际期货交易所的综合交易量将占全球金融期货和期权业务的50%。

然而，更为重要的是，我们将邀请所有的重要交易所加入这个行列。把伦敦国际金融期货与期权交易所（LIFFE）变成全球24小时电子交易系统的一部分，形成一个共同体的意义非同一般，因为伦敦现在而且将来始终都是世界金融中心。最终。我们可以预想与世界其他市场联结，包括日本的、德国的、澳大利亚的、新加坡的或其他地方的市场。在莫斯科的最后一次研讨会上，我们面临一个来自邻省代表的请求，要求我们将他们也并入全球24小时电子交易系统，因为他们自豪地说他们已经有了一台计算机。

当然，并不存在两个世界。我们生活在一个技术驱动世界的星球上，物质运动极快，信息传播如闪电。因此，一个国家不能完全和其他国家与世隔绝。我们的确是相互缠绕、相互关联着的。我们的命运甚至与俄罗斯和东欧人民的命运息息相关，那里发生的一切必将对我们产生影响。在全球化交易到来的时刻，世界上的国家就是如此。我们的世界也是如此，风险进一步复杂化，资金迅速流动。现在的交易者必须估量困难变数，然后，根据情况变化调整部位。他们面临的不确定性之多，遭遇的冲突之多，如此危如累卵，包括变化多端的金融市场、改革、入侵科威特、预算赤字、通货膨胀忧患、巨额债务、德国统一的成本、第三世界问题、银行呆账、酝酿中的欧洲统一、单一欧洲货币体系等等。

相互依赖的世界，能够产生令人生畏的风险、反之可以获得巨额的回报的世界，我们的世界就是期货和期权市场能够很好发展的世界。可以说，当国际经济的相互依赖性不再被忽视而变得显而易见的时候，期货和期权几乎恰逢其时地受到了尊重。

未来10年的金融市场

苏联剧变昭示着过去冷战时代的结束和一个新世界秩序的开始。尽管在我们之间没有人能够拥有足够的智慧准确地洞悉该事件的最终结果及其预示的反响,但是,我们有责任对这一非同寻常的事件提出看法,尤其是当它关系到世界市场的时候。

显然,在东西方阵营的对抗中,以美国为缩影的市场驱动的经济秩序是最重要的胜利者。但是,我们自己金融结构的成本是什么?期货与期权市场在这个剧目中扮演的角色是什么?它们在新的世界秩序中的作用是什么?世界目前已步入经济平衡时代,还是面临新的乱局?20世纪80年代积累的债务会不会在90年代造成麻烦?在未来10年中,市场将如何发展?

尽管预测未来要冒很大风险,但是,我们的预测性尝试常常是很有必要的。

> 1990年11月刊登在《期货》杂志上。

在莫斯科红场举行的"五一"国际劳动节庆典表面看来与过去的庆祝活动没有什么不同。与往常一样,所有政府高层领导全部出席;与往常一样,有旗帜、游行和歌声;与往常一样,有各种预想的盛况和仪式。但是,有些东西已迥然不同了。那就是旗帜!色彩是对的,红色背景映衬着黄色字体,但是,文字已全然不同了。就在那儿,在莫斯科红场中心,在1990年的"五一"国际劳动节!

就像美联储主席艾伦·格林斯潘总结的:"这如同一场在70年前发生的伟大的经济试验。世界被分成两个部分。一部分是市场驱动的经济制度,而另一部分是中央计划经济制度。今天,我们可以比较这两种制度的结果。"

结果令人震惊。戈尔巴乔夫总统自己承认，苏联饱受"经济僵化与停滞"之苦。或者，正如伦敦《周末时报》政论专栏作家阿尔文·史特尔查所报道的，他引用了尼古拉·谢米尔夫和弗拉基米尔·波波夫这两位卓越的苏联经济专家的论述，对苏联形势进行了简要总结："不管是什么东西，不管在什么地方，不管在什么时间，总是不够用。"无情的结果是：要尽快实施一套废除集中性的经济控制、转而实施自由市场制度的计划。

当然，不可否认的是，这场实验同样是期货与期权市场的胜利。期货与期权市场是经济制度的组成部分，也是经济制度不可或缺的部分。因为，这种经济制度证实了它们相对于功能与结构依赖政府政令的劣势经济体系而显示的优越性。确实，还有什么市场能够比通过自由的供求力量决定价格的期货和期权市场具有更优越、更集中体现的价格决定机制呢？

如同技术曾经伴随了人类历史一样，如今，它再次引导了我们社会结构的基本变化，并重塑了人类的政治和经济前景。技术对东欧人民的直接影响现在已成为历史事实。然而，信息革命的影响远远超越了社会和政治的变革。就像加利福尼亚理工学院的卡佛·米德博士指出的那样："整个工业革命将生产力提高了大约100倍，但是，微电子电路革命将基于信息技术的生产力提高了100多万倍，而且这种提升潜力什么时候结束仍不可预见。"

很明显，通信技术革命的结果将折射到现代人生活的各个方面和角落，并将极大地改变金融市场的结构和本质。许多曾一度分散的国家经济现在已经不可避免地形成一个相互联系和依赖的全球性经济实体。高度发展的人造卫星、微电子芯片和光导纤维，把世界从一个分立自治的金融市场联邦转变为一个持续不断的全球市场。三个主要的时区之间将不再存在明显的分界线。当今的金融市场已经跨越了地理界限和时区界限，扩展至全球范围。

今天，如同里斯顿先生（Mr. Wriston）所说，由于信息革命的优势，"我们正在目睹一个新型国际金融体系的急速发展……它远远不同于以前的金融体系，"因为，这个体系"不是通过政客、经济学家、中央银行和财政部长建立起来的……它是通过技术……是通过在这个星球上利用电子通信与计算机相互联系的男男女女建立的……"其结果是区域性的，同时又是全球性的。它不但影响着私人金融政策目标,也在影响投资公众。对于期货与期权市场来说,这无疑是一个好消息。

事实上,期货和期权市场最先知晓灾祸降临的预兆,并能察觉最新信息的含意及其潜在意义。1972年发起的芝加哥金融期货革命,在很大程度上为世界资本市场发展开辟了道路。机构货币管理与现代通信技术需要一种新型风险管理工具,于是,金融期货应运而生。金融期货革命导致金融基础市场建设对期货与期权交易的接纳和融合,并使新的场外交易产品受到严峻考验。金融期货革命成为在世界范围内发展期货市场的催化剂,并导致风险管理作为一种制度而出现。

正是由于风险管理制度的引入,在随后的年代里,期货与期权市场的使用和发展才有用武之地。全球化不断加剧,相互依赖程度日益加深,瞬息的信息流,可以选择进入不同的市场以及更复杂的技术和激烈的竞争是未来发展的趋势,因此,风险管理注定要成为每一项谨慎的、长期的金融战略的核心。20年前,金融风险普遍被简单而清晰地定义为遭受财务损失的可能性,那时,是否有许多人认为风险需要严格管理是值得怀疑的。而且,学术界或精算业以外也不可能有许多人为了测评不同组合的战略风险(也就是说,一个公司对于税率、利率、汇率、油价等因素变化的敏感性)而对数学模型花费大量时间。

20年前,可以确认的风险大致类似于克劳德·雷恩斯(Claude Rains)在电影"卡萨布兰卡"最后一幕告诉他的侍从的那句话:"把平时的嫌疑犯集中起来。"① 例如,农场主完全受制于天气。除此之外,都是一些通常的可保风险:火灾、盗窃、自然灾害,等等。经济衰退来了,又走了。但是,在最后时刻,那些年代的财政工具收益还是5%,而且汇率是固定的。

根据我们所知道的20世纪90年代的世界商业情况,风险不仅仅是干旱、地震、天然气泄漏甚或石油溢出等潜在威胁。在当今相互依赖的世界里,费城两株受到污染的葡萄树可能导致另一半球的智利农场主损失1亿美元;欧洲人对牛群摄入激素量增长的担心可能会使美国牛肉生产商遭受影响;德意志联邦银行的货币政策必须充分考虑到美联储的货币政策;在

---

① 译者注:意为风险较为确定,可以将所有可能的影响因素集中。

伦敦实施的人头税对公司账本底线的影响如同华盛顿对其征收增值税一样。日经指数下降一点，能够引发世界上其他各股票市场的下跌；美国预算与贸易赤字不仅对美国经济造成冲击，而且还影响世界上所有的国家以及所有的贸易参与者；第三世界国家的债务是我们每个人的负担；世界上任何一地的一项行动能够立即为其他人知晓，并很快产生影响；有时风险（如伊拉克入侵科威特的例子）具有关键性意义，即它以激进的方式，更为复杂，强度更为集中，灾难也更为迅速。当前，风险已成为种种能够对企业造成负面冲击，从而改变其价值、改变其现金流、改变其未来的意外因素中的一种。由于风险的另一面是机遇，所以，未来世界的复杂性对于期货和期权市场来说是一个好消息。况且，如同米德博士所说，这一机遇的潜力仍不可预见。

在创新与竞争激烈的地方，在对量体裁衣式的风险管理策略的需求增加的地方，在一个经常变化的金融体系内，在机会迅速产生、又突然消失的地方，期货与期权市场能够非常理想地在那里施展才华。实际上，明年，交易所交易的产品与交易所以外交易的产品之间的界限可能变得更为模糊，除了期货与期权市场外，没有任何其他市场能够为保护或提升交易者的资产提供如此多的信用工具组合。

让我们考虑一下期货与期权市场的突出的重要特性：最为广泛的农产品和金融工具，从大豆到债券，从活牛到原油，从股票到白银，从欧元到日元，从咖啡到消费价格指数；对流动性的测定不是在什么地方都有的；有成本效益的、很小的买卖价差套利交易；各种能够迅速制定战略、计划或微调技术组合的能力；通过频繁转换证券与现金的形式，有效地调整投资组合风险暴露头寸的能力；在任何时候都能够对最佳定价的金融工具进行选择的灵活性；把赊账的最高限额限制在能够提供最大信誉度的体系内的工具；能够提供顺利进入全球市场的便利；难以仿效的执行速度和准确性；并且，很快就会实现的全球24小时市场交易。这些特性代表了所有金融工具集成中非常独特而令人印象深刻的成分序列，而它正是金融管理经理急需具备的素质。

由技术革命至少产生的两种更为深刻的后果，对于期货和期权市场以及未来10年金融市场的发展内涵有着实质性的影响。首先是机构投资基金的增长。科学技术的进步已经使世界变得高度专业化、专家化和职业化，这是一种不会减缓、只会加速的趋势。这种趋势在金融领域里的表现比任何其他领域都更为明显。在美国，投资经理代表超过 2300 万美元的共同基金股东，为他们控制着上万亿美元的资产。目前，美国的退休基金为 6000 万供款者及他们的受益人，持有的 2 万亿美元的资产，而 10 年前这一数字仅为 4000 亿美元。

由运用复杂策略的专业人士管理的投资基金和退休基金逐渐主导市场，这些经理们将不断地发明新的投资技术，并提供新的交易工具，以满足市场需求。而这些技术与交易工具主要是在期货和期权市场上寻找到的。需要指出的非常重要的一点是：很多交易活动并不是相对于严格的基本价值评估而进行的。特别是对于权益投资，投资组合管理很可能继续沿袭目前跟随"指数增强策略"的趋势，例如，200 家最大的美国退休基金将他们资产的 30% 与某种指数形式相挂钩。这些投资策略可能要求调整投资组合，因而有时导致个股价格的波动，致使个股价格波动与股票基本价值几乎没有关联。因此，在可预见的将来，关于基本分析与技术分析的投资理念的争论仍会持续下去。

此外，金融管理将会变得更为自律化、专业化和程序化。为应对竞争需求，金融工程将变成一种令人激动的艺术形式，货币管理者将需要继续改善和提升其投资决策的形成程序。在惊慌与压力的瞬间，绝没有反应时间。要在未来 10 年里取得成功，货币经理必须利用精确的计划和那些应对各种可能性的模型。投资策略、保护性的对冲技术以及与资产配置相关的决策，都需要在有必要使用这些策略之前很长时间就已经到位。毫无疑问，专业化管理需要最高效的工具、如何使用它们的技能以及运用工具的技术。

其次，美国金融市场支配地位的丧失是令人震惊的，并且将继续对货币管理带来重大影响。在固定收入市场，日本人已经成为主要的参与者。例如，5 年前尚不存在的东京日本政府债券期货交易，其以美元为单位换算的价值，现在已经是芝加哥交易的美国国库券期货合约交易量的近 2 倍。1988 年，日本投资者在美国政府短期和长期债券的大约 500 亿美元的净对外购买总值中占 44%。同样，美国权益市场也今非昔比，市场支配地位荡然不存。1975年，美国占世界权益市场资本份额的57%；现今，这个数字仅为31%。1988年，在美国股票市场上，国外投资者拥有的交易量为3600亿美元，其中仅日本投资者就独占30%，而在1983年，日本投资者在国外投资者拥有的美国股票交易的1350亿美元的成交量中，所占份额不到3%。请记住，国外投资者对美国的金融市场支配地位的持续侵蚀早已在"欧洲1992"①效应、太平洋地区民族国家的崛起与复兴以及东欧、中欧和苏联剧变事件发生之前就已经开始了。

许多重要的国家主权结果都是由这种改变的金融概况所产生的。但是，对美国最为突出的影响之一就是：如果要在未来10年中生存下去的话，美国贸易及其市场就必须采取一种全球性的开放姿态。国外的贸易及其市场面临同样的问题。"20世纪70年代的跨国公司已经过时"，1990年5月14日的《商业周刊》评论说，"全球性公司不仅仅是一堆执行总部决策的国外子公司，"它的定位应该是"无国家的公司"，即一个全球性的公司应该"哪里有需要，就在哪里开展研究，要在几个国家开发产品，要提拔重要的执行总经理而不管他是什么国籍，甚至在三大洲都拥有股份"。

同时，正如《商业周刊》另外提到的，还要进入风险管理领域。因为国际市场将不再像上一世纪那样被一个国家支配。如果不掌握管理全球范围内的风险的能力，任何国际性机构都不会持续得太久。市场范围将覆盖全球，市场将全天候运转。如同《商业周刊》总结的那样："在这样一个世界里，国与国之间的边界是透明的，不能创造良好环境的政府和民族将发现其生活标准和福利状况很快下降。但是，那些能够充分利用无国界的跨国公司提供好处的国家将成为最后的赢家。"这些观点对期货和期权市场都是建设性的。当戈尔巴乔夫最近呼吁苏联建立证券和商品交易所的时候，他是深知这一点的。

最后提出的是，冷静的告诫和美好的前景。很显然，预测未来不仅困难，而且危险。我们可以回顾一下，即使在1989年秋季，东欧剧变发生的

---

① 译者注：欧洲共同体在20世纪80年代设定"欧洲1992"政策，包括接近200项措施，目标是在1992年以前减少欧洲各国之间的贸易障碍，创造统一的欧洲市场，改善80年代欧洲经济衰退的状况。

前几天，也没有人能够预测到这些重大事件的发生，尽管这些重大事件将完全重铸未来 10 年的世界架构。我们可以考虑一下，直到伊拉克入侵科威特之前的数小时，我们还对入侵行动的警告漠然处之，尽管这一事件预示着 20 世纪 70 年代的早期金融剧变、成为对所有金融市场造成严重威胁后果的前兆。很明显，我们必须在谨慎界定一系列条件以及防止误解地说明的基础上进行预测。实际上，在我们生活的这个灵活而多变的世界上，罕有轻易地预言。每个预测都受到那些我们无能为力的、不可预见的事件或力量的控制。

显然，苏联和东欧剧变对国际经济的影响不可低估。正如斯坦福法学院教授、前任证券交易委员会委员约瑟夫·格朗得费斯特最近写到的："不管从政治还是经济角度，很难高估苏联及其临时主权共和国所面临问题的严重性……尤为特殊的是，如果苏联在传统的热战中失败，那么，苏联的经济状况与将要存在的经济状况就不能区别。它的经济必须彻头彻尾地进行重建。这样引起的金融震荡毫无疑问是非常严重的，并且是全球性的。"

即使我们只是聚焦于横扫欧洲的革命运动中的一小部分，即德国统一问题，想必我们也能得出恰如格朗得费斯教授所说的结论，它（即德国统一问题）"被证明是在短期的经济范围内最为重要的单一经济发展问题。确实，从宏观视角看，它堪称是西德对东德实施的杠杆收购，包括了它的实体工厂以及 1660 万人民"。随着邻国经济的奋力崛起，这样一种杠杆收购将对整个欧洲以及欧洲以外的金融未来产生深远影响，对此难道还有疑问吗？它对全世界产生的经济后果是无法估量的，我们必须对此保持极大关注。

除了前面的论述外，尚有许多问题摆在我们面前。"我们步入了 20 世纪 90 年代，"查尔斯·惠尔顿在《美国企业》杂志第五期上写道，"驾驭着人类历史上一个最长的经济扩张期。但是，这远非乐观之源，因为其他经济趋势带来的是不利局面：美国不再具有竞争力，我们的储蓄太少，我们在巨大债务的大山下埋葬着未来，许多工人的生活水准在 10 年内都没有提高了。"

实际上，20 世纪 80 年代的 10 年经常被描述成无节制时期。全世界累积了巨大债务，就如同可以无限透支的信用卡一样。但是，正如米尔顿·弗里德曼告诉我们的，世界上没有免费的午餐。债务最终是要偿还的，这一过程可能是漫长而痛苦的。当你进一步考虑美国经济的脆弱性以及存在的问题的时候，最近在中东引发的石油危机，伴随着它对世界经济严重的财务影响，看上去经济衰退是必然要发生的。也许我们害怕说出其严重性，即使伊拉克和科威特石油危机被证明仅仅是导致暂时混乱的原因，但是，"更基本的金融危机诱因现在正在无情地浮出表面"，金融专栏作家约翰·里斯欧说到（出自专业财经杂志《巴伦》，1990年8月13日）。具有更为持久性和严重性的本质的基本因素以及我们10年来"史无前例地依赖债务的结果刺激了经济的增长"。

《巴伦》杂志编辑艾伦·阿伯尔森甚至发出了更为不祥的论调（1990年8月13日）。他提出，即将到来的衰退将是一场"信用紧缩型衰退"，它远不同于我们所熟悉的那些总量衰退。"信用型衰退，"阿伯尔森说，"现代人脑对其尚没有印象，因此，人们仅能推测它的作用过程与结果。最糟的是，它似乎能够包含近30年的债务滥用及债务遗传的严重问题，还包括其他讨厌的事情，简直就是流行性大破产。至少，它将伴随着比第二次世界大战结束以来我们所经历过的衰退多得多的金融紊乱。"

当然，并非所有人都认同这种由于全球性的债务结构将导致美国衰退甚或面临着阴暗前景的论调。美国企业协会高级研究员赫伯特·斯坦说："关于美国经济，最需要了解的一点，那就是它很富有……用严格的话来说，在扣除通货膨胀后，美国目前的国民生产总额（GNP）高达1929年的6倍，人均国民生产总值高达3倍……美国的国民生产总额可能是日本的2.5倍，德国的5倍……一些人认为，美国人及其政府从国外借了许多外债，所以美国正在变得更穷。而事实上，美国正在变得更加富裕。美国人在国内外拥有的生产性资产以远高于外债的速度增长。"

我们将继续讨论这一与我们紧密相关的问题。与任何其他市场部门的命运相同，期货市场的命运高度依赖于国民经济发展和全球经济发展形势。如果美国乃至世界跌入一场严重的经济衰退中的话，期货和期权市场将与其他金融部门一样遭受损失。当然，在过去的年月里，世界看起来好像是在跌跌撞撞地前进着，好像前景艰难，但是，困难年景过去之后总是一个更加美好的明天。因此，正如在萨达姆·侯赛因攫取科威特石油案例中显现的那样，世界剧变经常加速市场发展，导致对期货与期权市场持续不断甚至更大的需求。

由于电子通信革命强有力的作用结果，我们可以预见，在不远的明天，不仅在期货与期权市场上，而且包括股票、证券、期权或现货市场上的各种其他金融工具，都将毫无疑问地实行自动电子交易系统操作。在这一方面，期货市场如同在其传统发展中发挥的作用那样，再次指明了市场的发展方向。

是的，我们回顾一下1984年，当时，认识到由于里斯顿（Wriston）信息革命的一系列作用，把金融市场推向激烈的国际竞争的前沿，芝加哥商品交易所通过与另一时区的另一交易所——新加坡国际金融交易所建立双向对冲协议，从而成为第一家呼应这一趋势的交易所。此后不久，芝加哥期货交易所基于同样的思路和目的，建立了美国长期国债期货合约的晚场交易。

然而，最终，芝加哥两大交易所以及世界上大多数其他交易所都认为，期货和期权市场如果要适应全球化需要的话，就必须大踏步地引入自动化技术。当芝加哥商品交易所与路透社控股公司共同合作，于1986年开发全球24小时电子交易系统（GLOBEX）项目时，这一突破便发生了。当芝加哥期货交易所紧随其后也开始着手发展闭市后电子交易系统的时候，期货业的革命性方向便不可动摇地确定了。随着最近芝加哥商品交易所与芝加哥期货交易所关于合并它们之间相互独立的闭市后电子交易系统协议的签订，以及随着设在巴黎的法国国际期货交易所（MATIP）已经成为这一系统的组成部分。全球24小时电子交易系统将成为重要的国际期货和期权交易系统。事实上，当全球24小时电子交易系统具有可操作性后，它将自动地囊括50%以上的世界金融期货与期权交易业务。最终，全球24小时电子交易系统还预示着与世界上其他市场的联结，并为这些市场在国际系统中提供其独特的产品线的能力。

全球24小时电子交易系统代表着自70年代初期开始的金融期货革命的逻辑扩展。它是唯一应对在全球范围内对风险管理有效性和有成本效益能力需求的现实回应。它能够把公开的正常交易日进行的公开喊价交易盘与最新的计算机屏幕技术加以整合。它将为世界提供的 24 小时风险管理体系包括期货和期权市场的全部重要特征，即产品、流动性、交易结算能力以及信用价值。它将有利于形成竞争性价格、集中的交易场所、易进易出以及为公众提供连续不断的价格信息流。它代表了金融服务领域的前沿领域，代表了服务于金融领域各部分的市场体系的先驱。总而言之，全球 24 小时电子交易系统将为全球提供人类能够想象到的、波及久远未来的交易能力。

正如古老的中国咒语告诫的那样，我们生活在有趣的时代。这对我们活动在市场上的人们来说，尤为真实。为什么美国人的生活水准（包括社会结构、未来发展潜力）优越于其他国家？因为市场是中心，市场是未来时代任何成功的全球经济体系的精髓构成。

世界新秩序

为了全面把握出现在 20 世纪最后 10 年的世界新秩序，我们有必要认识引起所有变革的基本原因。在众多影响因素中，电信革命是引起变革的催化剂。

现代通信渗透了社会的各个领域，完全忽略了地域界限、经济原理或政治制度。在全球范围内，它提供了一个可以对各国经济和政治现状进行全面公正比较的平台，从而成为引起近期所有世界重大变革的最基本的因素。

在世界新秩序的范畴内，这个基本因素已经并将继续成为影响市场发展的一个最主要的因素。对这一点的理解非常重要。电信技术将继续领导全球化和 24 小时市场交易体制的发展。任何胆敢忽视这种技术进步的人都将丧失竞争能力。

> 在第三届日本东京年度国际金融研讨会的演讲，日本，东京，1991 年 5 月 23 日。

1989 年 11 月 9 日，也就是在约翰·F. 肯尼迪总统站在柏林墙边大声疾呼"我是德国人"的 26 年后，成千上万的东德人开始不受伤害地通过柏林墙。柏林墙倒了。肯尼迪总统的历史誓言不再是一个象征性的标志。德国统一将很快成为现实。

1990 年 2 月 18 日，在非洲的维克托·沃斯特的罗本岛监狱爆发了一件南非黑人为之祈祷了 27 年、同时也是很多白人为之长期畏惧的大事：著名黑人领袖纳尔逊·曼德拉出狱了，他在空中挥舞着拳头，随之登上一辆等待他的汽车，成为一个自由人。南非政治变革不可避免地随之发生了，南非黑人不屈不挠的斗争终于迎来了废除南非种族隔离制度的胜利。前德克勒克总统认为:"这是南非历史上的转折点。"

然而,仅仅在数月之后,另一件不测之事出现了。那是1990年5月1日,莫斯科红场迎来了又一个国际劳动节。和往常一样,全部政府要员到场出席,鲜红的旗帜随风飘舞,激昂的进行曲和歌声也在红场上空飘扬,这一切似乎预示着一场盛大的庆祝活动即将到来。但是,事情的本质发生了极大改变。红色的旗帜上面镶嵌着黄色的字体,这一点虽然是和从前一样的,但是,上面的标语变了。

1991年1月16日,在红场事件后不到一年,乔治·布什总统在白宫宣布:"与我们的战略伙伴一起……美国强制执行联合国安理会关于伊拉克的决议,我们已经开始行动了。"晚上7时,针对伊拉克入侵科威特的"沙漠风暴"行动开始了。37天后,通过多国部队的联合军事行动以及许多民主国家的大力支持,伊拉克战败,撤出科威特。战争结束了。随后,中东地区,甚至是全世界,已经发生了根本性变化。

过去24个月发生的上述四个世界性事件构成了世界发生了深刻变化这一无可置疑的证据。实际上,这些事件将对人类历史发展产生不可估量的影响。正如布什总统建议的那样,有必要建立一个新的国际秩序与之相适应。但是,在过去两年中发生的这四次令人难以置信的事件彼此是相互独立吗?它们是孤立的现象,还是有一个共同点把它们联系在一起?

显而易见,在过去24个月发生的这些事件之间有一个非常相似的脉络,昭示着世界新秩序的形成。

美联储主席艾伦·格林斯潘认为,苏联发生的一系列事件中的大部分都是纯粹的经济学问题。确实是这样,格林斯潘在他的一段名言中讲到:"大约在70年前,世界被分成两部分,一部分实行的是以市场驱动的经济体制,另一部分则实行的是高度中央集权的计划经济体制。此后,对这两种体制评价的一个巨大试验开始了。今天,我们终于可以对试验的结果进行评判了。毫无疑问,试验结果是令人惊诧的:其中一部分出现了在试验前没曾想到的高质量的生活水平,而另一部分则出现了经济崩溃的现象。"

红场的旗帜也验证了另外一个事实,即它对世界新秩序有着更深层次的暗示。毫无疑问的是,经济力量是引起苏联变革的一个最基本的因素,安德列·萨哈罗夫、米克黑尔·戈尔巴乔夫、莱奇·瓦尔萨、鲍里斯·叶利钦以及其他很多人都对这一结果做出了大量努力,是人类历史上的这些巨人造就了一个发生 1989 年变革的政治背景。但是,如果没有另一些人类共同努力的成果(主要是指势不可挡的技术进步),取得这些巨大的成就也是令人难以想象的。我们还要再次强调我们曾经以不同方式说了无数次的一句话:忽视技术进步的人很快就会成为历史。

电信技术革命的影响远远胜于其他任何一个因素的影响。著名记者大卫·哈伯斯坦姆在他的著作《21 世纪》里写道:"在一个复杂而精确的多媒体时代,现代通信技术不可避免地确立了人类的现代思想观念,并使之超越国界迅速传播,任何对人们思想的禁锢将会变得越来越困难。

这使我们很自然地得出结论:过去 24 个月发生的世界变革的一个共同点就是过去几十年的技术革命。现代电信技术为世界人民提供了一个在不同国家之间判断政府能力、比较经济体制、检查道德准则、细察文化自由度的对比平台。在这种条件下,任何政府再也不能向公民隐瞒事实真相。显然,过去几十年的技术革命使"改革"变得不可避免。同样,我们也可以这样认为,在信息浪潮的推动下,电信革命推倒了柏林墙,同时,也是引起种族隔离这个"不道德制度"灭亡的关键性力量。

海湾战争与人类历史上的其他战争的最大区别就是各种高技术武器得到大规模的使用,例如,"战斧式"巡航导弹、"爱国者"反弹道导弹、F-117隐形战斗机、即时定位激光枪、全方位定位导弹、夜视以及监听敌人信号的监视装备。目前,世界上还有哪些国家可以负担得起持续制造、研究高技术武器呢?随着苏联的解体、资本稀缺而全球需求增加以及高科技的高昂成本,即便牵强地想象一下,也许没有哪个国家能够具备这种实力,这一结果使得在可以预知的未来,人类将不会发生大规模战争。

在人类历史发展的长河中,技术一而再、再而三地支配着社会结构的基本变革,重塑我们星球的政治经济远景,它对东欧、中东人民的直接影响目前已经变成了历史事实。不过,信息革命的影响已经远远超出社会和政治变化的范畴,极大地改变了世界金融市场和有需求的金融工具,并使之适应于世界新秩序。

全球 24 小时电子交易系统是对在全球范围内有效地、成本合理地进行风险管理的需求做出的唯一的现实响应。该交易系统是把计算机终端技术整合到正常交易日的公开喊价传统交易方式中的一种新型交易方式，而其普遍为世人接受尚需时日。该交易系统有利于竞价交易，具有集中的交易场所，为公众提供连续的价格信息，为交易者提供全球 24 小时的风险管理模式。它代表了金融服务业的发展方向，同时，也是为世界新秩序的各个组成部分提供服务的市场体系的先导。

最近，芝加哥商品交易所和芝加哥期货交易所签署协议，旨在整合其闭市后交易的电子交易系统，加之法国国际期货交易所已是这一系统的成员，使得全球 24 小时电子交易系统成为首要的国际期货期权交易机构。其最终的设想是把世界上其他所有交易市场整合起来，承担起在国际领域里上市各种独具特色的产品的重担。

金融期货不是一剂万能药，世界新秩序也不是治愈未来发生严重经济风暴的秘方。苏联处于混乱之中，德国统一引起的经济复苏不可低估，由新兴的东欧国家的经济灾难而产生的风险分流后果是严重的。美洲国家存在的巨额外债是一颗定时炸弹，美国的经济衰退还没有终结。无论面临什么困难，期货和期权市场将时刻准备着在世界新秩序中发挥重要作用。不仅仅因为它们是最近引发东欧和苏联经济变革的一个必不可少的因素，不仅仅因为它们是未来任何一个成功的全球经济体制的必要组成部分，也不仅仅是因为当我们面临一些变革和不确定性时它们所表现出的巨大价值，而是因为它们与不断前进的技术进步同步发展，这是一种推动全人类历史前进的重要力量，它发挥着重要的催化剂作用。

太平洋地区的市场

太平洋地区的国家已经完全接受了金融期货市场。这对于期货市场的发展具有非常重要的意义。太平洋地区的人口接近世界总人口的一半,经济总量可以和世界上其他任何地区相抗衡。1984年,芝加哥商品交易所和新加坡国际金融交易所实现了联网交易,毋庸置疑,这是加速亚洲金融期货市场的接受程度以及加快该市场发展的具有巨大影响力的事件。

另一个具有类似影响力的事件是:我们一直鼓励和支持日本政府对亚洲市场实施开放政策。显然,如果没有日本的参与,亚洲金融期货市场将不是一个完全的市场。最近,日本政府对商品基金规则等一系列的变革强烈表明:日本政府已经认识到金融市场在金融风险管理中的重要性以及允许公民以投资为目的参与市场的必要性。同样,日本财政部批准其金融机构使用全球24小时电子交易系统,被认为是日本在融入全球市场并接受这一现实过程中迈出的最坚实的一步。

> 《太平洋地区的期货和期权市场》的序言,1991年10月。

"地中海地区代表着过去,大西洋地区代表着现在,太平洋地区则代表着未来。"美国国务卿约翰·海伊在世纪之交时这样说。当然,未来是否适时地来到太平洋地区还存在着争议,但是,毋庸置疑,太平洋地区的未来已经来临。如今,太平洋地区的发达国家和发展中国家已经组成了一个强大的经济实体,其经济总量可以和其他任何地区相匹敌。约翰·奈斯比特(John Naisbitt)在他的《大趋势2000》中谈到:"今天的太平洋地区正经历着历史上经济增长最为迅速的时期,增长速度为工业革命时期的5倍。"

太平洋地区所包含的地理区域不仅广泛,而且具有多样性。通过全面界定，我们知道，它的面积占世界总面积的 2/5，人口接近世界人口的 1/2。不论以何种标准进行划分，该地区的国家从文化传统、政治体制到经济制度等诸多方面都存在较大差异。如果用经济学家的话阐述它们的差异的话，那就是："说到巨大、开放的话，可以美国为代表，而说到小型且封闭的话，可以朝鲜为代表。"

日本是该地区的金融巨头，已经建立起一个由一些世界上最大的证券公司和银行组成的巨大复杂的商业运行体系。澳大利亚和新西兰在南半球创建了一个交易基地，澳大利亚的面积几乎和美国一样大，尽管它是一个传统的英联邦国家，但是，它的地理位置使它不可避免地被纳入亚洲的框架之中。这个地区新兴的工业化国家包括新加坡、中国香港、韩国和中国台湾。香港将于1997年回归中国，成为这个巨大的发展中国家的一个极不寻常的组成部分。另外，东南亚联盟的成员国主要有印度尼西亚、马来西亚、菲律宾和泰国。

尽管除了地域因素外，太平洋地区的一些国家之间还存在着许多关系，但是，基于相似的经济发展过程这一共同点，这些国家正在使用或者正在考虑使用期货和期权市场。尽管这些国家的市场只是在近期才开始发展期货市场，但是，它们对期货市场并不陌生。在日本明治维新（1600-1867年）时期，日本大阪地区就诞生了集中化的期货市场。就在大阪，封建地主建立仓库储存并卖出从农民那里获得的用来抵偿其地租的大米。1730年，为了规避收获季节价格波动产生的风险，这些商人建立了大阪堂岛米市场，即世界上第一个有组织的期货交易所。

200多年之后，在1960年，随着悉尼期货交易所（SFE）的建立，期货市场正式返回太平洋地区。1979年，悉尼期货交易所成为亚洲地区第一个开展金融期货业务的交易所。然而，真正对太平洋地区期货和期权市场的现代发展起推波助澜作用的，当属1984年新加坡国际金融交易所与芝加哥商品交易所实现的联网交易。它激起了该地区为争夺金融期货市场主导地位而进行的全面竞争。一年后，日本东京证券交易所成功地发行国债期货合约，成为该地区又一个进入金融期货市场领域的国家。在这一重大事件发生之后，更多的期货交易如雨后春笋般地出现，期货交易所相继诞生，包括在大阪证券交易所开始的期货交易以及东京国际金融期货交易所的诞生。目前,这一进程一发不可收拾。太平洋地区国家的金融业已完全融入金融期货的发展潮流之中。

的确是这样。生活在太平洋地区的人民生性活泼,天生具有经济才能;他们通过几十年成功发展起来的产品制造业和出口贸易获取了大量财富;它们的金融中心具有很大潜力。所有这一切产生的综合效应使太平洋地区蕴藏着巨大无比的金融实力,使之可以与世界上任何金融市场相抗衡。但是,如果仅仅依靠资本市场这一基础性的扩张,而没有期货市场的发展,该地区的市场将不会持久发展,也不可能在全球范围内具有竞争力。经济全球化的到来,国家间相互依赖程度的加深,现代电信技术的发展,即时的信息传播,金融风险和机会的即时识别以及愈演愈烈的市场竞争,所有这些使得任何一个金融机构都把金融风险管理作为其成功运作的先决条件。为了强调新的金融风险管理的重要性,太平洋地区国家有义务致力于由期货、期权市场提供的这种独特的风险管理机制。

这是一个通则。1972年发生在芝加哥的金融期货革命照亮了世界资本中心前进的道路。芝加哥商品交易所是认识到布雷顿森林协议的终结对期货市场发展具有重大影响的首家交易所。为了更好地捕捉即将到来的自由市场经济时代带来的巨大机遇,芝加哥商品交易所创立了国际货币市场(IMM)。这是世界上首家以金融工具交易为专门目的的期货交易所。至此,金融期货时代诞生了。以货币期货合约为先导,迅速掀起一轮新浪潮。新的金融工具随之而来,包括在芝加哥商品交易所上市的美国政府短期债券期货合约,在芝加哥期货交易所上市的政府国民抵押贷款凭证期货合约和美国长期国债期货合约。稍后,在20世纪80年代初期,以现金交割代替实物交割的概念出现了,这就是为芝加哥商品交易引进欧洲美元期货合约而设置的平台。这一进展为股票指数期货的诞生开辟了道路,开创了指数期货新时代。

金融期货革命将注定深刻地改变期货市场的历史。金融期货革命证实,存在着对适宜于复杂投资策略以及专业和机构资金管理的新一代风险管理工具的需求。金融期货革命表明,把期货、期权市场纳入整个金融体系的框架之中,与传统的资本市场互为补充,对于整个金融体系而言是非常必要的。从一开始,期货、期权市场就认识和把握了引起近期世界重大变革的一个共同因素——科学技术日新月异的变化。显然，没有什么因素比近年的技术革命对经济、政治的变革影响更大。

在政治生活方面，现代通信技术能使实时信息流迅速穿越国界，得到广泛传播。这样，就为不同国度的人们提供了一个比较各国政治、经济生活的平台，同时，也使政府很难向他们隐瞒事件的真相；在经济生活方面，现代通信技术可以提供全球范围内各类商品的即时价格信息，并产生巨大的自由资本流动。它已经并且还会继续对全球资本流动产生重大影响。期货、期权市场已经深刻地认识到技术进步的重大作用，领悟了它对商业和贸易产生的巨大影响，并愿意适应技术进步所带来的各种变革。因此，在过去的 20 年中，期货、期权市场成为全球发展最为迅速的领域之一，这一事实绝不是偶然的。

最近几年发生在东欧和苏联的事变在很大程度上证明过去20多年来金融创新的重要意义。实际上，还能找到像期货、期权市场这样一个通过供求平衡决定市场最优价格的完全竞争意义上的另外一个市场吗？

在过去的10年中，从1982年伦敦国际金融期货交易所（LIFFE）建立开始，世界任何一个金融中心几乎都建立了新的金融期货交易所，包括位于巴黎的法国国际期货交易所（MATIF）、位于苏黎世的瑞士金融期货期权交易所（SOFFEX）、位于法兰克福的德国期货交易所（DTB）。更不要提在太平洋地区建立的这类金融期货交易所了。对于金融期货、期权市场这个时期取得的巨大成功，诺贝尔奖获得者、芝加哥大学金融学教授默顿·米勒认为，"金融期货是过去20年最重要的金融创新"。

实际上，即使金融期货到现在仍未出现，我们仍然需要继续开发它们。在需要快速建立复杂投资策略或者在有效调整现金和证券投资组合部位方面，金融期货是这种需求领域内的必不可少的工具；在谋求制定合适的风险管理策略的需要与日俱增以及把握稍纵即逝的金融投资机会方面，金融期货是一种理想的工具；在优化信贷限额的有价值的信贷机制的建立方面，金融期货是一种必要的选择；在建立具有良好流动性、较小幅度的买卖价格区间相结合的多产品市场方面，金融期货市场是无可替代的。不久前，芝加哥商品交易所、芝加哥期货交易所以及著名的新闻机构路透社联合开发的闭市后交易系统，即全球24小时电子交易系统（GLOBEX）实现了期货市场 24 小时全天候交易，成为市场革新的开拓者。更为重要的是，在未来专业理财浪潮来临之际，金融期货已经占据了优势地位。

对于世界其他地区的金融结构起重要作用的东西，对太平洋地区来说变得同样重要，而且这一进程仍未完成。从发展阶段上看，太平洋地区的一些金融机构刚刚形成。从这一点上说，中国大陆巨大的金融市场潜力尚未得到充分开发。对于具有高度竞争力的中国加入由亚洲其他国家形成的复兴的金融市场还有什么值得怀疑吗？一旦中国加入这个市场，它将对太平洋地区期货市场的实力和活力产生极大影响。

虽然对于期货、期权市场的发展还存在不少宏观经济方面的不确定性因素，但是，全球市场演变的长期发展方向是没有错误的。世界上主要地区的时差逐步消失，曾经长期限制资本流动的地域边界只是历史，市场上曾经隔离公民不受外部商品价格影响的经济保护制度失灵。在这样一个世界里，市场经济制度是必需的，而期货、期权市场是极为重要的组成部分。太平洋地区不仅具有巨大的文化和社会结构差异，而且具有巨大的开发和发展潜力。开发这样一个蓬勃发展的区域势在必行，没有可供选择的其他路径。

未来的技术浪潮

过去20年间,技术进步对人类的影响不可推测和度量。这种势不可挡的技术进步实质性地影响着各种文明的各个方面以及生活在这个星球上的人类生活。我们已经不能阻挡其前进步伐,或是忽视其需求了。

未来20年的变化可能会更加剧烈。目前,我们可以很清楚地看到:技术世界正处在技术应用能力不断提高这样一个大飞跃的起步阶段,这个过程将再一次使人类文明发生实质性的进步。世界上没有任何一个领域发生的技术进步比市场领域更剧烈、更具深远意义。期货市场绝不能与技术进步背道而驰,否则,它们将与众多拒绝与现实同步的行业一起,被遗弃于历史的垃圾堆。更确切地说,它们必须参与其中,并且适应这一不断发展的技术进步的要求。

> 在芝加哥期货交易所和芝加哥商品交易所联合举办的第一届伦敦国际金融研讨会的演讲,英国,伦敦,1991年11月7日。

期货市场,正如其名字暗示的那样,应该为我们提供窥视未来的机会。然而,实际上它们常常做不到这一点。未来通常迷雾丛生,承载着太多的不确定因素,难以明察。

20世纪末,我们正处在一个全球重生的阶段,其未来的美好画面已经清晰地呈现在我们面前。但是,某些事情却使我们对未来不能做出轻易乐观的预测,也许是因为我们认识到人类的矛盾性和不确定性,也许是因为我们认识到摆在我们面前的价格标签急剧升降,也许是因为我们担心20世纪80年代的全球性的无节制巨额债务要在20世纪90年代偿还。

相反,在让我们清楚未知、探讨不可避免性、预测未来将要发生的事情等方面,期货和期权市场的作用不仅非常重要,而且正在被技术进步的浪潮所吞食。

随着英国航空公司的787次航班在肯尼迪国际机场跑道上滑行，罗宾·马克斯韦尔系好安全带舒适地仰坐在座位上。她从公文包取出一台IBM掌上电脑，即她的便携式交互式多媒体系统，并把它打开。当她面前的荧屏打开之后，她使用系统的电子鼠标执行了几个命令后，电脑很快连接到她在纽约戈德曼萨克斯办公室的资产信息中心。在一连串地点击鼠标之后，她得到了需要的信息和来自全球各主要市场的各种在线数据。罗宾在研究了这些市场信息后，与芝加哥的朋友、一位交易商连线，很快她朋友就出现在屏幕上，并进行了一个简短的关于她的市场意见的探讨。

客机在55000英尺的高空飞行，罗宾核实了一下伦敦时间，点击屏幕上的全球交易系统连接按钮，进入了系统。她下达指令买进芝加哥商品交易所的12月份标准普尔500指数期货合约；卖出伦敦国际金融期货与期权交易所的3月份FTSE（金融时报和伦敦股票交易所指数）指数合约和法国国际期货交易所的CAC-40（巴黎股票交易所指数）指数期货合约；建立了德国期货交易所和大阪证券交易所的DAX/Nikkei（德国股票指数/日经指数）期权价差部位；还买进芝加哥期货交易所的2月份美国国债卖权合约。

当罗宾完成上述交易后，又用很短的时间盯市，并给她的伦敦办事处发了一份传真，喝了一点空姐送来的咖啡，并通过她的掌上电脑查询当天伦敦剧院上演的剧目，以便她能预订到晚上的入场券。

这是科幻小说吗？不要打赌。交互式多媒体系统这一代表了由电视、电话、个人计算机以及激光存储系统等多种主要通信技术融合产生的多维通信工具的时代正在来临。当这些技术相互融合的时候，正如我们知道的，我们的生活绝不会不变。

虽然上述列举的罗宾·马克斯韦尔的交互式多媒体系统的功能还没有出现，但是，它现有的功能已令人眼花缭乱：罗宾可以很容易地安装一张信息卡，为她提供股票、期货、期权和共同基金方面的24个小时实时市场行情；或者安装一个电子分析系统，显示、分析和监控即时的在线金融数据；或者安装一个投资组合信息管理系统，设计、记录和控制活跃的投资组合或投资基金的交易情况和持仓部位；或者安装一个多用途软件产品，对单个或多个数据库进行数据计算分析、回归分析和指数平滑应用组合分析；或者安装一个应用软件：实现会计账户、现金流量以及集团、部门或行业的每日投资项目计算。

这些事情在不远的未来不是神秘的事情，仅仅是当前尖端技术的一小部分。几十年前，这些系统还是某些人不着边际的想象；几年前，它们是程序员设计的蓝图；但今天它们变成了现实。

期货和期权市场已经充分认识到新技术的巨大影响。由于市场接受并适应科技进步的要求，所以，它成为继资本市场之后又一个引领市场发展的先驱。为了适应机构资金管理和现代通信技术发展的需要，我们创立了新一代风险管理工具。我们把风险管理理念作为一种管理制度引进。我们认为培育金融工程的概念是一种商业必然。无论在有组织的交易所，还是在交易所之外的市场，我们成为众多新产品创新的催化剂。把期货和期权融合到金融体系的框架之中，并提升市场对它们的接受程度。我们还促成期货市场向世界范围扩张。

这只是技术进步的第一阶段。尽管我们取得了巨大成功，形势发展令人振奋，但是，这仅仅只是开始。我们的市场在不停地前进，发展惊人的技术革新步伐也不可能停止。在不久的将来，发生的技术革新将再次全面改变我们的市场，使交易形式发生根本性改变。交易计算机化的时代已经来临，而这在十几年前我们做梦都没有想过。

某些发展是结构性发展。计算机辅助系统工程（CASE）代表着程序化设计的新浪潮。计算机辅助系统工程是把工程规律和计算机支持应用于系统构建的理念，脱离传统工程形式而建立的一个新的科学领域。计算机辅助系统工程能够使软件开发聚焦于解决商业问题，它有无限的普及应用潜力。例如，巴黎的交易所利用该项技术清查并简化其结算系统，从而确立了它在欧洲的竞争优势。无独有偶，佩恩韦伯投资公司引入计算机辅助系统工程，试图为20世纪90年代的发展而把公司重组成首家信息联网公司，具有提供24小时实时交易、促销和客户数据能力的新型计算机配置系统。

交易所也开发了这类系统。例如，芝加哥商品交易所和芝加哥期货交易所共同开发一种可以把来自全球各地交易者的交易指令直接下达到交易池内的电子交易系统。交易指令通过芝加哥商品交易所的电子交易系统（TOPS）或是芝加哥期货交易所的电子交易系统（EOS）快速传递到交易池内的独立经纪商，后者利用计算机工作站组织交易，并即时为交易者提供成交回报。交易池内的独立经纪商利用最新的掌上交易系统进行自营业务，并立即向结算公司提交成交报告，进行实时结算。交易监控终端可以利用先进的具有手写识别功能的掌上电脑实现对交易的全面监控。

但是，这些功能的实现大多靠的是软件支持。智能软件嵌入计算机后，能够创造一个我们难以想象的世界。《华尔街日报》记者克雷格·托里斯最近报道，在过去5年间，主要的美国市场参与者已经花费了数百万美元对其计算机系统升级。一项调查评估结果显示，1991年美国证券公司将花费大约75亿美元用于技术升级。就像摩根斯坦利公司、第一波士顿投资公司、奥康纳联合公司、所罗门兄弟公司、基德公司、高盛公司以及其他公司那样，它们都将利用自动化开发工具组建新式软件程序。他们敢于获得基于复杂数学计算模型、具有巨大智能库功能的新一代分析系统，用于评判数以百计的过去难以想象的证券、期货和期权交易策略。

虽然这一趋势尚处于初级阶段，但是，它的方向是明确的。直到今天，计算机技术主要用于表格处理、快速计算、风险分析以及会计账目处理等项目。在未来，计算机将不仅限于在上述列举的传统领域加以应用，而且它们还将获得人工智能。当前，我们使用的分析系统是在综合研究实验室里开发出来的。而新一代分析系统将融入更多的金融原理，使交易者能够把这些金融原理应用到实际运行着的市场上。不断演变中的数学公式将会以比人脑快数千倍的速度模拟交易者对市场的想法和看法。目前，巨型超级计算机已经撩开面纱，它的运算速度达到每秒1万亿次浮点。

计算机技术正处于创新传统交易策略浪潮的边缘，这一浪潮将为我们提供前所未闻的机会。计算机正在寻找交易者过去不可能考虑过或者从来没有考虑过的市场间的价格相关性和关联性。计算机将在一套复杂的交易组合中发明出前所未有的，人脑无法察觉的策略。计算机将创造出超于人类想象范围的期货和期权组合策略。计算机将寻找把新型交易分析系统和传统交易策略相结合，形成更为复杂的投资组合的可能性。当然，这一系列在新技术浪潮中出现的新型交易方式用于交易所以外的场外市场和现货市场的时候，期货和期权市场无疑也是受益者。

例如，最近计算机通过组合日经股指期货和交易所交易的股指期权，创造出一种新的日经指数合成期权。该合成期权的成本低于实际期权。最近，交易者利用这种期权，在一笔交易中获取了 50 万美元的收益。另外一个例子是，一家主要证券公司的总经理最近创造了一种两年期的期权，该期权可以给予投资者以 1991 年瑞士法郎最低点价格购买标准普尔 500 股指期货合约的权利。如果没有这种强大的分析系统，这样的投资机会是难以想象的。

IBM 公司的计算机数学部门已经深深卷入市场计算分析的发展过程中，目前正在开发一种能够使投资者在数秒内对数百个投资组合进行集合分析、提供各种投资风险和收益估算的数学模型。在过去的两年中，为了实现 24 小时市场实时行情分析，IBM 公司一直在开发一种能够全天候扫描世界范围内的股票和债券的交易状况的数学模型。这个部门的主任说："时间不应该由时钟的滴答声标记，而应由交易活跃水平区分。"通过创造一种利用交易活跃程度作为度量时间的模型，IBM 公司希望在测定价格趋势方面创造出优势。

正如预期的那样，这一新兴领域里的竞争将非常激烈。任何一个新的分析系统都需要严格保密，发明者唯一的所有权部分是他设计的、能够在高效和高度竞争的市场上产生特殊利润机会的数学模型。因此，当很多大公司狂热地开发分析系统的竞争力的时候，这些秘密最终都会通过一些途径传播开来。无论我们喜欢与否，基于计算机产生的新的数学分析系统正在出现。对于即将到来的新交易时代，迈伦·斯科尔斯说："不能够应用分析系统的交易者将会变得相对过时。"

分析系统不仅可以获取无数的交易机会，也将导致许多监管问题和值得探讨的问题。如何监管这些新的交易？这些新的交易需要监管吗？它们能否被监管？它们会对世界金融体系造成什么样的危害？全球范围内应用于场外交易的工具创新所产生的金融风险能否准确度量，能否正确评价？会不会给国际银行机构带来极大的不可预知的金融风险？这些问题都是世界联合监管机构和传统交易所必须深刻认知的法规问题和需要研究的重要课题。当前,很少有人能够全面认识到即将到来的技术浪潮的性质和前景。

这种功能强大的新技术交易系统将成为一种框架,应用于即将来临的全球 24 个小时连续交易的市场中。在我们自己的国际交易系统运行之前,由期货市场培育的全球 24 小时电子交易系统的变革观念甚至已经成为证券市场现状的一部分。目前,纽约证券交易所正在发展他们预期的闭市后交易盘,美国股票电子交易系统的纳斯达克国际交易市场已经启动,日本的柜台市场正在上马类似的系统,意大利证券市场正在用计算机终端技术代替传统的公开喊价交易方式。类似的交易系统在全球范围内得到广泛应用,比如伦敦国际金融期货交易所、法国国际期货交易所、悉尼期货交易所、东京国际金融期货交易所、瑞士期权和金融期货交易所以及德国期货交易所等等。

当即将到来的技术时代与愈演愈烈的全球化、瞬时的信息流动、24 小时交易模式、实时选择入市机会以及激烈的市场竞争相结合的时候,它也同时为期货和期权市场发展提供了巨大机遇。在一个金融风险恒定、金融波动是老生常谈、创新有回报、金融工程受奖励、投资机会稍纵即逝的金融世界里,对特殊的风险管理策略的需求与日俱增,专业化管理不断地需要高效的交易工具,这就是期货和期权市场基本的作用。

保护主义——市场之灾

保护主义,正如政府干预汇率以及利用其他形式干预自由市场的进程那样,代表着一种危险的、灾难性的急剧下滑趋势。保护主义经常是一种阴险的、暗中滋长的力量,有时其理念依据也是诡辩和虚伪的形式。如果我们不提高警惕,反对这些对市场经济制度的人为侵蚀,那么,它们将把我们推向衰退,在胜利的紧要关头击败我们,并攫取我们的胜利成果。

> 在芝加哥商品交易所和芝加哥期货交易所1992年国际金融研讨会上的演讲,日本东京,1992年4月8日。同年5月5日由美国参议员菲尔·格拉姆编入《国会记录》(S-5933页)。

这是一个不可思议的均衡的悖论。在自由主义经济即将在全球取得胜利的历史时刻,当市场经济在莫斯科、索非亚和布拉格这些看似不可能的地方开始被接受的历史时刻,世界上的这些坚定的自由经济、自由贸易、自由竞争主义拥护者突然发起了第二次严峻的思潮。

尽管一批接一批的东欧经济学家来到美国学习发展市场经济的良方,尽管中央的计划指令在苏联正在被视为荒谬可笑的观念,但是,那些自由市场经济的堡垒,像美国和欧洲,却在考虑如何制定工业发展计划、保护主义和关税。这两种鲜明的哲学反差让人感到难以理解。如果连这都不是悲剧的话,那可能就是喜剧了。

这究竟是怎么回事?莫非我们丢失了自己的信仰?难道我们疯了吗?还是好了伤疤忘了疼,应该受到谴责?难道就像圣他亚那说的[①],我们要重蹈覆辙吗?

---

① 译者注:见99页译者注。

我想我们还不至于如此健忘吧。1930年，犹他州参议员里德·斯穆特和俄勒冈州众议员威利斯·霍利共同起草了一个所谓的《斯穆特—霍利关税法案》，这一法案的出台导致了一场贸易战，并最终将整个世界推入经济衰退的深渊。

总有些人质疑我们的自由化哲学，他们还说美国正处于一个与古典经济理论相背离的世界。我们在这样一个竞争被扼杀、缺乏规则的世界中，就像一群天真的傻瓜。在没有充分竞争的世界里，对强者来说也是不公平的。不可否认的是，这些言论有其合理性的一面，在全球范围内的确存在着不平等竞争，存在着产业保护网络问题，受保护的产业利用了美国的商誉。但是，这些都是些陈词滥调了。就连美国也无法摆脱这种不公平贸易实践。在我们必须努力消除这些缺陷的过程中，我们看到，它们与我们在过去的近半个世纪的贸易自由化进程中取得的成就相比，简直是微乎其微。贸易保护主义的抬头仅仅是在特殊的经济环境下一种暂时的现象，主要的原因就是美国经济长期低迷。由此，导致一种恐惧和不信任氛围的出现，也成为诡辩家和蛊惑民心的政客滋生的土壤。

值得一提的是，反对自由经济的理论者特别喜欢通过两个主要的理论支持他们的观点：第一，保护主义可以减少美国的贸易赤字；第二，保护主义可以提供更多的就业机会。这两种观点都是错误的。这种说法再次盛行，就像几年前美国联邦贸易委员会的前主席戴维·奥利佛评述的那样，他们依靠的是其在美国的特殊利益，也就是说，由于某些产业对美国来讲存在着特殊利益，所以，在遭受国外竞争者的打击时，一些国内的企业可以捏造国内问题，提升他们的自身利益。

认为贸易保护主义会为本国提供更多的就业机会的说法被美国企业研究机构的研究员赫伯特·斯坦称为是一种"畅销的幻想"。尽管保护主义政策的确可以在其被保护的领域创造出一些就业机会，但是，同样，它也会导致就业成本上升，对整个国民经济的运行产生毁灭性影响。例如，我们如果对机械刀具和电脑芯片这两个行业采取贸易保护，那就会在这两个行业中得到很多的就业机会，但是，与此同时，我们也会在制造业和电子工业之外的其他领域失去很多的就业机会。因为当国外制造商无法将产品出口到受保护的国家的时候，那么，他们去哪里赚到外汇？如果没有外汇，他们又拿什么购买我们的产品？因此，受保护的国家将丢失一些国外市场，相应地就会缩减国内的就业机会。正如米尔顿·弗里德曼在《自由选择》一书中告诉我们："那些受到保护的企业的所得远大于其他企业和广大消费者的损失。"①

同样，认为美国的贸易逆差一定会对美国经济产生消极影响的看法不仅是片面的，而且也是错误的。有一个显而易见但又常被人们误解的问题，那就是经常项目贸易逆差本身并不一定是有害的，它只是和资本项目相对应的一个量。就像进口与出口一样，我们不能说进口一定不利于经济发展，而出口一定对经济有利。贸易顺差意味着出口大于进口，也就是说，我们运往国外的产品多于从国外购买的产品。换言之，送出去的大于我们收进来的。如果相反的情况发生的话，我们收进来的大于送出去的，我们称之为逆差，这就发生了贸易失衡。

例如，在20世纪70年代，美国在经常项目上盈余，但在资本项目上赤字，部分原因是因为美国在海外大量投资，这难道一定是利好消息？然而，到了80年代，美国的资本项目开始出现盈余；美国良好的投资环境导致大量境外资本流入，这也成为当时美国产业结构调整的一股重要的资金力量，这难道是坏事吗？如今，如果其他国家都通过互联网在美国投资，那么，美国一定出现贸易赤字，经济学家和学者们都会告诉你盈余和赤字本身没有什么有利与不利之分，贸易逆差也并不必然导致失业，那只不过是保护主义者们伪装自己的托词罢了。例如，早在80年代，当时美国的贸易逆差逐年升高，但是，美国的就业率也是逐年提高的。

熟悉日本的人都应该知道，日本国内近年来贸易保护主义有所抬头。在过去的几十年里，日本经济创造了令人羡慕的奇迹，而如今，原本为日本发展做出巨大贡献的自由贸易政策被一种名为"公平贸易"的政策所取代，所谓的公平贸易，就是保护主义的代名词。于是，一场以美国为首的综合并发征正在蔓延开来，在欧洲，建立了金属贸易壁垒，这是对神圣的全球竞争规则的肆意践踏。历史悠久的市场经济原则受到粗暴攻击，就是为了解决眼前存在的某些困难，为了维护某些政治集团的利益以及粉饰经

---

① 米尔顿和罗斯·弗里德曼：《自由选择》，1980年。

济表面的繁荣，日本则成为世界经济问题的替罪羊。

是否有人愿意听一听真实情况呢？例如，尽管由于美国与日本之间存在着430亿美元的贸易逆差，因此而责怪美国经济不景气，但是，实际上这点钱对美国来讲不算什么，仅相当于美国两天的国民生产总值，如果除去汽车方面的逆差的话，美日之间的贸易逆差甚至小于美中的贸易逆差。事实上，美国在1991年的外贸逆差为662亿美元，8年来首次低于1000亿美元。与此同时，美国的出口总额却飞速上升到了4220亿美元，并且在世界制造业出口方面占据了比日本更大的市场比例。美国对日本的出口远大于联邦德国、法国和意大利的出口总和。相反，日本从美国的进口对于其国民经济的贡献率远大于美国从日本进口对美国国内生产总值（GDP）的贡献率。也就是说，美国的出口已经成为美国经济的一大亮点。如果美国的贸易伙伴们偶然出现经济衰退要采取保护政策，美国的经济可能会比他们受到更严重的影响。

然而，关税和贸易保护主义的正确与否根本无从证明。它本身就建立在一个错误的假设基础之上，给人一种似是而非的假象，对人们进行煽动。举个例子，人们认为日本不遵守公平贸易原则，这一指责不够准确。这并不是说日本遵守这一原则，而是日本总体上与其他工业国做得差不多。事实上，从总体上讲，日本的贸易壁垒程度比其他工业国还要低，它的工业品的平均关税水平是2.6%，美国是3%，而在非关税壁垒方面，如许可证和配额，日美两国的水平相差无几。

这些事实在美国不太受关注，很少能被公众了解，因为它们无助于解决由于长期的经济衰退所导致的挫折，也无助于改善超过7%的失业率，更不能对正在进行的美国总统大选产生什么影响。这些综合环境为那些以自身利益为动机的人提供了理想的土壤。保护主义者们采用各种诡辩方式煽动人们，实际上，在经济不景气时，这种煽动的影响力是很强的，尤其是在政治上的大选年。举一个关于美国汽车行业的例子。很多汽车公司的负责人总是对我们讲，他们在经营中偶尔会出现这样或那样的问题，但这并不是因为他们本身做错了什么，而是由于日本政府施展的阴谋诡计才导致目前美国的被动和贸易逆差的出现。这样，你会觉得他们是在关心国家所面临的问题。

当然，现货商和制造商打着忧国忧民的旗号而为自己牟取私利的行为并不少见，商业上的诡辩从古至今一直存在。1776年，亚当·斯密在他的《国富论》中很好地描述了这一问题：

在任何一个国家里，我如果说绝大部分人都在追求利益最大化，他们希望以最便宜的价格买到商品，而以最高的价格将商品出售。应该没有人会反对，也不会有人愿意花时间来证明它正确与否。而那些习惯于强词夺理的人却会在一个问题上较真，那就是，绝大部分人是多少人？

就像米尔顿·弗里德曼将要告诉你的那样，"亚当·斯密这句话就像当年那样在今天同样适用。"① 绝大部分人总是愿意以最低价购买商品，以最高价出售商品。然而，那些强词夺理的人、那些被特殊利益驱动的人试图告诉你，情况并非如此，当国家利益危如累卵时，我们不应该这么做。他们之所以这样说，正是因为所谓的国家利益恰巧与亚当·斯密笔下的那些现货商和制造商的特殊利益相吻合。

保护主义、诡辩和蛊惑人心的争论并不只是在美国和欧洲才有。它们的传播是没有国界的。在日本，也在对广泛范围的商业企业实行一些相同的或类似的政治私利、情感和行为，包括在牺牲国际贸易利益情况下保护国内工业的措施，它们还不得不牺牲一部分国际市场，排挤国外的企业，企业之间搞内部联合，内幕交易，甚至谴责大阪的指数期货市场使东京股票价格下跌。这些行为是因为日本已有的信任危机形象造成的。例如，日本提出的对衍生品交易活动的禁令就被金融市场看作是对国外经纪人，尤其是美国经济机构的一种利益上的惩罚。这又何尝不是一种贸易保护主义呢？如果有人说这些措施只是为了解决日本市场上出现的一些问题，那纯粹是狡辩。同样，一位日本官员最近说到美国工人懒惰并且没有受教育，这句话不仅是对自由贸易的伤害，而且是明显的错误。

尽管日本人的工作时间的确比美国人长（每年要多225个小时），但是，在工业化国家中，美国仅次于日本排在第二位。美国人每年比德国人

---

① 《自由选择》，《新闻周刊》，1992年2月17日。

和法国人多工作 320 个小时。而且，在过去 20 年中：美国人的工作时间已经增加了很多，从 20 世纪 60 年代末到现在，美国人不论男女，其工作时间以每年 160 个小时的速度增加，几乎每年要增加 1 个月。

同样，认为美国人的生产效率下降也是荒谬的。美国工人的生产效率水平是 1948 年的 2 倍多。在休闲方面，美国人和日本人基本上平均是 10 天的休假时间，而瑞典人和奥地利人是 30 天，法国人是 25 天，英国人、瑞士人、西班牙人是 22 天，德国人是 18 天。

还有，日本人攻击美国人的工作只能供给美国的国内市场，没有多余的产品用来出口消费，说明他们的生产能力不足。美国还击称日本人之所以能将大量产品出口美国，那是他们加班加点换来的，工人早晚会罢工以求缩短工作时间。这样的争论可能会导致两个国家的关系出现紧张局面。因此，值得太平洋两岸的公共官员时刻关注。尤其是在经济萧条时期，我们的公共官员应该尽可能地低调，绝不能无意地为那些特殊的保护主义者提供"弹药"。美国在这方面已经忍耐了，多数欧洲国家也取得了经验，现在可能要看日本了。

我们知道，保护主义者也有一定的群众基础。我们知道，短期内的经济紧张可能使保护主义获得更多的支持者。但是，我们也应该明白，保护主义对于所有的市场都是一种灾难。我们知道，其后果是毁灭性的，而且危害无所不在。我们能够允许自由市场最近几年取得的胜利就这样消失吗？我们能够允许保护主义危及经过长期英勇奋战而建立的世界新秩序吗？我们能够允许 20 世纪 90 年代的保护主义者把我们带回到 30 年代斯穆特-霍利的老路上吗？保护主义者要攫取我们的胜利果实。但是，我们，自由市场，绝不允许他们得逞。

后 记

翻译《交易之魂——金融期货之父利奥·梅拉梅德的投资智慧》历时近两年。在恰好一个月后就要庆祝中国最早的期货市场——郑州商品交易所（其前身是中国郑州粮食批发市场）诞生15周年之际，此书的翻译全部完稿，即将付梓印刷。青灯夜半，思绪万千。此时此刻，我依然思量着重复2000年出版的《汤姆期货文集》后记中说过的话："我想把这本译著在新中国期货市场研究实践、试点运行10年之际，献给我所为之奋斗的期货事业，献给我的领导、同事和期货界同仁以及对此书有兴趣的人们。"有所不同的是，这句话已经时过境迁了。中国期货市场已经披荆斩棘走过了15年，而这部译作是一代期货人献给期货事业的又一份生日礼物。

翻译《交易之魂——金融期货之父利奥·梅拉梅德的投资智慧》的600多个夜晚，100多个周末和几个长假期，差不多是我业余时间的全部。我几乎完全沉浸在充满养分的美国期货发展史中，时刻都想与睿智博才的梅拉梅德先生神交。今天，我愿将其中历经的良多感悟和受益诉诸笔端，与致力于期货事业的人们共享。

美国市场深厚的内涵积淀是世界期货业的宝贵财富。一是正确认识"一长一短"。美国期货市场历史太长，而我国期货市场的历程极短。美国期货市场的深厚内涵（包括经验教训）是世界期货业的宝贵财富，我们应该深入研究、引以为鉴。尽管美国期货市场在世界影响很大，成就斐然，但这却是"九死一生"的结果。中国期货市场的成绩也好，问题也罢，只不过是开端而已。中国期货市场的成长将贯穿于市场经济发展的全过程。我们需要几代人、甚至十几代人的努力奋斗，才能真正确立期货市场在国民经济建设中的结构性地位。就像美联储主席艾伦·格林斯潘所说，这是一个促进国民生产增长和改善人民生活水准的过程。二是正确认识"一难一易"。期货行业风险事件相对来说易于发生，而涉及市场整体的风险事故一旦发生，市场就难以"翻身"。这决定了中国期货市场应坚持"积极稳健"的基本发展战略方针。期货市场运行机制的神秘性、交易业务的投机性和市场风险的放大性是产生"一难一易"现象的主要原因；解决这一问题只能依靠行业创新，就像梅拉梅德先生所说，创新是期货市场存在的灵魂。三是正确认识"一内一外"。期货行业内部自律是基础，外部支持是关键。期货市场成功的重要标志之一是良好的行业形象。因此，交易所办好自己的事是市场发展的基础，监管部门维护好市场秩序是市场发展的条件，国家相关部委支持期货业是市场发展的关键。

期货市场总是遭受非议的主要原因：一是可能与投机和赌博相混淆有关。投机和赌博在几个方面相似：二者都依赖于不确定性；都是为了可能的盈利而需冒亏损的风险；都涉及认真的概率计算和开发预测能力；可能都纯粹基于机会。一位英国作者说："期权、期货以及用于各种形态的农产品和粮食产品的结算体系，与不断的痛苦和堕落的结局一起，遗传给了社会各个阶层。"美国一位经纪人说："作为华尔街的灵魂和动力，纽约股票交易所是大地上的一种罪恶，是对私人财产的一种威胁，是总体经营的一种干扰力量，是公共道德的敌人。""芝加哥期货交易所是运作上更为随意的投机者的贼窝。"他们"从'无产阶级'到'有产阶级'来回折腾。"二是可能与期货市场的"三公"程度有关。从理论上讲，期货市场是迄今为止最为公开、公平、公正的交易市场，期货交易是严格规范的交易活动。在纯粹竞争的环境条件下，这种体制完美地运行。但是，纯粹竞争只是经济学的一种理想，在现实世界中不存在。完美的竞争只是一个术语，用来描述生产者、现货商以及任何个体都不对价格产生影响的情形；当生产者的生产、经营和服务规模达到能够影响市场价格的时候，某种程度的垄断缺陷就呈现出来。因此，在实际运作中，"导致价格行为表面上是由期货交易引发的，而实际上不是由现货供给和需求因素引起的"。各种逼仓、操纵以及广泛存在的虚假信息的扩散，也是"不公平"的，使人们经常抱怨期货、期权市场制造波动性。因此，我们只能说，期货市场的"三公"程度"就像规则规定的那样公平"。三是可能与人云亦云的"羊群心理"有关。一只羊在一片肥沃的绿草地吃到了新鲜的青草，后来的羊群就会一哄而上，争抢那里的青草，全然不顾旁边虎视眈眈的狼，或者看不到远处还有更好的青草。在17世纪30年代的荷兰，一棵稀罕的郁金香球茎的价格相当于阿姆斯特丹运河边的一幢豪宅。如果有人误把主人的郁金香球茎当作大葱吃掉，那是要坐牢的。当时，拥有郁金香是如此时髦，几乎所有的人都参与郁金香交易，以致于人们忽略了正常的工业。郁金香期货交易的参与者遵循"博傻投资理论"，即他们以极高的投机性价格买进的前提是：会有其他某些蠢人参与进来并愿意以更高的价格买进。1636年10月，德国在与瑞典的战争中失败，农民叛乱，德国对郁金香的需求锐减，其价格坠入谷底。一个郁金香球茎只值一棵洋葱的价格，甚至连政府干预也没有产生作用。四是可能与期货市场的未来预期功能有关。期货市场的基本功能是预测未来，而预测未来永远都是有风险的。市场并不总是准确地预测未来，因而很可能遭到非议。市场如果不能做出具体预测！或是得到相反的坏消息的话，市场也要遭受非议。

正义的事业需要正义者捍卫。读了"谁杀害了知更鸟？"我想起一个典故。说的是有一个人的斧子丢了，他怀疑是邻居偷的，结果越瞧越像。后来斧子在别处找到了，再瞧这个邻居，就怎么瞧也不像偷斧的了。在"一只理想的替罪羊"里，梅拉梅德先生谈到期货市场遭遇的不公："有些事情永远不会变。因此，我们告知而又告知，揭穿而又揭穿，主张而又主张，自然传承，永无止境，这些事情都是势在必行的。"然而，无论"知更鸟"也好，"替罪羊"也罢，事实说明，期货事业是正义的事业，是利国利民的事业。正义的事业是长久的，是能够经得起历史考验的，是百姓向往的。期货市场有柔韧，也有刚毅。柔韧用以应对那些数百年来从未止息的歪理邪说，刚毅用以伴随人类走向时光隧道的尽头。事业如此，人非例外。作为"期货人"，一定要坚持正义，捍卫真理。这样，才能维护我们的事业向前发展、兴旺发达。然而，为事业做事是要付出代价的，天下哪有免费的午餐？因此，个人的付出并不重要，重要的是，我们要把我们自己的事情办好。我们的事业刚刚处于地平线，我们的事业只是遇到一点微风细雨，我们脚下的路还长着呢！

要进一步认识期货投机的功用。我们通常认为投机是期货市场的润滑剂。而梅拉梅德先生提出"投机是保持股票市场和期货市场运行的燃料"。润滑剂和燃料的功用是截然不同的。润滑剂的主要作用是减少摩擦，而燃料是动力源。投机者在期货交易中发挥着至关重要的作用，不仅提高市场的流动性，而且能够活跃交易，推动期货市场运转，成为期货交易的动力源。我们不仅要重视投机的润滑剂作用，还要注重投机的燃料作用。所以，要正确认识期货市场的运行机制及其经济功能，我们还必须深刻认识和理解期货投机。这样，我们的期货市场才能富有生机。

要正确处理创新与发展的关系。俗话说，"是金子，总要发光"。但是，人们不容易看到被一层坚实的外壳包裹的金子的光泽。国际经验和理论研究已经证明了一个无可争辩的事实，即期货市场具有分散风险、预期价格的功能，同时，期货市场始终充满风险。这是一个矛盾的统一体。如果指导思想不当，有时控制市场风险的良知可能影响市场功能的发挥。如果为了控制风险，以丧失和限制市场功能发挥为代价的话，在当前全球金融市场竞争日趋激烈、国内金融改革不断深入发展的形势下，我们的市场就会落伍或被淘汰。因此，"我们的努力应集中于确定金融系统对于发生的震荡是否富有弹性，而不是从事那些人为限制波动性的徒劳"。按照这一理念，我们要正确处理创新与发展的关系。只有创新市场机制，期货市场才能取得实质性发展，而市场的发展进程取决于创新的程度。创新为发展提供空间，发展为创新提供条件；创新受限于发展，发展是创新的基础。也就是说，我们当前面临的一个重要问题，与其说是在不利于市场功能发挥的条件下控制风险，不如说是为市场发展积极创造条件，以利于市场功能的发挥。所以，我们要把"堵"的理念和"疏"的方式相结合，实施有效的市场风险管理。

要加快新品种上市的步伐。中国期货市场历经两次治理整顿，于 2001 年开始恢复性增长，至 2004 年成交额创历史新高。期货业呈现良好发展势头的一个基本标志是三家期货交易所都上市了新品种。2005 年，新品种的审批和上市还将继续进行。在审批和上市新品种的政策方面，我们目前实行"审批制"，而美国实行"备案制"。世界"金融期货之父"梅拉梅德开发新品种的哲理给我们一些启发和思考。例如，在期货市场发展的各个时期和不同阶段，怎样正确理解与认识新品种的审批和上市政策？怎样制定审批和上市新品种的基本原则？怎样完善和发展"审批制"？我们距离"备案制"还有多远？在严格的"审批制"政策环境里，如何借鉴和考虑"备案制"？梅拉梅德的睿智和洞察力给予我们巨大的遐想空间，也为我们完善新品种上市机制提供了重要参考。

除了上述几点肤浅感悟外，梅拉梅德先生的人格魅力和做人准则也对我产生很大影响。

芝加哥商品交易所名誉主席兼高级政策顾问利奥·梅拉梅德先生是世界公认的"金融期货之父"、世界金融期货理念的创始人和世界金融期货三个里程碑的奠基人。

众所周知,梅拉梅德一派大家风范,是金融期货界的传奇人物。然而,他"成为仁人,而非斗士"、谙熟期货交易之道的大师风范却鲜为人知。

众所周知,梅拉梅德精明睿智,发明了"无需交割"的现金结算方式。然而,他令人吃惊地上市交易活生生的牲畜产品、首次改变期货合约只能交易耐储存商品的传统基因密码却鲜为人知。

众所周知,梅拉梅德成功地创立了金融期货市场,成为世界金融市场里程碑式的人物。然而,在股市大崩盘后,期货市场声名狼藉、成为替罪羊、联邦政府对期货界展开调查的危急时刻,他面对国会设立的专门调查委员会义正辞严地提供证言,拯救危在旦夕的美国期货业的大无畏精神却鲜为人知。

众所周知,梅拉梅德推动了国会批准成立期货业自律性组织——美国全国期货协会(NFA)。然而,当许多业内人士极力反对联邦机构监管期货市场的时候,他审时度势,睿智地支持成立商品期货交易委员会,成为联邦机构的官方顾问,智慧地参与期货管理条例的制定,用正义的声音帮助期货业持续发展的事实却鲜为人知。

还有,建设芝加哥商品交易所大楼是一项高瞻远瞩的重要决策。1983年芝加哥商品交易所花费1.5亿美元建造了新交易所大楼。而1995年,芝加哥期货交易所新建一个金融交易厅的预算就高达1.8亿美元。梅拉梅德富有魄力的正确决策为芝加哥商品交易所节省了数以百万计美元的资金。

梅拉梅德先生是一个兢兢业业的人。他的声誉和贡献已登峰造极,但他还是像平常人一样,踏踏实实地做着平平常常的事。最令我感动的是,2005年4月我在美国参加国际会议期间,专门拜访了梅拉梅德先生。一进办公室,他就向我热情地介绍办公室墙壁上挂满纪念品和图片的"博物馆"。他把他写的科幻小说《第十颗行星》签上名送给了我。我看到,在他的办公桌上,放着他亲手制作的价格走势图。他每天都一笔一画地记录期货行情变化,画出一幅幅波澜曲折、扣人心弦的K线图。他一丝不苟地下单、核单、谨慎、认真地做着每一笔交易。他的敬业精神打动了我。我理解了梅拉梅德为什么能够成为一个成功的交易者以及在其光环背后的支撑物。我理解了他为什么能够写出"期货交易之道"、"成为仁人，而非斗士"那样脍炙人口的精辟文章。

梅拉梅德先生是一个知恩图报的人。在他建立货币期货概念的初期，很少有人理解和支持他的想法。而诺贝尔经济学奖获得者米尔顿·弗里德曼却给予他极为慷慨大方的热情赞赏和支持。而梅拉梅德却说他自己"是微不足道的，我亏欠他的时间，因为他花了很多时间阅读我的材料，为我提供了他的历史展望。我不得不重复我在私下或在许多公开场合所说的那些语言，即如果没有米尔顿·弗里德曼的支持，没有他那聪明、智慧的祝福，没有他那开明的帮助以及没有他在我们完成使命过程中始终如一的坚定信念，我绝不可能有勇气或韧性去做我想做的一切"。

梅拉梅德先生是一个刚毅正直的人。1987年美国股市崩盘，期货市场被指控为股灾的罪魁祸首，其生存面临灭顶之灾。"极其危险的是，我们的市场差点儿被贴上罪犯标签依法取缔。"就在1987年股市大崩盘后，他顶着各种压力，勇敢地站在国会面前，为期货市场说话，为衍生品交易正名。

梅拉梅德先生是一个坚韧不拔的人。他说："证明金融期货的成功花了10年的大好时光。传播我们的理念需要坚定的信念和不屈不挠的热情。革命性的创新需要无数会员的努力，需要工作人员和交易所官员的卓越能力和奉献精神，还需要数以千计的专业人员和业余人员的睿智和热情。"

梅拉梅德先生是一个总为朋友着想的人。2005年3月下旬，我告知他《交易之魂——金融期货之父利奥·梅拉梅德的投资智慧》翻译初稿基本结束。我总想利用一些机会请他到郑州看看，但是，他太忙了，到郑州似乎是件不可能的事情。然而，2005年4月，当我在芝加哥拜访他时，我们刚刚落座开始进入主题，他就说出了要专程到郑州参加《交易之魂——金融期货之父利奥·梅拉梅德的投资智慧》（中文版）首发式的想法。这不仅看出他对中国期货市场的重视程度，也让我喜出望外。

梅拉梅德先生是一个慧眼识才的人。对真正做事业的人给予高度重视。1996年7月1日，那是我们第一次见面。我向他介绍了中国期货市场的发展情况，他听了很高兴。2003年9月，就在我翻译的汤姆教授的著作

后 记

《期货交易经济学》即将出版之际,我写信请他为该书撰写序言。尽管工作繁忙,但他还是愉快地接受了我的请求,并郑重承诺一定按时完成。他对我的厚爱和支持可见一斑。

梅拉梅德先生为美国期货市场的生存、复兴和发展,为芝加哥成为当代世界最重要的期货交易中心做出了重要贡献,并把芝加哥商品交易所发展成为世界金融期货市场的领跑先锋。如今,他依然充满活力地忙碌着,兢兢业业地工作着。我切身感悟到:一个人不为名利所惑,唯有奉献社会,才最有意义。

10年来,通过不断沟通,我不仅使梅拉梅德先生了解了郑州商品交易所的基本情况,而且从他那里获得许多灵感,相互间的友谊也不断加深,而翻译《交易之魂——金融期货之父利奥·梅拉梅德的投资智慧》就是在此过程中产生的共同想法。从2000年我翻译的《汤姆期货文集》出版,直到2003年9月我请他为汤姆教授的《期货交易经济学》撰写序言,他对我的性格、人品、业务能力和翻译水平有了更深的了解。在此基础上,2003年9月下旬,我们在北京讨论了翻译《交易之魂——金融期货之父利奥·梅拉梅德的投资智慧》的事情。2003年10月,他正式确定由我翻译他的著作,并为该书的中文版作序。

长期以来,我翻译过多部经典期货著作,饱尝翻译道路上的苦辣酸甜,积累了一些经验和体会。一个突出的心得就是:翻译一本书,不仅仅靠英语水平、专业知识、理解能力,更要靠与作者的思想沟通和感情交融。不仅要准确翻译著作文意,而且还要体观作者寓意。只有理解著作内涵,才能在字里行间汲取作者的思想精髓。翻译《交易之魂——金融期货之父利奥·梅拉梅德的投资智慧》一书给我最深刻的印象是八个字:海纳百川,大家风范。这是我从他那里学到的最为珍贵的宝藏。他那让我取之不尽的睿智和洞察力是我力图通达的境界。

我的成功来之不易。除了背后付出难以想象和鲜为人知的努力外,我周围的每一位领导、同事、朋友和亲人都给予了应尽的帮助,我所取得的点点成绩都与他们息息相关。因此,在对成功感到满足和欣慰的同时,我还要借此机会向帮助和关心我的人们表示感谢。

我还要深切感谢郑州商品交易所总经理王献立、理事长张学仁、副总经理张晋生、汤庆荣以及其他有关同志的帮助和支持,尤其是梅宏斌和魏振祥同志以及研究发展部的张书帮、吕辛、汪琛德、刘少华同志,他们为本书的出版做了有益的工作。

先后为我翻译此书提供帮助的朋友很多,我要感谢:朱斌、周立、韩德宗、祝合良、李俊桥、师丽、耿倩、谷培均、杨希、王静、邵迪、杨士鹏、董炜娜、李慧鹏、李云峰、萧亮思等,尤其是我的同事——刘菁、蔡秒、齐明亮、杨照东——在百忙之中为我翻译了相关章节的初稿,在此,一并表示衷心感谢。

感谢原河南省副省长秦科才同志,中国期货业协会会长田源博士,中国郑州粮食批发市场总经理李经谋同志,荷兰银行期货经纪集团公司(芝加哥)高级副总裁尼克·朗诺斯先生,伊利诺伊理工大学商学院院长、原美国商品期货交易委员会市场监管部主任迈克尔·戈勒姆先生,荷兰银行期货(新加坡)有限公司首席执行官吴军骎先生。

最后,我要向全国人大常委会副委员长成思危先生,全国政协经济委员会副主任、中国证监会首任主席刘鸿儒先生,郑州商品交易所总经理王献立同志,芝加哥商品交易所名誉主席兼高级政策顾问利奥·梅拉梅德先生,芝加哥商品交易所执行总裁克雷格·S. 多诺霍先生表达我的崇敬之情,感谢他们在百忙之中为《交易之魂——金融期货之父利奥·梅拉梅德的投资智慧》(中文版)所作的精彩序言。

译者
2005 年 9 月